Eva Jaeggi

HELGA WENIG
Brockmanngasse 108
A-8010 Graz, T

Ich sag' mir selber Guten Morgen

Single – eine moderne Lebensform

W0362356

Piper
München Zürich

ISBN 3-492-03208-7
2. Auflage, 7.–10. Tausend 1992
© R. Piper GmbH & Co. KG, München 1992
Gesetzt aus der Times-Antiqua
Umschlag: Erasmi & Stein
Gesamtherstellung: Clausen & Bosse, Leck
Printed in Germany

INHALT

Einleitung: Von der Eroberung des inneren Raumes

Was will dieses Buch? Welchem Anliegen verdankt es seine Berechtigung? Welche Kompetenzen kann ich einbringen bei der Bearbeitung eines Themas, das seit einigen Jahren schon fast zum Modethema geworden ist?

Die Tatsache, daß ich selbst schon seit mehr als zehn Jahren alleine lebe und das Gefühl habe, damit gut zurechtzukommen, ist an sich noch keine Garantie für ein lesenswertes Buch; ebensowenig sind es meine Erfahrungen als Therapeutin, die mich oft in Kontakt brachten mit Menschen beiderlei Geschlechts, die mehr oder weniger gut versuchen, alleine zu leben. Dies alles ist zwar sicher ein guter »Nährboden« für ein Buch, aber noch keine ausreichende Legitimation.

Was aber – über diese privaten Gründe hinaus – von allgemeinem Interesse ist und mich beim Schreiben dieses Buches nie verlassen hat, ist der Gedanke, es müsse zum Verständnis gut gelingenden Lebens als Single eine wichtige innere Quelle geben, die ich verstehen, benennen und beschreiben wollte. Ich wollte wissen, was sie zum Versiegen bringt, wann sie reichlich sprudelt und in welchen Situationen sie – um im Bild zu bleiben – nur ein dünnes Rinnsal bildet, das die umliegende Erde gerade eben vor dem Verdursten rettet, aber wenig Vegetation hervorbringt.

Alle Interviews, alle Überlegungen, die vielfachen Rückfragen, zweite und dritte Gespräche mit den mir immer vertrauter werdenden Männern und Frauen, die ich interviewte: All dies zielte letztlich auf jene Frage, wie denn diese Quelle zu erkennen, klarer zu bestimmen sei.

Es wäre unsinnig, das, was mir dabei klar wurde, mit einem einzigen Wort zu benennen: Vielleicht könnte man, wie ich es im letzten Kapitel versuche, ein wenig umschreibend, diese innere Quelle mit »Erwachsensein« bezeichnen?

Es geht beim gelingenden Single-Leben – und dies erscheint mir als das Wesentlichste – um das Erlebenkönnen eines inneren Raumes, den prinzipiell jeder Mensch in sich trägt, den aber nicht jeder präzise erleben und ausfüllen kann, auch wenn ihn jeder schon irgendwann erfahren hat: manche in der Liebe, manche im Gebet, manche beim Betrachten der Natur oder im Entzücken über das Lächeln ihres Kindes. Manche versuchen auch, diesen inneren Raum durch Drogen zu beleben (was meistens nicht gelingt).

Der große Kinderarzt und Psychoanalytiker Winnicott hat beschrieben, welch wichtigen Entwicklungsschritt es darstellt, wenn Kinder es lernen, in Anwesenheit der Mutter *alleine* zu sein und sich selbständig zu beschäftigen. Die Mutter ist in erreichbarer Nähe, wird aber nicht unmittelbar gebraucht – es genügt, daß sie da ist. Erst diese Stimmung – Geborgenheit mit einem anderen Menschen und gleichzeitig das Gefühl, ihn nicht gebrauchen zu müssen – ermöglicht im Laufe der Entwicklung die Erfahrung, daß es ein »Innen« und ein »Außen« gibt, daß ein innerer Raum vorhanden ist, der gefüllt werden kann mit Bildern und Figuren, mit Erlebnissen und Gefühlen. Später muß die Anwesenheit des anderen nicht mehr real sein, ein innerer Raum hat sich gebildet, in dem Vorstellungen und Gefühle von Geborgenheit und Gewißheit der eigenen Person präsent sind. Nur diese Erfahrung eines inneren Raumes begründet ein klares Bewußtsein der Einmaligkeit, der Festigkeit der eigenen Person auch dann, wenn die äußere Situation böse und schmerzhaft ist. Das Bewußtsein des inneren Raumes verhindert Verzweiflung und Hoffnungslosigkeit.

Es wurde mir klar, daß hier ein ganz wichtiger Punkt für diejenigen zu finden ist, die ihr Leben nicht mit einem anderen teilen, vielleicht sogar gar keine Chance sehen, dies jemals zu tun. Diese Menschen nämlich sind in ganz besonderer Weise angewiesen darauf, daß sie nicht immer wieder »von außen« bedient werden – mit Unterhaltung, mit Lob, mit Interesse oder einfach dadurch, daß der andere sie spüren läßt: Schön, daß du da bist.

Sie müssen sich sehr oft diese von außen kommenden Erfahrungen des Wertes der eigenen Person durch innere Erlebnisse verschaffen. Das aber bedeutet: Sie müssen immer wieder von neuem ihren »inneren Raum« mit Leben erfüllen.

Ihre Chance liegt darin, zu erleben, daß ein Mensch ohne diesen inneren Raum (in dem er ganz bei sich selbst ist, keinen anderen für sich verwenden kann und nur sich selbst verantwortlich ist) rettungslos ausgeliefert ist an andere, an Menschen, an Vergnügungen, an Drogen oder auch an Arbeit. Andererseits aber erleben sie auch die Herausforderung, sich diesen inneren Raum, sofern er nicht richtig vorhanden war, zu erobern, sich darin einzurichten und zu bewegen, bis er bekannt und vertraut ist. Alleinlebende haben weniger Möglichkeiten, sich dieser oftmals mühseligen Bewältigung des inneren Raumes zu entziehen. Haben sie ihn sich aber erobert, dann verliert das Alleinsein seine beängstigende Qualität, sie fühlen sich dann alleine so beruhigt wie das Kind in Anwesenheit der beruhigenden, aber nicht störenden Mutter. Fast alle, mit denen ich reden konnte, haben dies in der einen oder anderen Form ausgedrückt. Sie lernen es oft widerwillig, unter Qualen, immer wieder mit Rückschlägen. Aber sie wissen, daß es ihre Aufgabe ist, und erfahren, wenn sie sie bewältigen, was es heißt: erwachsen zu sein.

Die Frage nach dem »inneren Raum« wird in immer anderen Facetten in diesem Buch sichtbar, durchzieht es in stets neuen Spiegelungen.

Das Wort klingt etwas mystisch, ein wenig verschroben. Gerade aus dieser Verschrobenheit aber wollte ich es herausholen und zu einem konkret nachvollziehbaren Erlebnis gestalten.

Denn was ist dieser »innere Raum« anderes als das, was in jedem gut gestalteten Alltag sichtbar und erfahrbar wird? In einem Alltag, der durchzogen ist von innerer Lebendigkeit und persönlicher Teilhabe an dem, was das Leben so mit sich bringt: am Essen, am Arbeiten, an der Liebe, an Freundschaft?

Ist man alleine, dann muß jedes Alltagskapitel, mehr noch als beim partnerschaftlich Lebenden, zu etwas sehr Persönlichem, Eigenem gestaltet werden – und eben dies ist nur dann möglich, wenn einer (eine) Zugang gewinnt zu jenem »inneren Raum«, in dem man ohne Angst und ohne Hektik alleine sein kann. Deshalb war es mir so wichtig, ausführliche »Alltagsgeschichten« meiner Interviewpartner wiederzugeben. Sie sind, so denke ich, oft erhellender als lange philosopisch-psychologische Abhandlungen.

Diese immer deutlicher werdende Erkenntnis machte es auch mir selbst leichter, dieses Buch zu schreiben. Nachdem ich mit Skepsis begonnen hatte (»Soll ich wirklich wieder einmal meiner wissenschaftlichen Arbeit Zeit wegstehlen?«), wurde das Buch auch für meine eigene Bewußtwerdung immer wichtiger. Ich konnte mir daher immer besser vorstellen, daß es auch für andere Menschen hilfreich werden könnte.

Daß ich als Therapeutin gewohnt bin, »hinter« die Aussagen zu sehen, hat mir natürlich bei meinen Gesprächen und ihren Ausdeutungen geholfen. Daß ich durch diese Gespräche aber auch mir selbst auf manche Schliche gekommen bin, das nährt in mir die Hoffnung, meinen Lesern möge Ähnliches widerfahren.

1. Was ist ein Single?

Allgemeine Überlegungen

Man könnte zu definieren beginnen, etwa: einer (eine), der (die) alleine in einer Wohnung lebt und seinen (ihren) Alltag mehr oder weniger alleine organisieren muß. Aber was heißt denn »mehr oder weniger«? Die Wochenend-Partner müssen dies auch tun, und trotzdem scheut man sich, sie zu den Singles zu zählen. Oder was ist mit dem Single, der eine feste Freundin (einen festen Freund) hat, aber räumlich getrennt von ihr (ihm) lebt? Organisiert man dann Wochenenden und Abende nicht gemeinsam, und das Single-Dasein beschränkt sich allenfalls auf den täglichen Einkauf? Und was ist mit der (dem) alleinstehenden Frau (Mann) mit Kleinkind?

In einigen Befragungen (Meyer und Schulze, 1989; Krüger, 1990) wird danach unterschieden, ob einer »freiwillig« oder »unfreiwillig« Single ist. Diese Zweiteilung der Singles schien mir zuerst einleuchtend. Sie ist auch sinnvoll, wenn man mit sehr vielen einmaligen und relativ fest vorgegebenen Interviews arbeitet und daher nur solche Meinungen und Einstellungen erfassen kann, die auf der Oberfläche des Bewußtseins bereitliegen. Sie sind wichtig, aber sie sind nicht umfassend.

Als ich – mit weniger Personen – mehrere Interviews durchführte, die sich oft über Wochen hinzogen, die manchmal persönliche Bekanntschaften zur Folge hatten oder die aus persönlichen Bekanntschaften entstanden waren, erreichte ich meist tiefergelegene Seelenschichten.

Da zeigte es sich, daß die einfache Unterscheidung von »freiwilligen« Singles und Singles »auf Zeit« nicht so einfach zu treffen ist. Die Tiefenschichten der menschlichen Seele sagen selten ein klares »Ja« oder »Nein«; das Glanzbild des Paarlebens ist nicht künstlich nur von Illustrierten erzeugt, sondern entspringt tiefen Sehnsüchten nach Geborgenheit und Vertrauen, nach körperlicher und seelischer Befriedigung. Doch das ist nur die eine Seite; die andere, nicht weniger tief verankert in unserer Seele, bedeutet, daß man sich ängstigt vor der Auslieferung an einen anderen Menschen, daß man Barrieren einbaut (absichtlich oder unabsichtlich), um immer wieder auf Distanz gehen zu können. Ob das Alleineleben in diesem Gemisch aus »Ja« und »Nein« jeweils freiwillig oder unfreiwillig geschieht, ist schwer zu bestimmen, ändert sich wohl auch von Lebensphase zu Lebensphase. Das »Abfragen« der bewußten Einstellung greift da zu kurz.

Wenn wir von einem Mann hören, daß er nach wie vor am Ideal eines zweisamen Lebens festhält, aber die Anspruchs-Meßlatte für eine zukünftige Lebenspartnerin sehr hoch legt, dann wird man unsicher, ob er wirklich noch willens ist, sein Leben zu teilen. Hört man z. B., daß er Mühe hat, sich seine Fünf-Zimmer-Wohnung als eine »Wohnung zu zweit« vorzustellen, dann bekommen die Zweifel an seiner Partnerschaftswilligkeit erneut Nahrung. Sicher aber könnte das »Ja« in seiner Seele kräftig Aufwind erhalten, wenn Eros und besondere Begeisterung ihn zu einer Frau hintreiben – und *wann* der Pfeil Amors trifft, ist sicher nicht Zufall allein, aber ein Quentchen davon wirkt natürlich auch mit.

Oder: Viele Jahre hat eine Frau das Leben ihres Mannes in eher konventioneller Weise geteilt, war eine gute und getreue Ehefrau und wäre es vielleicht jetzt noch, wenn er nicht so plötzlich herausgedrängt hätte aus der Zweisamkeit. In der ersten Zeit des Alleinlebens hat sie sich vielleicht einen Nachfolger (»schon um ihn zu übertrumpfen«) wohl gewünscht. Erst nach und nach aber überwogen Vorsicht und sorgsames Abwägen auch ihrer Distanzwünsche.

Kam ich in näheren Kontakt mit meinen Gesprächspartnern,

dann wurde auch ihnen selbst der »freiwillige« Status oder derjenige »auf Zeit« unklar.

Wenn Dorothea Krüger (1990) also bei ihren Interviews herausgefunden hat, daß Männer eher unfreiwillig und Frauen freiwillig alleine leben, dann ist dies auf diesem Hintergrund zu relativieren. Sind Männer vielleicht in dieser Beziehung unrealistischer? Tragen sie, allen realen Gegebenheiten zum Trotz, noch immer die Illusion der idealen Beziehung im Kopf und im Herzen? Sieht man sich einige der von mir interviewten Männer an, dann könnte man es glauben. Einige der von mir befragten Frauen machen tatsächlich einen etwas realistischeren und illusionsloseren Eindruck, haben aber dennoch mit der Vorstellung einer zukünftigen Partnerschaft noch nicht abgeschlossen.

Es ist unmöglich, das Single-Leben eindeutig zu definieren, es gibt fließende Übergänge zum partnerschaftlichen Leben, und es wäre verfehlt, irgendeinen Single-Typ willkürlich zum Prototypen zu machen. Ich habe mich daher entschlossen, pragmatisch vorzugehen. Menschen, die einen alleine zu bewältigenden Alltag ohne festen Bezugspartner organisieren und die sich selbst als »Single« bezeichnet haben, habe ich in meine Befragung aufgenommen. Wie fest oder locker die Beziehung zum Partner ist, so daß das Alltagsleben von ihm bestimmt ist, läßt sich von »außen her« sowieso schlecht beurteilen. Ich habe es daher den Alleinlebenden selbst überlassen, dies festzustellen.

Was ist z. B., wenn eine Frau jahrelang eine feste Beziehung zu einem verheirateten Mann hat? Oder was ist vom derzeitigen Partner eines schwulen Mannes zu halten, von dem dieser selbst sagt, daß die Beziehung sicher nicht für die Ewigkeit gedacht sei? Nur die Betroffenen selbst können feststellen, ob sie sich als »partnerschaftlich gebunden« definieren oder als Personen, deren Leben ohne den festen Bezug zu einem anderen Menschen gelebt wird.

Also habe ich einfach Menschen befragt, die nicht im herkömmlichen Sinne partnerschaftlich leben, die ihren Alltag alleine strukturieren und planen und sich selbst als ungebunden bezeichnen. Auch wenn ein Freund (eine Freundin) vorhanden ist, glaubt doch keiner der von mir Befragten, daß die Beziehung »fürs Leben« gedacht sei. Nicht befragt habe ich Mütter oder Väter mit kleinen Kindern – ihre Lebensgestaltung muß völlig anderen Gesetzen gehorchen als die der Singles. Man mag beim einen oder anderen Fall darüber streiten, ob er (sie) noch zu den Singles gehört – dies erschien mir weniger wichtig als herauszufinden, wie einer sich selbst definiert, wie er sein Leben ohne Partnerschaft lebt.

Das Alleinleben ist zweifellos eine moderne Lebensform, die es früher in dieser Weise nur in Ausnahmefällen gegeben hat. Wir wissen sehr wenig darüber, wie dieses moderne Single-Leben nach außen und vor allem nach innen hin organisiert wird. Die *Organisation des Alltags* ist daher mein zentrales Thema, da sich um diese äußeren Organisationen natürlich auch die innerseelischen Prozesse ranken.

Welche Pläne hat ein Single, welche Befürchtungen, welche speziellen Freuden? Welchen Unterschied macht es, ob man Weihnachten zu zweit feiert, in einen Familienkreis eingebunden ist oder ein Fest mit Freunden organisiert? Wie spiegelt sich die Tatsache, daß wir es mit einer gesellschaftlich eher zwiespältig beurteilten Lebensform zu tun haben, im Innerseelischen wider?

Selbstverständlich gibt es den Single als »Typ« nicht, allenfalls gibt es einige Charakteristiken, die sich im Laufe des Alleinlebens bei vielen in ähnlicher Weise herausbilden.

Ich habe daher im letzten Kapitel (»Fazit: Singles haben bessere Chancen, erwachsen zu werden«) versucht, diese charakteristischen Verhaltensweisen und Bewußtseinsformen verallgemeinernd zu beschreiben. Wie sie sich im konkreten und je einzelnen Leben realisieren und äußern – das ist der Inhalt dieses Buches.

Diesen subtilen Problemen, und nicht irgendwelchen »repräsentativen« Aussagen, gilt mein Interesse. Ich wollte wissen, mit Hilfe welcher innerer Mechanismen Menschen, die diese relativ neue Lebensform wählen (wählen müssen?), sich arrangieren, wie sie sich fühlen, wie sich ihre Einstellungen ändern und mit welchen Ängsten sie zu kämpfen haben.

Nicht alle ursprünglich von mir ausgewählten Personen habe ich dann auch befragt. Bei manchen hätte sich nur etwas wiederholt, was andere schon prägnanter ausgedrückt hatten, mit anderen konnte ich nicht so recht warm werden und habe daher ihre Aussagen nur mit Vorsicht zur Kenntnis genommen (es waren solche, die mir allzu flott über Probleme hinweghuschten und sich und ihre Umwelt als glattrasierte Musterkinder feilboten). Diejenigen Personen, die hier dargestellt werden, sind mir sehr nahe gekommen; ich habe versucht, ihnen gerecht zu werden – vielleicht ist mir das nicht immer gelungen. Ich hoffe, daß sie mir dies nachsehen.

Literatur:

Krüger, D., »Alleinleben in einer paarorientierten Gesellschaft«, Pfaffenweiler 1990

Meyer, S., und Schulze, E., »Balancen des Glücks«, München 1989

Single als neue Lebensform: soziologisch und sozialpsychologisch betrachtet

Der Single als gesellschaftlicher Pionier?

Die Zahl alleinlebender Menschen hat in den letzten Jahrzehnten bekanntlich drastisch zugenommen. Im Jahre 1950 zählte die Statistik 18,5 Prozent Einpersonenhaushalte, im Jahre 1985 waren es bereits 33,6 Prozent – und das, obwohl die Zahl der vielen Kriegerwitwen oder derjenigen Frauen, die aus Gründen des Frauenüberschusses nach dem Krieg gezwungenermaßen alleine blieben, seit einigen Jahren kontinuierlich abnimmt. In knapp einem Viertel dieser Einpersonenhaushalte leben Männer und Frauen zwischen 25 und 45 Jahren. In Großstädten, so wird seit neuestem geschätzt, leben offenbar schon fast 50 Prozent der Erwachsenen in Einpersonenhaushalten (was allerdings noch nicht unbedingt heißt, daß sie alle alleine leben; der statistische Begriff »Einpersonenhaushalt« besagt nicht, daß dort wirklich nur eine Person lebt, sondern daß dort nur eine Person gemeldet ist). Immerhin: Offensichtlich wird das Alleinleben zu einer Lebensform, die man nicht nur durch äußere Gründe mehr oder weniger gezwungen wählt, die also nur als Defizit zu sehen ist. Vielmehr taucht eine gesellschaftlich neue Lebensform auf, die uns einiges darüber verraten kann, wie moderne Menschen mit einem veränderten gesellschaftlichen Rahmen in ihrem individuellen Leben umgehen, welche neuen und erstrebenswerten Werte sie gefunden haben, andererseits aber auch, was das an neuen Notwendigkeiten und Problemen nun wiederum zur Folge hat.

Wie sieht dieser neue gesellschaftliche Rahmen aus? Welche gesellschaftlichen Ereignisse haben dazu geführt, daß das Alleinleben offensichtlich zu einer neuen »Alltagskultur« führt, was wiederum bedeutet, daß sich neue psychische Erlebensformen und Einstellungen ergeben müssen?

Sicherlich wäre es falsch, die psychischen Faktoren an den Anfang dieser Entwicklung zu stellen. Ausschlaggebend für den hohen Anteil an Alleinlebenden sind einige soziale Gegebenheiten.

Beginnen wir mit dem grundlegendsten: Eine Gesellschaft, in der relativ vielen Leuten ein selbständig gestaltetes Leben möglich ist, darf nicht arm sein. Es muß genügend Wohnraum da sein, Konsumgüter sollten erschwinglich sein. Wenn viele einzelne sich Waschmaschine, Pürierstab und Geschirrspüler kaufen können, ist dies ein Zeichen von allgemeinem Wohlstand. Der Unverheiratete in armen Gesellschaften kann es sich meist nicht leisten, allein zu leben (oder er versinkt im materiellen Elend); der unverheiratete Knecht in der Feudalzeit lebte im Verband der bäuerlichen Familie, die unverheiratete Tante ohne Vermögen in bürgerlicher Zeit nahm Erziehungsaufgaben an Nichten und Neffen wahr und aß dafür eine Art Gnadenbrot in der Familie. In Ländern der Dritten Welt wäre es für die meisten Menschen unmöglich, alleine zu leben – nur der Zusammenhalt in Gruppen gewährt überhaupt ein Überleben.

Bekanntlich gründet sich der Reichtum der Ersten Welt auf die industrielle Produktion. Diese Produktion hat ihre eigenen Gesetze. Sie verlangt hohe Flexibilität und eine mobile Verfügbarkeit des einzelnen – Gegebenheiten, die der Stabilität der Ehe und dem auf lange Zeit hin angelegten Familienleben nicht gerade förderlich sind. Solange Frauen allerdings bereit sind, sich mit den unteren Stufen der beruflichen Leiter zu begnügen, und so als eine Art Stabilisator des Familienlebens dienen, lassen sich Arbeitsleben und Familienleben immer noch einigermaßen befriedigend vereinen. Die im Berufsleben genügsame Frau oder gar die Nur-Hausfrau sorgt dafür, daß auch bei häufigem Ortswechsel die Familie stabil bleibt. In dem Maße allerdings, in dem die Frauenbewegung die Gleichberechtigung der Frau im Berufsleben fordert, wird deutlich, wie wenig jene zwei Welten zu vereinbaren sind.

Beck und Beck-Gernsheim (1990) pointieren diesen Tatbestand

so, daß »... implizit mit der Gleichstellung (der Frau, d. V.) letztlich die vollmobile Single-Gesellschaft geschaffen« werde... (S. 190). Und weiter: »Diese Existenzform des Alleinstehenden ist kein abweichender Fall auf dem Weg in die Moderne. Sie ist das Urbild der durchgesetzten Arbeitsmarktgesellschaft. Die Negation sozialer Bindungen, die in der Marktlogik zur Geltung kommt, beginnt in ihrem fortgeschrittensten Stadium auch die Voraussetzungen dauerhafter Zweisamkeit aufzulösen« (S. 191).

Allerdings ist unwahrscheinlich, daß *alle* partnerschaftlichen Bindungen im Laufe der Zeit dem Gleichstellungsprinzip der weiblichen Emanzipation zum Opfer fallen werden, so wie es unwahrscheinlich ist, daß im Laufe der nächsten Jahrzehnte die volle Gleichberechtigung der Frauen im beruflichen Sektor eintritt. Nicht zuletzt wird diese auch daran scheitern, daß viele Frauen nicht willens sind, sich von der traditionellen Ehefrau- und Mutterrolle zu trennen.

Zu vermuten ist darüber hinaus, daß im Zeitalter immer wieder aufflackernder Arbeitslosigkeit ein Teil der Bevölkerung (Männer und Frauen) der Arbeit nicht mehr den bestimmenden Platz in ihrem Leben einräumen wird, den sie noch im 19. Jahrhundert und bis in die erste Hälfte des 20. Jahrhunderts hinein hatte. Dennoch wird wohl ein immer noch großer Anteil von Männern und Frauen auch in Zukunft das Berufsleben als bestimmend ansehen und dies mit zeitweiliger oder dauernder Aufgabe der Partnerschaft bezahlen müssen. Es sieht so aus, als bliebe der »vollmobile Single« ein festetabliertes Wesen in unserer Gesellschaft.

Andererseits können wir auch für die Partnerschaft schon unterschiedliche Typen beobachten, die sicher ebenfalls für die Zukunft Bestand haben werden. Auch hier gibt es einige Formen, die der Mobilität der Gesellschaft sowie der Frauenemanzipation Rechnung tragen. Eine derzeit schon dokumentationsfähige Partnerschaftsform ist z. B. die Wochenendehe, bzw. die »Ehe auf Distanz« (Dorothee Schmitz-Köster, 1990).

Es kann sich also heute nicht mehr darum handeln, *eine* Lebensform absolut zu setzen (z. B. die Kernfamilie mit Vater – Mutter – zwei bis drei Kindern) und alles andere als »Abweichung« zu betrachten. Es wird vielmehr nötig sein, vielfältige Lebensformen als gleichberechtigte nebeneinander zu sehen – jede auf ihre Weise mit Problemen, Sorgen und Glücksmöglichkeiten ausgestattet. Dies nennen Beck und Beck-Gernsheim »Das ganz normale Chaos der Liebe« (so der Titel ihres Buches) und weisen darauf hin, daß abweichende Formen (die Stieffamilie, die Scheidungsfamilie, die Wochenendehe etc.) heutzutage »ganz normal« seien. Nur 25 % aller Erwachsenen leben in einer »Standardfamilie«.

Wie narzißtisch sind die Singles? oder: Die neue Autonomie

Unabhängig von diesen gesellschaftlichen Gegebenheiten, die das Singledasein offenbar notwendig machen, kann man sich fragen, ob dieser neue Typ vielleicht dasjenige in besonders herausragender Weise verkörpert, was in vielen psychologischen Veröffentlichungen der »neue Sozialisationstyp des Narzißten« genannt wird.

Ein »narzißtisches Zeitalter« hat vor gut einem Jahrzehnt der Soziologe und Psychoanalytiker Christofer Lasch unser Jahrhundert genannt. Vereinsamung in den Großstädten, eine damit einhergehende Bindungslosigkeit und der Drang, sich möglichst rasch und mit allen Mitteln Genuß zu verschaffen, ohne auf andere Menschen allzusehr zu achten, kennzeichnen den Narzißten. »Die narzißtische Persönlichkeit fühlt, daß sie von ihren eigenen Begierden verzehrt wird. Ihr maßloser oraler Hunger verleitet sie zu unangemessenen Forderungen an ihre Freunde und Sexualpartner; doch im selben Atemzug weist sie diese Ansprüche zurück und verlangt nur eine beiläufige Bindung ohne ein Versprechen auf Dauer von beiden Seiten ...« (Lasch, 1979, S. 227).

Also: eine schlechte psychologische Diagnose für die Singles?

Heißt das, so die banale Frage, daß Singles bindungsscheuer, verantwortungsloser seien? Beweist ihre steigende Anzahl, daß der »narzißtische Charakter« wirklich im Zunehmen begriffen ist? Das sind Fragen, die in ihrer Komplexität natürlich nicht einfach mit »ja« oder »nein« beantwortet werden können, vielleicht sogar prinzipiell nicht zu beantworten sind.

Dennoch sollte man sie stellen – sind es doch Fragen, die sich Singles in der einen oder anderen Form auch immer wieder selbst stellen.

Immer wieder überlegen sie sich, ob das Scheitern früherer Partnerschaften ihre eigene prinzipielle Bindungsunfähigkeit beweist? Oder: ob die Tatsache, daß sie noch nie mit einem anderen Menschen zusammengelebt haben, ihren Narzißmus bestätigt? Ob ihre frühere Untreue etwas zu tun hat mit einer problematischen Kindheit, die sie für immer ausschließt aus dem Reigen der Gebundenen, Zweisamen?

Es wird Sache der Leser sein zu beurteilen, ob es sich bei den von mir befragten Personen um besonders »narzißtische« Menschen handelt oder ob ihr Egoismus, ihre Selbstbezogenheit und ihr Distanzierungsbestreben dem entsprechen, was wir ganz allgemein bei den Menschen unserer Nachbarschaft antreffen.

Claudia Szczesny-Friedmann hat in ihrem Buch »Die kühle Gesellschaft. Von der Unmöglichkeit der Nähe« (1991) darauf hingewiesen, daß sich in Großgesellschaften das Schwergewicht von der »Wir-Identität« zur »Ich-Identität« verlagert. Das heißt: Je größer die Einheiten sind, in denen wir uns organisieren müssen, um so vereinzelter fühlen und leben wir. Dies bedingt aber auch neue Wertordnungen: Das große Gewicht, das wir dem »autonomen Individuum« beimessen, ist ein Ausdruck dieser »Ich-Identität«, die zum Überleben in anonymisierten Massen notwendig ist. Damit verbunden ist übrigens auch die Forderung, Kinder sollten sich beizeiten von der elterlichen Familie lösen; ein Erwachsener hat idealerweise seine Ursprungsfamilie nicht mehr nötig; sollte er trotzdem noch in »ungebührlicher« Weise an ihr hängen, so ist mit ihm irgend etwas nicht in Ordnung, und viele therapeutische Methoden stehen bereit, ihm zu seiner notwendigen inneren und äußeren Freiheit und Autonomie zu verhelfen. Ähnlich werden Geschiedene eingeordnet: Kann man sich jahrelang vom ehemaligen Partner nicht wirklich lösen (ein Zustand, den frühere Zeiten als Treue bis in den Tod hoch gepriesen haben), dann verfällt man sehr leicht wiederum dem Verdikt, man sei neurotisch, ein Klammertyp, nicht unabhängig genug.

Solche Unabhängigkeit kann man natürlich als »narzißtisch« definieren. Sie ist aber, so scheint es, eine notwendige Bedingung für viele Menschen, die in einer vollmobilen Welt im Arbeitsbereich ihren Mann (ihre Frau) stehen wollen.

Ein Wermutstropfen allerdings fällt in diese Vorstellung der modernen, von autonomen Individuen bestimmten Welt: Epidemiologische Untersuchungen zeigen nämlich, daß das Alleinleben für einige Menschen – vor allem für Männer – gar nicht so sehr gesund ist. Sie sterben eher, werden früher invalide und sind insgesamt anfälliger für Zivilisationskrankheiten, wie sie durch Zigaretten, Alkohol und Drogen hervorgerufen werden. Dies sind natürlich statistische Aussagen, die den Einzelfall vielleicht gar nicht so sehr betreffen. Sicher aber ist, daß das Alleinleben – dies wird übrigens in den meisten empirischen Untersuchungen betont – mehr an Aktivität, an Bemühung und Selbstdisziplin fordert als das Leben in einer Familie. Diese Selbstdisziplin können einige der Alleinlebenden offenbar nur schwer leisten – wobei der hohe Männeranteil auffällt. (Dies könnte auch daran liegen, daß es unter den männlichen Singles mehr beruflich schlecht Qualifizierte gibt als unter den Single-Frauen.)

Kranke Männer, befreite Frauen?

Wie die Statistiken uns außerdem sagen, gibt es wesentlich mehr alleinlebende Männer im heiratsfähigen Alter als entsprechende Frauen derselben Altersgruppe. Dies liegt einerseits daran, daß es 2,2 Prozent mehr Männer in diesen Altersgruppen gibt als Frauen, während dann andererseits der hohe Anteil an Witwen dafür sorgt, daß bei den Älteren die Frauen dominieren.

Unter den jüngeren Frauen, die alleine leben, fällt auf, daß sie wesentlich besser qualifiziert sind als die entsprechenden Männer. Hier zeigt die Statistik einen Tatbestand an, der auch in allgemeinen gesellschaftspolitischen und soziologischen Analysen – wie bei Beck und Beck-Gernsheim zum Beispiel – hervorgehoben wird: Es sind offensichtlich viele beruflich gut qualifizierte Frauen, die bewußt ihrem Ausbildungsniveau entsprechend leben wollen – was sicher oft mit dem Verzicht auf eine der herkömmlichen Formen von Partnerschaft erkauft ist. Deshalb überrascht es nicht, daß – der Statistik zu entnehmen – Männer unter dem Alleinsein mehr leiden als Frauen (Krüger, 1990), daß sie häufiger krank sind als ihre verheirateten Geschlechtsgenossen und auch als die altersentsprechenden Single-Frauen; daß hingegen Frauen ihr Single-Leben offensichtlich häufiger mit Besserem zu füllen vermögen als mit Alkohol und Drogen; sie scheinen ihr Leben als Single eher zu bejahen, zumindest nicht so rasch eintauschen zu wollen, nur um »irgendwie« verheiratet zu sein. Übrigens sehen wir auch bei der Wiederverheiratung Geschiedener diesen Trend: Diejenigen Frauen, die einen guten Beruf haben, heiraten längst nicht so rasch wieder wie Männer oder solche Frauen, die sich nur mühsam beruflich zurechtfinden, weil sie nichts Rechtes gelernt haben (Heekerens, 1988).

Das Paar – noch immer Goldfolie des Lebens?

Wir haben feste Klischees im Kopf davon, wie das »glückliche Paar« auszusehen hat – die vielen gar nicht so glücklichen Paare leiden darunter, weil dieses innere Bild nur so selten zu erreichen ist. Liest man Illustriertenreportagen, dann wird einem häufig klargemacht, daß die Single-Lebensform – so schick und glänzend sie nach außen auch wirken mag – doch bedroht ist von innerer Leere, daß sie gekennzeichnet ist von der sehnsuchtsvollen Hoffnung, sie möge sich doch bitte möglichst bald ändern (Stern, 8. Nov. 1990, Nr. 46).

Bei der Darstellung des Single-Lebens scheint das unerreichbare Bild des Paares gleichsam als Goldfolien-Hintergrund zu dienen – und wer wollte nicht in diesen Himmel aufgenommen werden? Ja, wer kennt nicht Menschen, denen der Ehehimmel nach mehr oder weniger langer Zeit zur Ehehölle geriet?

Doch viele der z. B. von Meyer und Schulze (»Balancen des Glücks«, 1989) befragten Singles sehen ihr Leben durchaus nicht unbedingt als bedauernswerte Kümmerform an, im Gegenteil! Von patriarchalischen Ehemännern befreite Frauen berichten voll Erleichterung, daß erst jetzt ihr eigenes Leben beginne, und Männer fühlen sich befreit von ihrer Verantwortung für eine Frau, die sich ständig wie ein unmündiges Kind gebärdete.

Dennoch hat sich – trotz aller Probleme, die uns die moderne Ehe beschert – den meisten ein Idealbild dieser Lebensform erhalten: das liebevolle Miteinander, das glückliche Alter à la Philemon und Baucis, die reizenden Kinder und Enkel...

Andererseits: Welche Bilder des (der) Alleinlebenden haben sich in uns geformt?

Da gibt es den smarten, gutverdienenden, ungebundenen Geschäftsmann, dem die Frauenherzen nur so zufliegen. Es gibt – als Pendant – die todschicke jugendliche Geschäftsfrau, die ihre Belegschaft fest, aber mit Charme in der Hand hat; die tüchtige Ärztin, die von ihren Patienten verehrt wird – Traumbilder, die zwar die wenigsten von uns in der Realität erlebt haben, die uns aber Fernsehspiele und Reportagen in schicken Hochglanzzeitschriften vorgaukeln.

Immer noch gibt es aber auch das Gegenbild, die alte Jungfer – grämlich und männerfeindlich, oder: die kokette und mannstolle Junggesellin. Beide lächerlich. Das männliche Pendant ist der Sonderling, der etwas schmuddelige und einsiedlerische Junggeselle.

Aber wie sieht denn die moderne Realität aus? Wie lebt und fühlt eine 40jährige Lehrerin, deren Ehe vor fünf Jahren geschieden wurde? Wie arrangiert sich eine 48jährige Journalistin mit ihrem ewig gehetzten Single-Leben? Was treibt der 36jährige Bankangestellte in seiner freien Zeit?

Und grundsätzlicher gefragt: Kann man das Alleinleben wirklich als eine in sich geschlossene Lebensform begreifen, eine Lebensform, die nicht nur den Übergang zur Partnerschaft bedeutet, nicht nur ein Warten auf die Traumfigur, mit der man ein glücklicheres Leben zu zweit verbringen wird? Gibt es also wirklich Menschen, die sich bewußt einrichten in dieser von einigen als »unnatürlich« betrachteten Art des Lebens?

Literatur:

Beck, U., und Beck-Gernsheim, E., »Das ganz normale Chaos der Liebe«, Frankfurt 1990

Heekerens, H. P., »Die zweite Ehe«, Weinheim 1988

Lasch, Ch., »Das Zeitalter des Narzißmus«, München 1979

Schmitz-Köster, D., »Liebe auf Distanz«, Berlin 1990

Szczesny-Friedmann, C., »Die kühle Gesellschaft. Von der Unmöglichkeit der Nähe«, München 1991

Singles in der Roman-Literatur

Da das Alleinleben als normale Lebensform noch relativ neu ist, finden wir bis in die jüngste Zeit hinein den »Normalfall« des Singles in seiner alltäglichen Existenz als literarische Vorlage so gut wie nie, während es an Darstellungen des Ehealltags nicht mangelt. Natürlich gibt es viele literarische Figuren, die wir uns in Zweisamkeit, mit Filzpantoffeln (sofern diese noch das Symbol der Ehe darstellen) und Kindergeschrei nie und nimmer vorstellen können. Diese sind (meist männliche) Existenzen am Rande der Gesellschaft, in – sei es positiv, sei es negativ – exponierter Position. Künstler befinden sich darunter, außergewöhnlich kreative Menschen oder auch etwas skurrile Außenseiter. Werden alleinlebende Frauen beschrieben, dann dominierte bis in jüngste Zeit hinein häufig der Typ »alte Jungfer« mit seinen Absonderlichkeiten.

Alle diese Menschen haben es meist mit sich und anderen nicht leicht, sind oft fixiert auf eine höhere Aufgabe oder auch nur auf sich selbst. Selten wird ihr Alltag beschrieben. Ihre literarische Existenz und Bedeutsamkeit verdanken sie ihrer Außerordentlichkeit und nicht ihrer Alltagsexistenz, weshalb ihre Besonderheiten im Mittelpunkt des Interesses stehen.

Es gibt einige literarische Prototypen des oder der Unverheirateten, von denen ich hier eine kleine Auswahl darstellen will. Thomas Mann, der an solchen Figuren besonderes Interesse hat, gibt zum Beispiel in den »Buddenbrooks« eine eindrucksvolle Schilderung des »Skurrilen« in der Person des Christian Buddenbrook. Dieser ist ein Mensch, in dem (verhindertes) Künstlertum mit einer Abartigkeit des Charakters gepaart ist, was ihn immer wieder zum Ärgernis und Gespött seiner Familie macht. Zwar lebt er im Verband der Großfamilie, aber je älter er wird, desto mehr kapselt er sich ab und bewegt sich in den zwielichtigen Kreisen von Lebemännern und Halbkünstlern. Seine späte Heirat bedeutet den Endpunkt eines offensichtlich nur in der Junggesellenform einigermaßen durchzuhaltenden Lebens. Christians bürgerliche Existenz geht auf grausame Weise zugrunde, er landet in einer Irrenanstalt.

Hier eine der seltenen Schilderungen des Alltags einer solchen Figur, die das schwarze Schaf der Familie darstellt: »Dieser Klub, dem vorwiegend unverheiratete Kaufleute angehörten, besaß im ersten Stock eines Weinrestaurants ein paar komfortable Lokalitäten, woselbst man seine Mahlzeiten nahm und sich zu zwanglosen und oft nicht ganz harmlosen Unterhaltungen zusammenfand: denn es gab eine Roulette«... Christian, oder wie er norddeutsch meist genannt wurde, Krischan, der aus früherer Zeit mit allen mehr oder weniger bekannt oder befreundet war, »ward hier mit offenen Armen empfangen, denn wenn auch weder Kaufleute noch Gelehrte seine Geistesfähigkeiten für groß hielten, so kannte man doch seine amüsante gesellschaftliche Begabung. In der Tat gab er hier seine besten Vorstellungen, erzählte er hier seine besten Geschichten. Er machte am Klubklavier einen Virtuosen, er ahmte englische und transatlantische Schauspieler und Opernsänger nach, er gab in der harmlosesten und unterhaltendsten Art Weiberaffären aus verschiedenen Gegenden zum besten – denn kein Zweifel: Christian Buddenbrook war ein Suitier.«

Natürlich ist diese Art von Single-Existenz mit keinem der bürgerlichen Ideale zu vereinen: Weder kann man von Christian Buddenbrook rechtschaffene Arbeit erwarten noch die Gründung eines ordentlichen Hausstandes. So lebt er sein nichtsnutziges Leben an verschiedenen Orten der Welt, kehrt, wenn alles schiefgegangen ist, immer wieder ins Elternhaus zurück und ehelicht schließlich die Prostituierte Aline, die ihn in eine Anstalt abschiebt. Andere bewußt als singuläre Existenzen geschilderte Charaktere im Werk Thomas Manns sind von edlerer Art – so zum Beispiel die »echten« Künstler: Hingegeben an ihr Werk, opfern sie ihr bürgerliches Glück – nicht ohne Bedauern – einem höheren Ziel. Gustav Aschenbach, der Protagonist der Novelle »Tod in

Venedig«, der in vielerlei Hinsicht an Thomas Mann selbst erinnert, ist ein solch zarter und dünnhäutiger Mensch, dessen großes Werk – einer schwachen Natur abgetrotzt – eine familiäre Existenz als absurd erscheinen läßt. »Mit vierzig, fünfzig Jahren wie schon in einem Alter, wo andere verschwenden, schwärmen, die Ausführung großer Pläne getrost verschieben, begann er seinen Tag beizeiten mit Stürzen kalten Wassers über Brust und Rücken und brachte dann, ein paar hohe Wachskerzen in silbernen Leuchtern zu Häupten des Manuskripts, die Kräfte, die er im Schlaf gesammelt, in zwei oder drei inbrünstig gewissenhaften Morgenstunden der Kunst zum Opfer dar.« Wer könnte sich einen solchen Menschen am abgegessenen Frühstückstisch mit zwei quengelnden Kleinkindern vorstellen? Sein früher literarischer Vorgänger, Tonio Kröger, erlebt die Unvereinbarkeit von Kunst und normalem, bürgerlichem Leben noch schärfer: »Er ergab sich ganz der Macht, die ihm als die erhabenste auf Erden erschien, zu deren Dienst er sich berufen fühlte und die ihm Hoheit und Ehren versprach, der Macht des Geistes und Wortes, die lächelnd über dem Unbewußten und stummen Leben thront. Mit seiner jungen Leidenschaft ergab er sich ihr, und sie lohnte ihm mit allem, was sie zu schenken hat, und nahm ihm unerbittlich all das, was sie als Entgelt dafür zu nehmen pflegt... Da kam, mit der Qual und dem Hochmut der Erkenntnis, die der Einsamkeit, weil es ihn im Kreise der Harmlosen mit dem fröhlich dunklen Sinn nicht litt und das Mal an seiner Stirn sie verstörte...«

Tonios Leben ist gespalten: Einerseits ist er rastlos schaffender Künstler, Bohemien, ringt aber andererseits mit dem ewig schlechten Gewissen des Bürgersohnes. Er kann an den Vergnügungen der von ihm bewunderten und beneideten Bürger nicht teilhaben, er darf daher auch nicht um die bewunderte und geliebte blonde Inge werben. Nachdem er endgültig Abschied genommen hat vom Gedanken an ein »normales« Leben, heißt es im Schlußteil der berühmten Novelle: »Er gedachte der wüsten Abenteuer der Sinne, der Nerven und des Gedankens, die er durchlebt, sah sich zerfressen von Ironie und Geist, verödet und gelähmt von Erkenntnis, halb aufgerieben von den Fiebern und Frösten des Schaffens, haltlos und unter Gewissensnöten zwischen krassen Extremen, zwischen Heiligkeit und Brunst hin- und hergeworfen, raffiniert, verarmt, erschöpft von kalten und künstlich erlesenen Exaltationen, verirrt, verwüstet, zermartert, krank – und schluchzte vor Reue und Heimweh.«

Daß Tonio inzwischen ein berühmter Schriftsteller geworden ist, erlöst ihn nicht, da in ihm weiter sein Künstlerdrang mit dem vom Vater ererbten Bürgerstolz im Streit liegt.

Ein anderer Prototyp des literarischen Einzelgängers ist der »Weltverächter«, sehr eindringlich dargestellt im »Steppenwolf« von Hermann Hesse, in den zwanziger und sechziger Jahren mit Inbrunst verschlungene Lektüre der Jugendlichen, die gegen bürgerliche Normen aufbegehrten und ihren Weltschmerz und Überdruß an der Gesellschaft hier in jeder Nuance literarisch ausgedrückt fanden. Harry Haller hat eine kläglich gescheiterte bürgerliche Existenz samt Ehe hinter sich und treibt nun ziellos durch die Welt. Am liebsten logiert er in sauberen Kleinbürgerwohnungen, wo seine immer wieder durchbrechende Sehnsucht nach der Welt des »Normalbürgers« ein wenig gestillt wird. »Ich wohne weder in Palästen noch in Proletarierhäusern, sondern ausgerechnet stets in diesen hochanständigen, hochlangweiligen, tadellos gehaltenen Kleinbürgernestern, wo man erschrickt, wenn man einmal die Haustür laut ins Schloß hat fallen lassen oder mit schmutzigen Schuhen heimkommt. Ich liebe diese Atmosphäre ohne Zweifel aus meinen Kinderzeiten her, und meine heimliche Sehnsucht nach so etwas wie Heimat führt mich, hoffnungslos, immer wieder diese alten, dummen Wege. Nun ja, und ich habe auch den Kontrast gern, in dem mein Leben, mein einsames, liebloses und gehetztes, durch und durch unordentliches Leben, zu diesem Familien- und Bürgermilieu steht... und habe es gern, dann über die Schwelle meines Zimmers zu treten, wo das alles aufhört, wo zwischen den Bücherhaufen die Zigarrenreste liegen und die Weinflaschen stehen, wo alles unordentlich, unheimisch und verwahrlost ist...«

Das Schicksal dieses Mannes, der – an einer Zeitenwende stehend – aus dem vertrauten, aber beengenden Milieu ausbricht, kann nur Trostlosigkeit sein:

»Und so ging der Steppenwolf an seiner Unabhängigkeit zugrunde. Er erreicht sein Ziel, er wurde immer unabhängiger, niemand hatte ihm zu befehlen, nach niemandem hatte er sich zu richten, frei und allein bestimmte er über sein Tun und Lassen... Aber mitten in der erreichten Freiheit nahm Harry plötzlich wahr, daß seine Freiheit ein Tod war, daß er allein stand, daß die Welt ihn auf eine unheimliche Art in Ruhe ließ, daß die Menschen ihn nichts mehr angingen, ja er selbst sich nicht, daß er in einer immer dünner und dünner werdenden Luft von Beziehungslosigkeit und Vereinsamung langsam erstickte...«

Hier klingen Themen des »narzißtischen Zeitalters« an. Der Alleinlebende wird charakterisiert als unzugänglich und kalt; der normal Kontaktfähige ist selbstverständlich verheiratet. So sind denn auch alle Kumpane des Steppenwolfs Außenseiter, Randexistenzen. Was das Alltagsleben von Harry Haller angeht, so besteht es in einem vagen Umherirren durch Kneipen und nachtdunkle Straßen sowie in einem einsamen (und ziellosen) Stöbern in Büchern und alten Partituren. Daß Alleinleben trostlose Einsamkeit bedeutet, ist hier sehr deutlich ausgedrückt, während »Junggeselle« im üblichen Sinn derjenige ist, der noch nicht geheiratet hat – so z. B. der fiktive »Herausgeber« der Schriften Harrys.

Während der Steppenwolf als eine tragisch verquälte und einsame Figur dargestellt wird, ist der »Homo faber« von Max Frisch als »technischer Mensch« und »vollmobiler Single« scheinbar problemlos im Alltag angesiedelt. Seine Tragik liegt darin, daß er sich von seiner Gefühlswelt distanziert, daß ihn diese Gefühle aber, wie in der griechischen Tragödie, in einem archaisch-mythischen Sinn wieder einholen. Schon der Einstieg in den Roman wirft ein Schlaglicht auf die offensichtliche Liebes- und Bindungsunfähigkeit des von Technik und Modernität faszinierten Walter Faber: »Ich war todmüde. Ivy hatte drei Stunden lang, während wir auf die verspätete Maschine warteten, auf mich eingeschwatzt, obschon sie wußte, daß ich grundsätzlich nicht heirate. Ich war froh, allein zu sein... Ich bin nicht zynisch. Ich bin nur, was Frauen nicht vertragen, durchaus sachlich. Ich bin kein Unmensch, wie Ivy behauptet, und sage kein Wort gegen die Ehe; meistens fanden die Frauen selbst, daß ich mich nicht dafür eigne. Ich kann nicht die ganze Zeit Gefühle haben. Alleinsein ist der einzig mögliche Zustand für mich, denn ich bin nicht gewillt, eine Frau unglücklich zu machen, und Frauen neigen ja dazu, unglücklich zu werden. Ich gebe zu: Alleinsein ist nicht immer lustig, man ist nicht immer in Form...«

Der »Homo faber« ist seinen Gefühlen und Stimmungen gegenüber so objektiv und distanziert, als sei er selbst eine Maschine. »Was die Stimmung betrifft, so mache ich mir nichts draus, wie gesagt. Manchmal wird man weich, aber man fängt sich wieder. Ermüdungserscheinungen! Wie beim Stahl. Gefühle, so habe ich festgestellt, sind Ermüdungserscheinungen, nichts weiter, jedenfalls bei mir. Man macht schlapp. Dann hilft es auch nicht, Briefe zu schreiben, um nicht alleine zu sein...«

Frisch beschreibt den in den fünfziger Jahren noch neuen technik- und fortschrittsgläubigen Menschen: sachlich, zielbewußt, und auf Abstand von seinen Gefühlen lebend. Nicht mehr die Zerrissenheit des vom modernen Leben angeekelten Schöngeistes, wie der »Steppenwolf« einer ist, macht ihn einsam. Bei Faber ist es die neue technisch-mobile Lebensform, die ihn zum ewig rastlosen Wandern zwingt und den Verzicht auf tiefere Gefühle fordert. Was sollte ein solcher zwischen den Kontinenten hin- und herfliegender Mann mit Frau und Häuslichkeit anfangen? Wohlgemeinte Ratschläge in dieser Richtung ärgern ihn.

»Ihre Vermutung, ich sei traurig, weil allein, verstimmte mich. Ich bin gewohnt, allein zu reisen. Ich lebe, wie jeder wirkliche Mann, in meiner Arbeit. Im Gegenteil, ich will es nicht anders und schätze mich glücklich, allein zu wohnen, meines Erachtens der einzig mögliche Zustand für Männer, ich genieße es, allein zu erwachen, kein Wort sprechen zu müssen. Wo ist die Frau, die das begreift? ... Zärtlichkeiten am Abend, ja, aber Zärtlichkeiten am Morgen sind mir unerträglich, und mehr als drei oder vier Tage zusammen mit einer Frau war für mich, offen gestanden, stets der Anfang der Heuchelei. Gefühle am Morgen, das erträgt kein Mann. Dann lieber Geschirr waschen!« Zwar kennt auch er gewisse Fallstricke des Alleinlebens – »Man kann sich nicht selbst Gute Nacht sagen« –, fährt aber fort: »Ist das ein Grund zum Heiraten?«

Dieser Single-Typ, mit Faber bekanntlich zum Prototypen einer Epoche geworden, verliert mit seiner technizistischen Welteinstellung das »Eigentliche«: die Kraft der Liebe. Er kann eine Frau nicht halten, er treibt die beiden Frauen, die er zu lieben meinte, in Tod und Verderben. Im Verlauf des Romans aber wird deutlich, daß Walter Faber seine »Krankheit« erkennt und – zuerst unbewußt, dann zunehmend bewußter – versucht, diesem unwirklich gefühllosen Leben zu entkommen. Am Ende will er – todkrank – Hanna, die Mutter seiner Tochter, heiraten.

Auch die alleinlebenden Frauen sind offenbar im literarischen Milieu der fünfziger Jahre in keiner beneidenswerten Lage. Besonders pointiert wird von Barbara Pym (»Vortreffliche Frauen«, 1988) der Typ »spinster« = (alte Jungfer) beschrieben:

Sie ist Anfang dreißig, eine bigotte, unverheiratete Dame ohne Beruf und mit ausgeprägter Neigung zum Tratsch. Man kann sich des Mitleids nicht erwehren ob dieser gänzlich unnützen Existenz: Getrieben von Neugierde auf das Intimleben ihrer Nachbarn, hängt sie einer aussichtslosen Schwärmerei für den Pfarrer an und verbringt ihre Zeit mit unbezahlter Wohltätigkeitsarbeit, obwohl sie in den fünfziger Jahren unseres Jahrhunderts lebt und doch wohl einen Beruf hätte lernen können.

Nicht ohne Selbsterkenntnis sinniert sie: »Ich weiß nicht, ob unverheiratete Frauen tatsächlich neugieriger sind als verheiratete, jedenfalls werden sie, glaube ich, wegen ihres unausgefüllten Lebens dafür gehalten. Ich konnte Mrs. Napier unmöglich gestehen, daß ich mir für diesen Nachmittag vorgenommen hatte, meinen Treppenabsatz im Hausflur zu scheuern, damit ich durch das Geländer spähen und beobachten konnte, wie ihre Möbel hereingetragen wurden. Ich hatte dabei bemerkt, daß sie ein paar gute Stücke besaß...«

Die Tristesse ihres Lebens kommt drastisch zum Ausdruck, wenn sie ihr bisheriges Leben Revue passieren läßt: »Manchmal dachte ich, wie seltsam es doch war, daß ich es geschafft hatte, allein auf mich gestellt, mir das Leben in London fast genauso einzurichten wie mein früheres Leben in einem Landpfarrhaus, als meine Eltern noch da waren... Als meine Eltern im Abstand von zwei Jahren gestorben waren, hatten sie mir ein kleines Einkommen und ein Sammelsurium von Möbeln hinterlassen, aber kein Heim. Das war der Zeitpunkt, zu dem ich mit meiner alten Schulfreundin Dora Caldocote zusammengezogen war; sie hatte eine Stelle als Lehrerin, und ich arbeitete beim Zensoramt, wofür zum Glück keine großen Qualifikationen erforderlich zu sein schienen außer Geduld, Diskretion und einem gewissen Hang zum Exzentrischen.«

Was die spätere berufliche Tätigkeit der literarischen Heldin betrifft, sieht es ebenso ärmlich aus. »Ich arbeitete halbtags bei einer Organisation, die verarmte alte Damen unterstützte, eine Sache, die mir sehr am Herzen lag, da ich das Gefühl hatte, ich sei selbst genau die Art Frau, die eines Tages auch dafür in Frage kommen könnte...«

Natürlich ist der Neid auf all die Glücklichen, die die Siegestrophäe eines Gatten erwischt haben, riesig, aber auch hier weichen nun die bohrenden Neidgefühle der Jugend einer gewissen Altersmilde: »Wir hatten aufgehört, unseren erfolgreichen Mitschülerinnen am Zeug zu flicken oder uns über die erfolglosen zu freuen. Denn schließlich, was hatten wir vorzuweisen? Wir hatten ja selbst keine besonders brillante Karriere gemacht, und, was am wichtigsten war, keine von uns beiden hatte geheiratet. Das war nämlich der springende Punkt. Auf den Ring an der linken Hand konzentrierte sich das Interesse beim Treffen der Ehemaligen. Oft, ja eigentlich fast immer, war es ein uninteressanter Ring, manchmal nur ein glatter Goldreif oder der kleinste schäbige Diamant. Vielleicht gehörte auch der Gatte zu dieser Spezies, doch da er bei dem Frauentreffen nicht in Erscheinung trat, konnten wir uns ihn nur vorstellen, und aus irgendeinem Grund glaube ich nicht, daß wir uns überhaupt Ehemänner so uninteressant vorstellen konnten, wie sie es vermutlich waren...«

Das erste Buch, in dem die Single-Existenz einer modernen beruflich gutqualifizierten Frau mit ihren Alltäglichkeiten und Problemen beschrieben und problematisiert wird, erschien 1988 in Amerika und wurde sofort ein Bestseller: »Der Fisch ohne Fahrrad« von Elizabeth Dunkel. Der Titel spielt auf den bekannten Feministinnenspruch an, demzufolge eine Frau einen Mann überhaupt nicht braucht. Die Heldin des Buches jedoch scheint einen Partner sehr wohl zu brauchen – jedenfalls verbringt sie verzweifelte einsame Nächte voll Sehnsucht und sucht bei jeder Gelegenheit nach einer Chance. Das Neue an diesem Buch allerdings liegt in der Beschreibung der Lebensform dieser jungen, gescheiten und attraktiven Frau, die ihr Leben in geradezu exquisit ästhetischem Rahmen lebendig zu gestalten weiß, sowie in seinem überraschenden Schluß. Bevor es aber dazu kommt, muß Katja noch viele psychische »Verrenkungen« unternehmen, um sich mit ihrem Single-Leben auszusöhnen.

Da gibt es z. B. das Problem mit den traditionellen Familienfesten: »Katja beschloß, den Tag (gemeint ist Thanksgiving, d. Verf.) bei sich in der Wohnung zu feiern. Sie wollte nicht zu ihren Eltern nach Hause fahren und die Rolle der unverheirateten Tochter spielen; sie wollte Herrin in ihrem eigenen Haus sein. Also interpretierte sie den Tag als ›einen uramerikanischen Tag der Exzesse, der Danksagung gewidmet‹, und lud ein paar Freunde ein, die entweder freiwillig oder tatsächlich Waisen waren. ›Hiermit beginne ich eine Tradition‹, erklärte sie ihnen. ›Katjas salon de refusés‹. Und sie versicherte ihnen, daß ihr Thanksgiving-Salon in den kommenden Jahren zum heißesten Tip der Stadt werden würde...«

Selbstverständlich ist auch dieser Versuch, obwohl dank Katjas Talent zur Unterhaltung und zum Kochen sehr erfolgreich, nicht geeignet, ihre Probleme mit dem Alleinleben zu lösen.

Die Autorin läßt Katjas Therapeuten, dem die dauernde Nörgelei ob ihres Familienstandes auf die Nerven geht, denn auch an einer Stelle sinnieren, wie traurig es doch sei, »daß fast jede Frau, die er kannte, und vor allem seine Patientinnen, ständig über Ehe und Hochzeit fantasierten, daß sie ihr ganzes Leben lang an den Tag dachten, an dem sie heiraten würden. Das war der Brei, mit dem sie von klein an gefüttert worden waren: daß sie eine schöne Braut sein mußten, daß der Hochzeitstag der wichtigste Tag in ihrem Leben sein werde, der Tag, auf den sie sich freuen konnten, der Tag, an dem ihr Leben wirklich beginnen würde. Es war zum Erbarmen.«

Es kommt aber nicht zum üblichen Happy-end. Nach einigen mißglückten Liaisons findet nämlich in Katja eine allmähliche Wandlung statt. Sie erkennt schließlich, daß sie ihr Leben ohne das Traumbild des Partners sehr gut alleine genießen kann, und richtet sich ernsthaft darauf ein, alleine zu bleiben. Als dann der vermutlich »Richtige« auftaucht, bedeutet das nicht, daß sie krampfhaft und verzweifelt an ihrer Lösung festhielte, sondern nur ein (durchaus fragiles) Gefühl, daß es jetzt möglich wäre, sich zu binden. Ob sie es wirklich tut, läßt die Autorin offen.

Hier zeigt sich zum erstenmal eine literarische Darstellung dessen, was in der Realität schon existiert: das Alleinleben, beschrieben nicht als eine defizitäre Form, sondern als ein bestimmter Lebensmodus unter anderen – problematisch vor allem deshalb, weil gesellschaftlich überholte, aber noch wirksame Bilder vom Paarleben als dem einzig wirklich befriedigenden Modus die Alleinlebenden allzusehr beunruhigen. Die Realitätsferne der illusionistischen Vorstellungen vom Paar und die damit verbundenen verqueren kurzfristigen Partnerwahlen werden an der sympathischen Heldin des Buches von E. Dunkel einprägsam illustriert. Ob das Leben zu zweit schließlich und endlich wirklich die bessere Lösung darstellt, bleibt im Roman (wie so oft auch im Leben) mit Absicht und zu Recht unklar.

Die Alleinlebenden: Historische Anmerkungen

Da ich mir ersparen wollte, viele historische Bücher zu meinem Thema zu lesen, überfiel ich Werner, den Historiker, einen meiner Gesprächspartner in diesem Buch (S. 53f. u. S. 210f.). Er sollte mir etwas darüber erzählen, wie Singles in anderen Zeiten gelebt haben, ob man sie respektierte, oder ob es eine Schande war, wenn einer (eine) nicht heiratete, und welche Motive dahinterstanden.

Werner: Du weißt doch, daß ich auf Stadtgeschichte des 13. Jahrhunderts spezialisiert bin. Du gehst doch auch nicht zum Urologen, wenn du etwas mit dem Magen hast.

Ich: Werner, dir ist doch klar, daß ich dieses Buch nicht als eine pingelige Wissenschaftlerin schreibe, sondern einfach einige allgemeine Einschätzungen des Singles in historischer Sicht brauche, nicht genaues Quellenstudium mit exakten Angaben.

Ich werde dich auch nicht zitieren, du vergibst dir also gar nichts.

W: Na gut, aber laß mir wenigstens einige Tage Zeit, ich muß noch ein paar Dinge nachsehen und für mich im Kopf ordnen. Mir ist aber wirklich wichtig, daß du mich nicht etwa zitierst.

I: Versprochen. Wann darf ich wiederkommen?

W: In vierzehn Tagen etwa.

I: Ich mache nächstens auch wieder einen Serviettenknödel.

(14 Tage später)

I: Also, nochmal meine Frage: Welche Lebensformen für Singles gab es in früheren Zeiten, wie hat man solche Menschen eingeordnet?

W: Ich beginne mit dem Mittelalter, weil ich mich da am besten auskenne. Sehr wichtig ist es, sich zuerst einmal darüber klarzuwerden, welch große Bedeutung der Familienverband in den Zeiten unmittelbar nach der Völkerwanderung hatte und auch noch sehr lange nachher. Das Problem der Vereinzelung existierte in der heutigen Form natürlich nicht, obwohl bis ins 19. Jahrhundert hinein längst nicht alle Menschen verheiratet waren. Für den Beginn der Neuzeit nimmt man sogar mehr Unverheiratete als Verheiratete an. Trotzdem: Ohne dein »Haus«, deinen Clan (Familie, Gesinde, entfernte Verwandte) warst du ein Nichts. Das war nicht unbedingt die Familie in unserem Sinne, sondern einfach ein größerer Verband. Alleine zu leben war schlicht zu gefährlich. Ununterbrochen zogen gerade in der Zeit nach der Völkerwanderung Banden von irgendwelchen *desperados* durch die Gegend und verwüsteten Höfe und Behausungen; du hättest als Einzelwesen wenig Chancen gehabt, zu überleben – ganz abgesehen davon, daß dies auch ein ökonomisches Problem war.

I: Aber ich habe doch da solche Rittergeschichten im Kopf; Ritter, die einsam herumzogen, Heldentaten...

W: Ja, diese Geschichten gab es, und natürlich gab es die dazugehörigen realen Figuren auch – aber sie waren Ideale, ganz unerreichbare Ideale –, meist literarisch überhöht. Gerade die Tatsache, *daß* man ihnen solch wunderbare Heldentaten zuschrieb, beweist, daß sie nicht alltäglich waren; sie galten als bewundernswerte, kühne Ausnahmen. Erst als sich nach den Wirren der Völkerwanderung langsam ein verstärktes Gefühl für Intimität und Autonomie herausgebildet hatte, also etwa im 12. und 13. Jahrhundert, wird diese Figur des herumwandernden einsamen Ritters realistischer. Seine Idealisierung bedeutet vermutlich: eine Art Traum von einem privaten Leben. Allerdings war es eine sehr gefährliche Lebensform, die sich diese Ritter ausgesucht hatten.

I: Und warum taten sie das?

W: Vermutlich können wir wirklich davon ausgehen, daß eine Reihe von jungen Männern aus vornehmen Häusern die allzu enge Atmosphäre der Sippe satt hatten, daß also mit zunehmender Stabilisierung der Zustände sich bei einigen so etwas wie Sehnsucht nach Einsamkeit und Individualität entwickelte. In der Zeit vor dem 11. Jahrhundert galt man als abwegig, krank, verrückt, wenn man sich freiwillig vom Haushalt entfernte – oder man war eine dubiose Figur mit kriminellem Einschlag. Wer einsam lebte, war krank, schuldig oder böse.

I: Wie hat man denn dieses Streben nach Autonomie verwirklicht?

W: Nun, man suchte »Prüfungen« in der Einsamkeit auf, selbstgewählte Bewährungsproben. Alle Berichte im Stil des »Heiligen Hieronymus« stellen immer wieder Versuchungen des Fleisches dar, gegen die man zu Felde zog, oder auch Versuchungen durch böse Zauberer, Feen und Elfen. Man mußte mit Mut dagegen ankämpfen. Wenn man gefehlt oder versagt hatte, mußte man gute und tapfere Taten vollbringen wie zum Beispiel Parzival.

I: Haben diese Ritter nicht schließlich doch noch einen Hausstand gegründet?

W: Nicht alle. Eine Möglichkeit, das Leben zu verbringen, wenn man kein Anrecht auf das Erbe hatte (also ein nicht-erbberechtigter Sohn war), bestand in der fahrenden Existenz. Ohne Grund und Boden und ohne Geld konnte man auch im frühen Mittelalter nur schwer heiraten. Es gab aber manchmal die Möglichkeit, durch besondere Kriegstaten und/oder durch die gekonnte Werbung um eine Frau sich an einem größeren Hof zu verdingen und durch Heirat sogar in die Familie aufgenommen zu werden. Das waren aber eher Ausnahmen, im allgemeinen wurden Heiraten nach ökonomischen Motiven arrangiert.

I: Wie steht es denn mit den Anachoreten und Eremiten? Das waren doch auch Singles?

W: Anfangs, also mit Beginn der Klostergründungen – als etwa im 6. Jahrhundert der Hl. Benedikt von Nursia sein berühmtes vorbildhaftes Kloster in Montecassino gründete –, wurde das Einsiedlertum gar nicht gerne gesehen. Mönche sollten in der Gemeinschaft beten und arbeiten. Die Kartäuser allerdings – eine Ordensgründung Anfang des 11. Jahrhunderts – hielten sich dann kaum mehr daran. Ihrer Regel nach sollten die Mönche nur zu sehr eingeschränkten Gelegenheiten miteinander Kontakt pflegen, abgesehen davon lebten sie eingeschlossen in ihren Zellen, schweigend.

I: Aber immerhin waren sie noch unter der Aufsicht der Gemeinschaft...

W: Das wohl, aber immer mehr Mönche suchten – eben mit dem Erstarken des Individualismus – von nun an die absolute Einsamkeit, eine Entwicklung, die die Cluniazensermönche zum Beispiel sehr ungern sahen. Einer ihrer Oberen erklärte: »Stolz wird geboren, wenn einer erklärt, daß er sich in der Heimlichkeit verbergen will...« In späteren Zeiten jedoch konnte das Einsiedlertum von kirchlicher Seite her nicht mehr beschnitten werden; man zog sich in die Wildnis zurück – übrigens manchmal auch mit anderen zusammen; jeder aber bewohnte eine eigene Hütte, so daß dort so eine Art Einsiedler-Siedlung entstand.

I: Und warum lebte man als Einsiedler?

W: Es war der Wunsch nach geistiger Reinigung, nach einem tieferen Eindringen in die Geheimnisse des christlichen Glaubens. Allerdings – und deshalb waren die Klöster auch so mißtrauisch – wurden in der Einsamkeit natürlich auch ketzerische Gedanken geboren. Die einsamen Gotteserfahrungen und Offenbarungen stimmten nicht immer mit den Lehren der Kirche überein.

I: Wie waren Einsiedler im Volk angesehen?

W: Sie waren sehr angesehen, solange sie nicht mit dem Bannfluch belegt waren. Auch von Wegelagerern und Dieben hatten sie weniger zu befürchten, einmal weil ganz allgemein die Religiosität größer war, andererseits aber selbstverständlich auch, weil sie nichts hatten, was des Stehlens wert gewesen wäre.

I: Wie stand es mit den Frauen? Gab es weibliche Einsiedlerinnen?

W: Nein, das wäre nun wirklich zu gefährlich gewesen. Ab und zu finden wir Berichte über Frauen in Männerkleidern, aber sie lebten dann eben als Männer. Zum Beispiel versteckte sich die heilige Hildegund im Mönchshabit. Im allgemeinen lebten heilige Frauen in der Klostergemeinschaft und nicht als Eremitinnen.

I: Wie ging es dann nach der Ritterzeit weiter?

W: In der frühen Neuzeit wurde die Einheit von Familie und Haus, wenn möglich, noch enger. Die Gesellschaft wurde insgesamt strukturierter, disziplinierter, nicht zuletzt aufgrund der Aufsplitterung des Heiligen Römischen Reiches in einzelne Territorien und der nach der Reformation einsetzenden strengeren moralischen Überprüfung der Menschen. Die Zünfte mit ihren strengen Ordnungen hatten schon früher das Arbeitsleben bestimmt. Arbeitsteilung auch innerhalb der Familie strukturierte das Leben und die Beziehung der Geschlechter. Heiraten konnte nach wie vor nur, wer Geld, Grund und Boden hatte, das heißt also, daß die nicht-erbberechtigten Kinder der Familie sich entweder als Knechte und Mägde verdingen oder ledig im Familienverband bleiben mußten. Übrigens waren die sogenannten »Großfamilien« gar nicht so groß, wie wir uns das vorstellen. Auch unter Hinzuzählung des Gesindes (und das gehörte, wie gesagt, zum »Haus«) lebten in den meisten Gegenden Europas nicht sehr viel mehr als vier bis fünf Personen plus Kleinkinder in der Familie. Die geringe Lebenserwartung auch der Erwachsenen verhinderte, daß mehrere Generationen zusammenlebten. Daher ist die »Kleinfamilie« gar keine Erfindung des 19. Jahrhunderts. Auch die Anzahl der Kinder war damals nicht sehr groß, weil so viele starben. Das unverheiratete Gesinde wohnt zusammen mit der Familie; erst im 17. Jahrhundert wurde es in vielen Häusern räumlich getrennt, was aber eine Verschlechterung bedeutete. Denn Knechte und Mägde mußten meist in ganz elenden Verschlägen, unter den Stiegen oder auf dem Dachboden schlafen.

I: Weiß man denn, wie dieses Gesinde gelebt hat? Könnte man sagen, sie seien die Vorläufer der Singles gewesen?

W: Nein, ganz sicher nicht. Da sie sehr arm waren, konnten sie gar keine eigene Lebensform entwickeln. Je nach Großzügigkeit des Hausherrn lebten sie besser oder schlechter in der Familie mit. Es gab praktisch keine geregelte Freizeit, sie waren einfach immer da und »im Dienst«. Andererseits nahmen sie an den Festen teil wie alle Familienmitglieder; von diesen Festen hat man viel gesprochen, sie wurden lange vorbereitet, das ganze Dorf war beteiligt.

I: Und die wandernden Handwerksburschen?

W: Diese Entwicklung setzt erst im 18. Jahrhundert ein: In der frühen Neuzeit, gerade nach dem Dreißigjährigen Krieg, hätte man nicht unbeschadet reisen können. Es gab sehr viele Arme, Bettler, Vaganten, Straßenräuber – das machte die Straßen unsicher. Diese reisenden Handwerksburschen bildeten eine ganz eigene Kultur; sie hatten eigene Lieder, Rituale u. ä. m. Aber das war nur eine Jugendlichenkultur, so wie man auch die berühmte »Studentenherrlichkeit« als eine Jugendkultur von nur kurzer Übergangsdauer bezeichnen kann.

I: Weiß man etwas darüber, ob die Ehelosigkeit als Schande empfunden wurde?

W: Vermutlich nicht, jeder stand ja an dem Platz, an den Gott ihn hingestellt hatte. Das Ideal der »bürgerlichen Familie« als Hort von Liebe und Treue gab es ohnehin erst seit Beginn des 19. Jahrhunderts, und es hatte keinen so großen Einfluß wie selbst heute noch. Die Ehe hatte früher mit der uns modernen Menschen geläufigen Form von Intimität nicht so sehr viel gemeinsam. In der Bauern- oder Handwerkerfamilie gab es keinen eigenen Raum für die Eheleute; da schliefen alle in ein oder zwei Schlafkammern; die Eheleute waren vorwiegend über die Arbeit miteinander verbunden, das erzeugt natürlich sehr viel Nähe, aber nicht Nähe im heutigen Sinn. So war die Ehe nicht wie heute eine Gefühlsgemeinschaft, sondern eine gesellschaftliche Angelegenheit, daher war auch das Unverheiratetsein nicht eine private Angelegenheit, sondern eine soziale.

I: Kannst du das näher erklären?

W: Man konnte einfach gar nicht heiraten, wenn das nötige Kapital nicht da war, man hatte keine Gelegenheit, eine Familie zu gründen – aber eben aus sozialen Gründen und nicht etwa, weil man nicht gut bindungsfähig gewesen wäre. Natürlich wird es immer Menschen geben, die nicht gerne mit einem anderen verbunden sind – aber diese Überlegungen spielten zu jener Zeit sicherlich keine Rolle. Wenn man es sich leisten konnte, dann heiratete man, sonst mußte man darauf verzichten. Der Single war also schon als Typ vorhanden, aber nicht als »psychologischer« Typ.

I: Wie stand es denn mit alleinlebenden Frauen, wenn es so etwas wirklich gegeben hat?

W: In einigen Städten gab es etwa im 15. Jahrhundert eine unbarmherzige Jugendkultur, mit präzisen und genau festgelegten Ritualen. Da trafen sich abends die jungen Leute der »besseren« Stände zu Wein und Gesang, und nach durchzechter Nacht galt es als besonderer Spaß, alleinlebende Frauen zu vergewaltigen und damit ihren Ruf auf immer zu ruinieren.

I: Ich dachte, alleinlebende Frauen habe es gar nicht gegeben?

W: Nicht als eine übliche Lebensform, aber immer wieder waren Frauen gezwungen, sich alleine durchzubringen; häufig waren sie in ihrem Dorf verstoßen worden, vielleicht, weil sie ein Kind erwarteten oder sonstwie ins Gerede gekommen waren, oder einfach deshalb, weil alle ihre Familienangehörigen tot waren. Wenn sie nicht unter dem Schutz irgendeiner älteren Frau standen, galten sie oft als Freiwild; die Jugendlichen drangen mit Gewalt in ihre Schlafkammer, vergewaltigten sie und machten diese Heldentat dann auch noch publik. Das bedeutete das endgültige soziale Aus für diese Frauen. Eigentlich konnten sie dann nur noch kümmerlich als Prostituierte ihren Lebensunterhalt verdienen.

I: Eine Frau konnte also noch sehr viel schlechter als ein Mann alleine leben?

W: Wenn sie nicht über ganz besondere Gaben im Heilen und Besprechen verfügte, war es fast unmöglich. Ab und zu gelang es außergewöhnlich begabten Frauen, sich einen Namen als Heilerin, Gesundbeterin oder Beraterin zu schaffen, so daß keiner sich an sie heranwagte. Allerdings wurde dies in der Zeit der Inquisition auch wiederum gefährlich. Man weiß, wie schnell eine Frau als Hexe oder Besessene denunziert werden konnte.

I: Gibt es so etwas wie ein Lob der Einsamkeit in der vorbürgerlichen und bürgerlichen Zeit?

W: Natürlich gibt es das immer wieder; aber das heißt nicht, daß das Alleinleben als solches allgemein als günstig oder notwendig angesehen worden wäre. Der »natürliche« Stand des Menschen war seit Beginn des 16./17. Jahrhunderts die Ehe, sowie seither auch die Sexualität immer mehr als ein Privileg der Verheirateten angesehen wurde. Das war früher nicht so gewesen, und übrigens blieb es auch meist bei den Vorschriften, denn natürlich lebten alle diese vielen Unverheirateten kein asexuelles Leben. Erstaunlicherweise gibt es trotzdem wenig uneheliche Geburten, so daß das Sexualitätsverbot sich letztlich dennoch als eine Art Geburtenkontrolle auswirkte. Wir wissen übrigens darüber nicht sehr viel, aber es gab neben der Möglichkeit der Abtreibung offenbar eine ganze Reihe von empfängnisverhütenden Möglichkeiten, die uns nicht in allen Details klar sind. Wie auch immer: Auch zur Zeit der Industrialisierung war die Eheschließung noch längere Zeit sehr stark an ökonomische Privilegien gebunden. Mit dem Aufkommen des Bürgertums galt für breitere Kreise das Prinzip der Besitzwahrung. Die Gründung von Geschäften und Fabriken sollte womöglich durch Familienpolitik gefördert werden. Kapital mußte zu Kapital kommen. Wer wohlhabend war, heiratete in der Regel; der Habenichts mußte ledig bleiben – bis dann im letzten Drittel des vorigen Jahrhunderts auch der Unselbständige, der Arbeiter, langsam die finanziellen Ressourcen hatte, um sich selbständig zu ernähren und eine Familie zu gründen. Die Heiratsquote steigt von da an kontinuierlich. Aber da bist du ja Spezialistin.

I: Der Alleinlebende ist früher ein Produkt der Armut gewesen, jetzt ist er ein Produkt des Reichtums... kann man das so sagen?

W: Ja, unbedingt, allerdings muß man präzisieren, daß der Unverheiratete damals meist nicht alleine gelebt hat. Das Alleinleben war eine Art Zwischenform.

I: Danke, Werner, das war für mich schon recht informativ. Die nächsten Serviettenknödel sind dir sicher.

2. Das konkrete Leben moderner Singles

Vignetten: Meine Interview-PartnerInnen

Anna, 43 Jahre, Schauspielerin, Regisseurin, Psychodrama-Therapeutin

Anna lebt seit neun Jahren allein; sie war zwei Jahre mit Hans-Georg und sieben Jahre mit Uli, einem bekannten Regisseur, liiert gewesen. Die Trennung war für sie sehr schmerzlich, Anna hat sich seither nicht mehr wirklich fest gebunden. Sie lebt mit Katze Ono in einer recht hübschen Drei-Zimmer-Wohnung, ist beruflich ungemein engagiert und quillt über vor Ideen. Anna ist eine sehr attraktive Frau: kurzes, dunkelbraunes Haar, riesige, blaue Augen mit breiten Lidern, schönes, kräftiges Gesicht; sie ist groß und stabil gebaut, wirkt aber doch auch wiederum zart, weil ihre Bewegungen so sehr an ein junges Mädchen gemahnen. Anna erzählt ziemlich viel über den langen Prozeß der Trennung von Uli, der einige Jahre älter war als sie. Nach qualvollen Monaten der Depression hat sie sich zu einem Psychoanalytiker geschleppt, bei dem sie sehr lange in Therapie geblieben ist. Diese Therapie war, wie sie meint, lebensrettend. Ihr Leben als Single ist ganz offensichtlich geprägt von den Erkenntnissen, die sie dort über sich und ihre Beziehungen gewonnen hat. Auch ihr berufliches Leben hat sie neu ordnen gelernt. Anna ist eine faszinierende Frau: Kraft, gepaart mit einem ganz leisen, melancholischen Unterton. Dieser schwingt deutlich mit, wenn sie zum Abschied sagt: »Jetzt siehst du mich gerade in guter Verfassung – aber ich weiß, wie labil jedes Gleichgewicht ist. Ich bin auf neuerliche Abstürze gefaßt.«

Patrick, 44 Jahre, Wirtschaftsingenieur, lebt in einer Wohngemeinschaft

Patrick ist in den USA geboren, als Kind deutsch-jüdischer Eltern. Er hat einige für ihn recht schwierige Umzüge mitmachen müssen – am schwersten war es, nach Deutschland zu kommen. Noch immer ist er mißtrauisch gegenüber dem Durchschnittsmitmenschen. Am wenigsten glaubwürdig sind für ihn die sogenannten Philosemiten. Patrick ist aber im persönlichen Umgang alles andere als abweisend. Er liebt Geselligkeit, liebt Frauen und hat auch eine erkleckliche Anzahl von – oft recht innigen – Beziehungen hinter sich. Die »Richtige« war nie darunter. Er hat es bisher sorgsam vermieden, mit seinen jeweiligen Freundinnen zusammenzuleben. Patrick hat nämlich einen »Spleen«, wie er selbst es nennt. Er will nur in Wohngemeinschaften leben. Wie viele davon hat er schon gegründet und auseinanderfallen sehen! Aber er ist unermüdlich. So sehr seine Altersgenossen auch herausdrängen – Patrick ist und bleibt der »letzte Mohikaner«. Seine jeweiligen Frauen haben in diese Wohngemeinschaften nie richtig hineingepaßt. Ein einziges Mal – bei Cordula – lebte er nicht in einer Wohngemeinschaft: Er lebte mit ihr im gleichen Haus, jeder hatte eine Ein-Zimmer-Wohnung. Diese Erfahrung aber hat Patrick gar nicht behagt, die Beziehung ist denn auch bald wieder auseinandergegangen. »Und dann zu hören, daß da ein anderer Typ die Treppe zu Cordula raufgeht – nein danke«, schüttelt Patrick sich.

Patricks derzeitige Wohngemeinschaft ist nicht mehr das, was sie in Studentenzeiten einmal war. Sie ist eher eine Zweckgemeinschaft, ohne viel inneren Zusammenhalt, und Patrick bedauert dies sehr. In den letzten Jahren hat es viel Wechsel gegeben – die meisten der ursprünglichen WG-Mitglieder haben sich in Zweierbeziehungen gefunden. Patrick aber harrt aus – immer in der Hoffnung, es würde wieder einmal diese wunderbare Gemeinschaft wie in der ersten Studentenzeit, Anfang der siebziger Jahre, geben. Daß dieses tatsächlich nicht mehr ganz dem Zeitgeist entspricht, will Patrick nicht wahrhaben. »Meine Zeit kommt wieder«, sagt er. Er will zwar eine Freundin haben – auch auf Dauer, wie er meint –, aber mit ihr in einer engen Zweierbeziehung leben? Nein, das behagt ihm nicht. Zur Zeit ist er wieder »solo«, begibt sich aber jedes Wochenende, bei den diversen Fêten, auf Suche. Da er gescheit, witzig und lebendig ist, wird er dauernd eingeladen und trifft dort auch immer wieder attraktive Frauen. Leider sind sie sehr oft schon fest gebunden – und Patrick ist nicht gerade eine Kämpfernatur. Patrick wirkt jungenhaft, verspielt und darum vermutlich so sehr charmant. Beruflich hat er sich gut installiert – offensichtlich gibt es für ihn einen sogenannten »Druckposten« in der Industrie, also einen, der nicht so recht kontrollierbar ist, wo man sich vor allzuviel Arbeit auch mal »drücken« kann. Mit seinen guten Sprachkenntnissen (die er dem bewegten Leben der Eltern verdankt) ist er eine Art Auslandsspezialist in einer Baufirma, genießt viele Privilegien und hat sich im Arbeitsbereich – so wie er ihn schildert – eine Art von unangreifbarer Einzelposition geschaffen, in der er niemandem wirklich Rechenschaft schuldig ist.

Maria, 48 Jahre, Logopädin, lebt seit sieben Jahren allein

Maria war viele Jahre lang mit ihrem Ehemann Arthur zusammen, etwa seit ihrem 21. Lebensjahr. Sie hat mit ihm eine anfangs stürmische und aufregende »unbürgerliche« Beziehung gehabt, aber im Laufe der Jahre wurde diese immer konventioneller. Maria und Arthur haben – zu ihrem Leidwesen – keine Kinder. Die Ehe wurde auf Verlangen Arthurs schließlich, ziemlich unvermutet für Maria, getrennt. Arthur zog innerhalb einer Woche aus, weil er sich in eine Kollegin von Maria verliebt hatte. Maria kam nach dem anfänglichen Schock mit dem Alleinleben erstaunlich gut zurecht. Sie führt dies auf das langsame und unmerkliche Auseinanderleben innerhalb der Ehe zurück. Maria hat das Gefühl, erst durch ihr Alleinleben sich wirklich selbst gefunden zu haben. Sie ist eine Frau mit vielen Talenten, ein künstlerisch begabter Mensch mit Liebe zu Details und besonderer Behutsamkeit im Umgang mit Menschen. Mir gefällt auch ihr Äußeres sehr gut, obwohl sie sicher keine Illustriertenschönheit ist. Aber ihr rundes, frisches Gesicht, von kurzen schwarzen Haaren umrahmt, wirkt energisch, wach und gescheit. Hinter den Brillengläsern funkeln ihre Augen blau und lebendig.

Seit dreieinhalb Jahren hat sie eine Dauerbeziehung mit einem verheirateten Mann, die für sie einigermaßen befriedigend ist, da sie keinerlei Heiratsansprüche an ihn stellt. Maria läßt sich zu allem viel Zeit, sie ist einer neuen Beziehung zwar nicht abgeneigt, will aber auf keinen Fall eine Bindung eingehen, in der sie, wie zu Arthurs Zeiten, ihre eigenen Wünsche und Bedürfnisse nicht richtig wahrnehmen würde.

Maria liebt ihren Beruf, tut viel für ihre Weiterbildung und lebt, alles in allem, ein sehr behagliches Leben. Ich habe mit Maria sehr gerne und sehr viel gesprochen. Ich verdanke ihr viele gute Überlegungen für dieses Buch.

Sybille, 38 Jahre, Lehrerin, lebt seit fünf Jahren allein

Sybille war seit ihrem 17. Lebensjahr mit ihrem Jugendfreund Konrad zusammen. Meist haben sie auch zusammen gewohnt, teils in Wohngemeinschaften, teils in einer eigenen Wohnung. Obwohl die Trennung von Konrad sehr friedlich und auf beiderseitigen Wunsch verlief, hat Sybille Mühe mit dem Alleinleben. Sie trauert Konrad zwar nicht unbedingt als Person nach, aber offensichtlich vermißt sie den ständigen Begleiter. Sybille ist nach wie vor mit Konrad gut befreundet, aber alles in allem findet sie ihn heute langweilig und steht zu ihrer Entscheidung, sich von ihm zu trennen. Sybille wäre froh, wenn sie einen neuen Partner fände, sie ist aber sehr vorsichtig. Sie ist eine sehr lebhafte, fröhlich wirkende große und hübsche Blondine, der man (zu Unrecht) sportlichen Elan zutraut. Sie erzählt aber immer wieder von ihren vielen Depressionen, von Weltuntergangsstimmungen und ähnlichen Gefühlen. Anzumerken ist ihr das nicht. Allerdings hinterläßt sie bei mir den Eindruck einer eher zerrissenen Persönlichkeit, die sich selbst noch immer nicht sehr gut kennt. Ihre selbstkritische Offenheit, ihr sehr bewußtes Suchen nach einer eigenen Lebensform machen sie mir dennoch sehr sympathisch.

Ingeborg, 46 Jahre, kaufmännische Angestellte,
lebt seit drei Jahren allein

Ingeborg hatte nie eine längere Partnerschaft mit einem Mann; bis vor drei Jahren hat sie mit ihrer sehr verehrten (nunmehr verstorbenen) Mutter zusammengelebt. Noch immer ist sie geprägt von ihrem Dasein als Tochter. Ingeborg beschreibt die Mutter in ziemlich idealisierender Weise: Mutter war Vertraute, Freundin, Beraterin in allen Lebensfragen... etc. Mutter war sehr früh Witwe geworden, und natürlich war Ingeborg Mutters ganzes Glück gewesen. Warum Ingeborg keinen Partner hat? Es wird ziemlich bald klar, daß auch hier »Mutti« (wie sie noch immer genannt wird) ihre Hand in undurchsichtiger Weise im Spiel gehabt hat. Die einzige »große Liebe«, die Ingeborg je hatte, wurde offensichtlich von Mutti mit Beschlag belegt, indem diese den Freund allzu schnell an die Familie binden wollte. Er hatte es daher vorgezogen, schnell das Weite zu suchen. Ingeborg sieht dies zwar in aller Deutlichkeit, aber sie kann ihrer Mutter darob nicht grollen. Mutter hat das Beste für sie gewollt, der Freund hätte vielleicht sowieso nicht gepaßt. Ingeborg hat es schwer, eine eigene Lebensform zu finden, sie trauert noch immer und macht sich noch immer große Vorwürfe, daß sie beim Herzanfall der Mutter vielleicht doch nicht schnell genug den Arzt geholt hat. Ihr Leben trägt fast unverändert die Spuren der mütterlichen Gewohnheiten, es mutet mich daher eher trist an. Obwohl Ingeborg hübsch und jugendlich aussieht, wird man doch schwankend, ob sich nochmal ein Mann an sie »herantraut«, weil sie allzu jungmädchenhaft-unnahbar wirkt. In einigen Jahren könnte man sie möglicherweise als »altjüngferlich« charakterisieren. Ingeborg steht aber mitten in einem inneren Kampf. Manchmal gibt es unvermutet »Inseln« des eigenen Lebens; leider werden sie immer wieder überspült von den Wogen der mütterlichen Urteile und Vorurteile. Unglücklicherweise kann sie ihrem Beruf nicht allzuviel abgewinnen, und auch dadurch hat ihr Leben in vieler Hinsicht wenig Schwung.

Marion, 45 Jahre, Journalistin, hat immer allein gelebt

Marion lebt seit Studentenzeiten allein und hat Mühe, sich das anders vorzustellen. Ihre einzige Episode mit einem Partner (s. S. 222 ff.) verlief so unglücklich, daß Marion einen solchen Versuch nie mehr wiederholt hat. Marion ist ein ungemein lebhafter Mensch; strahlend, witzig, gescheit, bildhübsch: Immer ist sie umringt von vielen Verehrern, ihr Telefon steht nicht still. Als Journalistin trifft sie viele Menschen, verliebt sich, wie sie sagt, »mindestens fünfmal im Jahr« und ist immer in Hochspannung. Marion ist das Urbild einer emanzipierten Frau. Sie bestimmt, wann Beziehungen eingegangen, wann sie gelöst werden. Marion könnte oberflächlich wirken, aber wenn man sie besser kennt, merkt man, wie sehr sie sich für die sie umgebenden Menschen interessiert, wieviel sie für andere tut. Sie ist eine begeisterte Journalistin, und das echte Interesse, das sie an anderen hat, begeistert auch ihre Gesprächspartner, wenn sie eines ihrer sehr beliebten Interviews macht. Sie ist also auch recht erfolgreich, hat genügend Geld, um sich ein behagliches Leben leisten zu können, und genießt dieses auch in vollen Zügen.

Marion hat einen sehr guten Freund: Kurt, ein Kollege, mit dem sie vieles verbindet. Kurt, der schwul ist, verehrt Marion offensichtlich fast wie eine Heilige. Marion und Kurt haben einen seltsamen Plan: Sie wollen, wenn sie alt sind, heiraten und miteinander leben. »Jetzt sind wir noch zu unruhig, zu sehr mit allen möglichen Liebschaften beschäftigt.« Marion spekuliert also auf eine geruhsame, bürgerliche Altersehe. Ob sie richtig spekuliert? Ich kann es mir beinahe vorstellen.

Werner, Universitätsprofessor für Geschichte, 50 Jahre, lebt seit zwölf Jahren allein

Werner war viele Jahre mit Verena verheiratet, die er sehr geliebt hat. Verena hat ihn verlassen, und Werner war lange Zeit untröstlich. Nur sein tiefes Interesse an seinem Beruf, so meint er, hat ihm Halt gegeben. Werner ist ein außerordentlich erfolgreicher Wissenschaftler, genießt diese Erfolge auch sehr und hat, wie er sagt, seit ungefähr fünf Jahren die Trennung vollkommen überwunden. Er ist für Frauen aller Altersgruppen sehr attraktiv, könnte sozusagen »ins Volle greifen«, ist aber vorsichtig. Nur einmal während dieser ganzen Zeit hat er eine Partnerschaft erwogen. Aber auch diese Beziehung hielt nicht. Werner hofft aber unverdrossen weiter, daß er »die« Frau wieder finden wird. Verena als Person trauert er allerdings nicht mehr nach. Er lebt ein recht elegantes Leben in einer schönen und teuren Wohnung, umgeben von Büchern, Platten und Kunstschätzen. Werner kommt aus »gutem Haus«, und das merkt man ihm auch an. Er besticht mich durch seinen Geist, seine Wohlerzogenheit und, als ich ihn besser kennengelernt habe, auch durch seine vielen Freundlichkeiten. Er nimmt sich, trotz seines reichbewegten Berufslebens, viel Zeit für unsere Gespräche, und nicht selten stand, wenn ich ihn besuchte, schon mein Lieblingswein im Kühlschrank. Revanchierte ich mich mit meinen berühmten »Serviettenknödeln«, dann war seine Begeisterung so echt, daß ich davon angesteckt wurde.

Werner sieht sehr interessant aus: schwarzhaarig, mit einem schmalen, vergeistigten Gesicht, sehr groß und mager. Die melancholischen Seiten seines Wesens versteckt er hinter Geist und Charme, aber sichtbar werden sie immer wieder.

Eva-Maria, 49 Jahre, Krankenschwester, ein erwachsener Sohn, der vor einem Jahr ausgezogen ist, hat immer ohne Partner gelebt

Eva-Maria ist Single »aus Berufung«, wie sie meint. Zwar war sie natürlich immer mit ihrem Sohn zusammen, aber sie fühlt sich als Single und trauert Jürgen, der nun in einer anderen Stadt studiert, auch nicht nach. Eva-Maria ist vielbeschäftigt: als Oberschwester und Lehrschwester, und hat vor allem sehr viel berufspolitische und gewerkschaftliche Aktivitäten. In diesem Bereich hat sie »Karriere« gemacht, man hat ihr auch schon einen Funktionärsposten angeboten, aber sie möchte sich ihrem Beruf nicht ganz entfremden, deshalb hat sie auf eine Karriere innerhalb der Gewerkschaft verzichtet.

Eva-Maria, eine kräftige, robust wirkende Frau mit gutgeschnittenem Gesicht und schon grau werdenden Haaren, ist sehr klar in ihren Aussagen, nennt die Dinge ohne viel Federlesens beim Namen. Man traut ihr zu, daß sie sich durchsetzen kann, ich kann mir gut vorstellen, wie energisch sie bei Verhandlungen auftritt. An eine Partnerschaft hat sie nie gedacht, auch den Vater ihres Sohnes wollte sie auf keinen Fall heiraten, obwohl er dies durchaus intendiert hat. Sie lebt unabhängig, aber nicht ungesellig, reist viel herum – beruflich und privat –, hat ein unruhiges Leben und genießt dies ganz offensichtlich.

Nick, 43 Jahre, Verlagslektor, lebte immer allein

Nick entspricht am ehesten dem Bild, das man sich traditionellerweise vom »echten Junggesellen« macht. Alles um ihn atmet Eigenständigkeit, vielleicht sogar Eigenbrötelei. Er gibt sich nicht viel Mühe, sein Heim besonders hübsch einzurichten oder überhaupt häusliche Tugenden zu pflegen. Die Frage nach einer möglichen Partnerschaft stellt sich ihm nicht in der üblichen Weise, denn Nick ist schwul. Einige Monate lang war er mit einem Jungen zusammengewesen, aber die damaligen Streitigkeiten haben seine Abneigung gegen eine Wiederholung des Experiments betonfest gemacht. Er hat derzeit einen »festen« Freund, mit dem er aber nicht zusammenlebt – übrigens glaubt er auch nicht, daß dies eine Partnerschaft »fürs Leben« ist. Er ist aber zur Zeit damit ganz zufrieden, obwohl er zugibt, daß es in ihm eine Art fast nicht benennbarer Sehnsucht gibt, doch einmal »geborgen« zu sein. Nicks Eltern sind, als er sechzehn war, beide tödlich verunglückt, seither fühlt er sich eigentlich nirgends mehr so ganz daheim. Die Verwandten, die ihn damals aufgenommen haben, kann er nicht leiden. Er lebt seit seinem 18. Lebensjahr allein, zuerst in Studentenbuden, dann in eigenen Wohnungen. Sich nach anderen zu richten fällt ihm schwer. Die Schwulenszene, die er zwar sucht, aber doch auch wiederum verachtet, ist ihm nicht geheuer. Oft hat er schon Angebote zum Zusammenziehen bekommen, aber das kommt für ihn nicht in Frage. Frauen mag er sehr gerne (»Du wirst lachen, irgendwie fast lieber als Männer«), hat eine Reihe von Freundinnen, die er oft besucht, denen er jeden Wunsch von den Augen abliest und die ihn anhimmeln. Er ist häufig eingeladen, macht alle seine Freunde mit neuester Literatur bekannt und ist auch beliebt wegen seiner vielen Buchgeschenke.

Nick ist eng verwachsen mit seinem Beruf und sehr erfolgreich. Sein Verlag hat ihm unlängst einen Posten in der Verlagsleitung angeboten, Nick handelt derzeit die besten Konditionen aus. Natürlich ist er im literarischen Deutschland sehr bekannt, reist oft umher, um Autoren zu besuchen, und führt so ein interessantes Leben. Nick flirtet viel und gekonnt, auch ich kann mich seinem Charme nicht entziehen und denke, was sicher viele Frauen vor mir schon gedacht haben: »Schade . . .«

Karin, 39 Jahre, Rechtsanwaltsgehilfin, lebt immer schon allein

Karin macht auf mich in vielem einen resignierten Eindruck; sie ist diejenige, die am ehesten das Gefühl vermittelt, ihr Schicksal als Single sei ihr aufgezwungen; sie ist offensichtlich nicht zufrieden mit ihrem Leben und macht daraus auch kein Hehl. Rein äußerlich allerdings scheint alles in Ordnung: hübsche, gepflegte Wohnung, Geselligkeit, häufiger und guter Kontakt zur Familie. Karin könnte zufrieden sein. Es fehlt ihr aber der »Traum-Mann«. Karin ist, trotz ihres mit viel Sachverstand ausgeübten Berufs, in einer Ecke ihrer Seele eine Träumerin, ein wenig sentimental (das sagt sie übrigens auch von sich selbst), noch immer in jungmädchenhafter Weise an eine Illusion gebunden. Es ist die Illusion der vom Himmel fallenden Liebe, vom Happy-End bis in alle Ewigkeit, vom Glück im trauten Heim ohne Probleme. Karin meint, daß sie dies alles irgendwie verdient habe, daß nur ein böses und widerwärtiges Verhängnis ihr dieses Glück vorenthalte. Zwei Kinder, ein Häuschen im Grünen, ein vor Zärtlichkeit und Liebe überschäumender Ehemann, der zugleich auch Geliebter ist – nun ja! . . . Karin lebt immer zwei Leben: eines, in dem sie eine resolute, tüchtige Person ist, und eben ihr Traumleben. Daß sie dort, wo es möglich war, nicht zugegriffen hat (es gab den »treuen Verehrer«, einen Lehrer, der unbedingt mit ihr gemeinsam alt werden wollte) und lieber dem offensichtlich unerreichbaren Junior-Chef angehangen hat, das hat ihr Leben geprägt und unglücklich gemacht. Ob Karin nochmals eine Chance erhält? Sie könnte sicher einer Reihe von Männern gut gefallen, aber sie scheint sich immer die Unerreichbaren auszugucken. Nun will sie in ein anderes Rechtsanwaltsbüro wechseln (der Junior-Chef hat geheiratet!), vielleicht wartet ja dort der Traum-Prinz?

Ulla, 33 Jahre, Bibliothekarin, lebt immer schon allein

Ulla ist schwer zu befragen. Termine werden abgesagt, verschoben; Ulla ist scheu, und ihre vielleicht voreilige Zusage zum Interview hat sie sicher oft bereut, wollte aber auch nicht wortbrüchig werden. Ich muß einige Zugeständnisse machen: kein Beziehungsgerede, nichts über die Familie (»diese adelige Irrenanstalt«, wie sie sagt). Ulla ist sehr früh von daheim weggezogen, weil sie sich mit ihren Eltern überworfen hat. Über die Gründe schweigt sie, läßt nur durchblicken, daß der deutsche Hochadel (dem sie angehört) eben seine eigenen Verrücktheiten kultiviert. Sie hat gar nichts mehr damit zu tun, hat sich ein eigenes »bürgerliches« Leben aufgebaut und übrigens zeitweise überlegt, ob sie ihren Namen nicht ablegen sollte. Sie hat dies schließlich wieder verworfen, obwohl ihr der Gedanke, daß sie manche Privilegien ihrem Namen verdankt, nicht so recht behagt. Ullas Leben zu verstehen fällt nicht ganz leicht. Ist sie zufrieden? Gibt es einen heimlichen Kummer, eine geheime Sehnsucht – entweder nach einem Mann oder nach dem, was sie verloren hat? Ulla seufzt, als ich vorsichtig auf den Busch klopfe: »Ich glaube an die Dekadenz bestimmter Familien«, sagt sie, »dazu gehört ein wenig Sonderlingsstatus, ein wenig Einsiedlertum.« Nein, sie möchte eigentlich nicht anders leben, als sie es tut. Sie hat ihren Beruf sehr gerne, will dabei auch noch einiges erreichen und denkt, daß ihre Hobbys durchaus auch im Alter vorhalten werden. Es fällt tatsächlich schwer, sich diese zarte, blasse, ein wenig allzu schmale Prinzessin als Mutter, Hausfrau, Oberhaupt einer Familie vorzustellen. Eher schon denkt man an ein adeliges Nonnenkloster. Worte wie »Eisprinzessin, Schneekönigin, Elfenbeinturm« u. ä. fallen einem dazu ein. Ulla hat vermutlich recht: Sie ist nicht ganz mit unseren Maßstäben zu messen.

Otto, 36 Jahre, Versicherungsfachmann, lebt immer schon allein

Otto ist ein sehr scheuer Mensch, der zuerst mißtrauisch gegenüber meiner Befragung war. Erst als ich ihm volle Anonymität zusichere, geht er ein wenig aus sich heraus. Seine Existenz als Single empfindet er als ambivalent: Einerseits ist er der Meinung, er könne sich eine Familie einfach noch nicht »leisten«, andererseits spricht er recht häufig mit einer gewissen Sehnsucht von den entgangenen Möglichkeiten eines schönen Familienlebens. Er denkt mit Bestimmtheit daran, später einmal, wenn er in seiner Karriere weiter vorangekommen ist, eine solche Familie zu gründen, aber eine feste Freundin hat er nicht. Er hat, wie er bei näherer Bekanntschaft erzählt, einige Jahre lang gehofft, Angela zur Heirat überreden zu können: Sie hätte er sofort genommen, auch ohne ein gutes Einkommen, einfach nur aus Liebe. Aber Angela hat seine Liebe nicht erwidert, hat ihn wohl auch lange hingehalten, er ist sich nicht ganz klar darüber, inwiefern sie überhaupt für ihn etwas empfunden hat, aber damals hat er jedes kleinste Zeichen als eine zu Hoffnungen berechtigende Botschaft interpretiert.

Otto lebt in einer großen Altbauwohnung, die ihm seine frühverstorbenen Eltern hinterlassen haben. Er hat sich aber ziemlich neu eingerichtet und ist stolz auf diese Wohnung. Sie liegt mitten in der Stadt im 4. Stock, hat einen Balkon und von dort aus eine weite und interessante Aussicht.

Erst relativ spät erzählt Otto von einer großen Verantwortung, die er übernommen hat und die sein Leben prägt. Dies ist sein Bruder Erwin, der unheilbar psychisch krank in einer therapeutischen Wohngemeinschaft lebt.

Otto ist ein eher unscheinbarer Mann, klein und zart; es fallen seine ungemein großen, schönen und dunklen Augen auf. Anfangs empfand ich das Gespräch mit ihm ein wenig schwierig, weil er sich allzusehr bemühte, »korrekt« zu antworten. Je näher ich ihn aber kennenlernte, desto lieber wurde er mir, weil seine Ehrlichkeit und Selbstkritik mich sehr angenehm berührten.

Der Alltag

Alltag scheint meist nicht besonders erforschenswert. Er bringt die Banalität des Lebens zutage, das immer Gleiche, die Routine, oder – andererseits – die feinen Besonderheiten; es kommt darauf an, wie man ihn betrachtet.

Viele Strukturen sind uns vorgegeben, je nach Wohnort, Beruf und Finanzen können wir in gewisser Weise nur im vorhandenen Rahmen unseren Alltag bestimmen und leben. Aber innerhalb dieser vorgezeichneten Struktur gibt es viele Variationsmöglichkeiten. Was man kocht, wie man ißt, wie man seine Abende verbringt oder sein Wochenende; mit wem man verkehrt und wie oft man sich trifft – das alles ist nicht nur Ausdruck der allgemeinen Alltagsstruktur, sondern in hohem Grad Ausdruck der psychischen Verfassung. In einer Gesellschaft mit viel Freizeit kommt dies natürlich deutlicher zum Ausdruck als in einer Arbeitsgesellschaft, wo ein Großteil der Zeit der Erhaltung des nackten Lebens dienen muß. Das altbekannte Klagen darüber, daß Menschen »mit ihrer Freizeit nichts anzufangen« wüßten, ist Ausdruck der Angst vor der Verpflichtung, die vorgegebenen Strukturen nun wirklich eigenständig mit Leben füllen zu müssen. Es hat sich gezeigt, daß jene Angst vor dem »Sinnverlust«, der schon in den fünfziger Jahren als Menetekel an die Wand gezeichnet wurde, wohl nicht ganz unbegründet war, wenn man z. B. an den Vandalismus der Jugendlichen heute denkt, daß aber nach wie vor eine große Anzahl von Menschen mit ihrer Freizeit durchaus etwas »anfangen« können, wie all die vielen Hobby-Kurse, Sportveranstaltungen u. ä. beweisen.

Nach wie vor bestimmen, wenn man Umfrageergebnisse liest, Bildung und Ausbildung das Niveau und die Kreativität der Freizeitbeschäftigung. Und damit hängen weitere Faktoren zusammen: das Aufspüren innerer Bedürfnisse sowie subtile Erlebensfähigkeit.

Beruf, Kochen, Freundschaften, Wohnform, Sexualität, all dies gehört zum Konstanten, zum Immer-Wiederkehrenden und muß, soll es nicht in öder Routine erstarren, immer von neuem mit Leben erfüllt werden.

Die Beruhigung, die von einem Routine-Alltag ausgeht, ist dabei ebenso in Betracht zu ziehen wie die interessanten Anregungen, die ein Durchbrechen dieser Routine bewirken. Menschen, die beides beherrschen, sind gut dran. Langeweile und Depression haben bei ihnen wenig Chancen.

Lebt man alleine und ist daher für seinen Alltag allein verantwortlich, dann erhöht sich das Risiko von Erstarrung ebenso wie das Risiko der Unrast und Hetzjagd. Diesen Gefahren, aber auch diesen Chancen nachzugehen dienen die vielen detaillierten Geschichten über den Alltag in seinen mannigfachen Facetten.

Die Wohnung als Partner

Die meisten der von mir besuchten Singles leben sehr ansprechend. Die Wohnung wird offenbar in ganz besonderer Weise als eine Ausdehnung der eigenen Person gesehen. »Ausdrucksfeld« ist sie, sagt Maria, »früher hätte man wohl ›Spiegelbild der Seele‹ gesagt«.

»Was spiegelt denn deine Wohnung?« frage ich sie, kann mir aber die Antwort schon denken. »Seit Arthurs Auszug hat sie sich sehr verändert, endlich konnte ich *ganz wenig* in meine Wohnung hineintun. Nachdem er seine Sachen abgeholt hatte, war alles so leer, und ich merkte, daß mir das wohltat. Ich habe nur sehr zögernd Neues angeschafft. Ich möchte Übersicht, Struktur...«

Marias Drei-Zimmer-Wohnung ist tatsächlich – für mein Gefühl – fast ein wenig kahl. Weiße Wände, taubenblaue Teppiche, einige Regale. Weiß, Chrom, Schwarz dominieren. Im Schlafzimmer gibt es außer der großen Couch fast nichts. Nur eine wunderbar geschlossen wirkende runde Metallplastik steht in der Mitte des Zimmers. Am Fenster eine bizarre, große Blattpflanze, wie ich sie noch nie gesehen habe. Alles wirkt aufeinander abgestimmt.

Sybille hingegen fühlte sich nach Konrads Auszug ganz und gar nicht geschmackssicher. »Eigentlich wollte ich wieder alles genauso einrichten, wie es vorher gewesen war. Es blieb lange Zeit ein ziemliches Tohuwabohu. Vor allem Konrads Zimmer: Das ist langsam zur Rumpelkammer degradiert worden. Ich saß ziemlich dumm herum und versuchte mir vorzustellen, was man in jene nunmehr leere Ecke oder an diese Wand stellen könnte. Mir fiel aber nichts anderes ein als das, was vorher dort gestanden hatte. Immer wieder suchte ich Rat bei Freundinnen und Freunden, die hatten jede Menge Ideen, aber ich konnte sie alle gar nicht realisieren. Ich bekam kein inneres Bild; Konrad saß noch immer in jeder Ecke. Erst, als ich diese hübsche Zwei-Zimmer-Wohnung gefunden hatte, wurde es plötzlich lebendig vor meinen Augen. Ich hatte damals gerade eine Ausstellung besucht: ›Partner des Fortschritts‹. Da stellten Dritte-Welt-Länder aus; man kann vieles – meist recht preiswert – auch kaufen. Es gibt dort neben viel Nippes auch Kleinmöbel. Da habe ich wie in einem Rausch zugeschlagen und kleine Tischchen mit Einlegearbeit, Reisschalen, bunte Kissen mit Gold- und Silberplättchen, kleine Figürchen, mexikanische Wandbehänge und viel Schmuck gekauft. Das war sozusagen der Beginn und bezeichnete die Richtung. Bunt, fröhlich, Silber und Gold: Das war die Devise.«

Sybilles Wohnung ist wirklich recht bunt und auch ein wenig chaotisch. »Dein Spiegelbild?« frage ich auch sie. Sie lacht: »Ja und nein. Ich *möchte* so sein wie meine Wohnung. Leider bin ich oft in grauer Stimmung, aber es wäre ja schlimm, wenn ich dann auch noch eine farblose Wohnung hätte.«

Werners Ästhetizismus gehört zu ihm, seit ich ihn kenne. Ob im Zusammenleben mit Verena oder – nunmehr schon seit über zehn Jahren – als Single: Seine Wohnung atmet ein angenehmes Gemisch von Geschmack und nicht allzu knappen finanziellen Ressourcen. Da gibt es moderne Kunst – Originale – an den Wänden, einfach aussehende und unendlich weiche Ledersessel und kleine Kostbarkeiten auf Wandregalen. Käme man ohne Kenntnis des Besitzers in die großräumige Dachwohnung, man wüßte nicht, ob sie von einem Mann oder einer Frau bewohnt ist. Dies entspricht auch Werners Lebenseinstellung und Persönlichkeit: Alles Machohafte, betont Männliche ist ihm fremd. Er pflegt und zeigt auch zarte Seiten, so wie er liebevoll seine schönen Grünpflanzen und seine Katze pflegt. Einmal, als er auf einer längeren Reise war, hat er seine Wohnung vermietet. »Obwohl nichts kaputtgegangen ist«, sagt er, »hat es mich doch ungemein gestört, daß so viele Dinge umgestellt waren, einiges auch weggeräumt. Ich würde in meine Wohnung *nie* mehr jemanden hineinlassen.«

»Was wäre, wenn du dich noch einmal bindest?« Werner wird fast verlegen: »Obwohl es immer wieder solche Sehnsüchte gibt: Ich kann mir beim besten Willen nicht vorstellen, wie eine Frau hier noch Platz haben soll. (Fünf Zimmer!) In jedem Raum bin ich drin, ganz und gar. Es wäre eine große Umstellung – ich weiß nicht...«

Ingeborgs Wohnung – ich wundere mich darüber natürlich nicht – ist die Wohnung ihrer Mutter. Nach dem Tod der Hochgepriesenen hat sie nur wenig verändert. Es dominieren Teak- und helles Nußbaumholz. Ingeborgs Zimmer unterscheidet sich nicht von den übrigen Räumen, Mutters Geschmack war wohl auch hier tonangebend. Mutters Schlafzimmer wurde umgestellt, ein großer Schrank verkauft. »Es hätte mir zu wehgetan, das alles zu behalten...«, sagt Ingeborg.

Für Anna ist ihre eigene Tradition ausschlaggebend. Sie hat einige sehr schöne alte Möbelstücke (vom ersten Geld gekauft), z. B. einen großen Sekretär mit Einlegearbeit, eine bemalte Truhe und einen wunderschönen geschnitzten Kronleuchter, in den man viele Wachskerzen stecken muß. Uli ist damals, nach einer überstürzten Scheidung, fast ohne Möbel in ihre Wohnung eingezogen. Sie hat also nach der Trennung alle ihre Sachen behalten. Seither ist noch einiges dazugekommen. »Das ist meine Geschichte, meine Tradition, das ist mir wichtig.« Annas Wohnung gefällt mir sehr gut; die Möbel sind eher dunkel, eine Art ländlicher Eleganz, wie man sie bei Großbauern finden kann, herrscht vor. Das alles paßt zu Annas Vorliebe für gedeckte Erdfarben auch in ihrer Kleidung, es paßt sogar zu ihrer braun-violetten Siamkatze. Anna lebt so kreativ in ihrer Wohntradition, daß man sofort merkt, wie sehr die Wohnung ein Stück ihrer Lebensgeschichte spiegelt. »Dieses Bild zum Beispiel«, sagt sie, und deutet auf ein etwas langweiliges in blaßblau gehaltenes Mädchenbild, »das gefällt mir eigentlich nicht mehr so richtig, aber trennen kann ich mich auch nicht davon. Es ist zu sehr mit der Uli-Zeit verbunden; wir haben die Malerin damals in ihrem Atelier oft besucht und lange herumgesucht, bis wir dieses Bild ausgewählt hatten.«

»War deine Wohnung schon immer so wichtig für dich?« Anna meint, sie hätte schon von klein an versucht, sich ihre Wohnumgebung behaglich zu gestalten. »Nach dem Tod meiner Mutter fühlte ich mich dauernd unwohl. Ich konnte nicht ausdrücken, *was* mir eigentlich fehlte. Aber selbstverständlich wußte ich, daß es etwas ganz Wichtiges war, etwas, das mit dem Wort ›Mutti‹ zwar zu umschreiben war, das aber doch viel mehr bedeutete. Bewußt nach meiner Mutter gesehnt habe ich mich nur ganz kurz, dazu war die Krankheitszeit allzu schlimm gewesen, ich konnte mich an meine Mutter als Fröhlich-Gesunde schon kaum mehr erinnern. Alle haben aber bestätigt, daß sie ursprünglich eine sehr lebendige und warmherzige Frau gewesen ist.

Natürlich war es das, was unwiederbringlich verloren war für mich; das konnte mein eher gehemmter Vater, bei allem guten Willen, nicht ersetzen. Und so habe ich schon als Zehnjährige einen Ersatz für dieses Warme, Lebendige gesucht. (Daß es das war, habe ich natürlich auch erst in meiner Analyse begriffen!) Ich habe schon damals ›Tradition‹ gewollt, vermutlich deshalb, weil mir eine so wichtige Tradition verlorengegangen war; also habe ich schon damals immer die alten, ausgemusterten Stücke aus Wohnungen der Verwandten oder auch in unserer eigenen Wohnung herausgefischt und in mein Zimmer gestellt. Das waren keine besonders kostbaren Stücke, aber ich habe sie gehütet wie einen Schatz. Auf keinen Fall wollte ich etwas Neues. Vergeblich versuchte mein Vater, mich zur Annahme einer modernen Couch zu bewegen, weil das alte Bett so sehr quietschte und schaukelte wie ein Fischkutter auf hoher See. Ich suchte und fand ein altes Messingbett, das hat mich dann jahrelang begleitet und steht auch jetzt noch in der Wohnung meines Vaters. Ich weiß noch sehr genau (und in der Analyse wurde es wiederbelebt), wieviel Wärme mir mein Zimmer gegeben hat. Eingerichtet war ich wie eine Oma: mit Deckchen, Fransenlampen und Brokatstickerei. Übrigens habe ich dadurch auch langsam gelernt, schöne alte Stücke zu erkennen. Als ich ans Verdienen kam, war es ganz klar für mich: Das erste Geld mußte für diesen wunderbaren alten Kronleuchter ausgegeben werden. Ich konnte ihn natürlich gar nicht ganz bezahlen, aber die erste Rate habe ich sofort aufgebracht.

Später hat die Wohnung dann nicht mehr eine solch riesige Bedeutung gehabt, aber der Stil ist – jetzt mit wirklich schönen Stücken – der gleiche geblieben. Als Uli auszog, war trotz aller Verzweiflung eines ganz wichtig: meine Wohnung. Während der ersten Wochen bin ich kaum ausgegangen, die ganze Welt schien kalt und leer, aber hier drinnen war Wärme. Übrigens hatte ich damals sehr ähnliche Gefühle wie nach dem Tod meiner Mutter, und die Wohnung hatte eine ähnliche Funktion: Trost und Leben. Jetzt, wo ich schon so lange alleine lebe, ist die Wohnung wie ein vertrautes Kleid für mich: angenehm zu tragen, beruhigend, wärmend. Sollte es mir wieder einmal schlecht gehen, dann weiß ich genau, wo ich zunächst mal Zuflucht suche.«

Nick lebt in seiner eigenen Wohnung wie ein Gast. Nur das übervolle Arbeitszimmer scheint sein Reich – und dieses Reich ist nach Gesetzen strukturiert, die dem Besucher nicht einsichtig sind. »Bitte wieder genau dort hinlegen, wo du's hergenommen hast«, ruft er ängstlich, wenn man neugierig ein Buch zur Hand nimmt. Das Wohnzimmer hat für mein Empfinden keinerlei Atmosphäre, es wird nur deutlich, daß Nick sich nicht darum kümmert, ob Farben und Stile zusammenpassen. Ein riesiges Erbstück von Geschirrschrank mit zwei Aufsätzen ist eigentlich recht schön in seiner dunklen Mahagonilackierung. Die Ikea-Couch mit billigen hellen Sitzkissen neben einer Art Campingtisch befremdet mich. Und warum starrt Che Guevara drohend von der einen Wand? Wahrscheinlich soll er mit dem kitschigen Blumenbild an der Wand gegenüber besänftigt werden. Meine vorsichtigen Fragen nach Nicks Kriterien für eine Wohnungseinrichtung werden etwas verständnislos beantwortet: »Ach, so wichtig ist das doch nicht, wie man eingerichtet ist. Ist doch alles da zur Bequemlichkeit!«

Bei Patrick ist es ähnlich. Auch bei ihm sieht es aus, als sei er gerade eingezogen und als fehlten die wichtigsten Accessoires noch. So sieht es aber immer bei ihm aus: keine Vorhänge, Bilder stehen am Fußboden, an die Wände gelehnt, überall liegen irgendwelche Kleinigkeiten herum. Die Möbel scheinen zum Großteil noch aus der Studentenzeit zu stammen, wo man sich beim Trödel eindeckte. Manches davon ist ganz schön, aber nichts paßt zueinander. Auch Patrick findet nichts dabei, wenn ein Nierentischchen aus den Fünfzigern neben einem alten (schönen) lederbezogenen Großvaterstuhl steht und eine Blattpflanze in der Ecke vor sich hinwelkt. Patrick hat aber ein Faible für das Kochen, und daher gibt es in der Küche sehr viele schöne und auch praktische Geräte, die Patrick hoch in Ehren hält. Obwohl die Küche in der Wohngemeinschaft ja Allgemeinbesitz ist, hat man doch den Eindruck, Patrick sei stolzer Alleinbesitzer.

Otto ist ein begeisterter Hobby-Bastler, der seine Wohnung mit viel Liebe und Geschick selbst ausgestaltet. Er zeigt mir, was er seit dem Tod der Eltern alles gemacht hat: einen neuen Fliesenboden auf der Terrasse und in der Küche, Einbauschränke in der Garderobe und im Vorzimmer, eine Bücherwand im Wohnzimmer (dabei hat ihm ein Innenarchitekt geholfen). Der Clou des Ganzen ist ein ganz modernes Bad mit allem Drum und Dran: blaßgrüne Kacheln, grauer Fußboden, elegante Badewanne und Dusche – alles vom Feinsten. Otto ist darauf besonders stolz, weil er das mit nur wenig Hilfe eines Installateurs geschafft hat. Und natürlich hat all dies nur einen Bruchteil von dem gekostet, was man normalerweise zahlen würde.

Otto liebt helle Farben. »Als die Eltern tot waren, habe ich nach und nach das gesamte allzu schwere und dunkle Mobiliar verkauft, da bin ich wahrscheinlich sehr pietätlos – aber mir hat das alles noch nie gefallen. Ich habe aber sehr langsam geplant, immer wieder geguckt. Das macht Spaß, finde ich. Ich bin auch jetzt noch nicht fertig mit dem Einrichten, manches gefällt mir schon wieder nicht mehr so sehr.« Helle Hölzer, zarte Farben (mattblau, grau, ein sehr zartes Mauve), einiges aus Schleiflack – so bleibt mir Ottos Wohnung im Gedächtnis. Sie spiegelt die zarte und etwas scheue Persönlichkeit ihres Besitzers. Ob Otto mit seiner Wohnung verbunden ist, braucht man gar nicht erst zu erfragen. Auch jetzt, wo sie dem Besucher als fertig erscheint, ist Otto noch immer mit ihr beschäftigt, und das scheint eine Menge Energien zu binden.

Eigentlich ist die Fünf-Zimmer-Wohnung zu groß für einen Junggesellen, aber da sie wesentlich billiger ist als so manche kleine Neubauwohnung, würde Otto sie nie hergeben. Jeder Raum ist gut durchdacht und zweckentsprechend: Wohnzimmer, Schlafzimmer, Eßzimmer, Gästezimmer und ein Zimmer (ein besonders hübscher, quadratischer Raum) für Erwin, den psychisch unheilbar kranken Bruder. Dieses Zimmer hat Otto zusammen mit Erwin eingerichtet, wobei die meisten Vorschläge von Otto stammten. Erwin hat mit Erfolg darauf bestanden, daß er einen eigenen kleinen Fernseher bekam. Am Wochenende schläft Erwin manchmal bei Otto, in letzter Zeit, wo es ihm recht gut geht, öfter als früher.

Mit der Küche ist Otto noch nicht zufrieden. An seinen eifrigen

Überlegungen ist zu ersehen, daß hier noch manches Wochenende verplant werden muß. »Hättest du denn überhaupt Platz für eine Familie?« frage ich ein wenig neckend. Otto hat sich auch dies schon überlegt: Mit relativ wenig Veränderungen, so meint er, ließe sich das machen, sogar das Kinderzimmer hat er schon bedacht.

Natürlich haben mir nicht alle Wohnungen gleich gut gefallen; meinem eigenen Geschmack am nächsten kommt Werners Wohnung. Ich habe mir aber angewöhnt, die Wohnung nicht so sehr unter dem – sehr subjektiven – Gesichtspunkt der Ästhetik zu begutachten, sondern darauf zu achten, was sie ausdrückt. Wärme? Kühle Distanz? Geschlossenheit? Zerrissenheit? Kann man sie auch in regressiven Stunden benutzen? Oder ist sie vor allem für andere da?

Das versuchte ich herauszufinden, indem ich alles auf mich wirken ließ und mir das Leben in dieser oder jener Wohnung vorstellte. Werners wunderbar-ästhetische Wohnung geriet unter diesem Blick zu einem fast allzu schönen Kunstwerk, das es seinem Besitzer sicher nur schwer möglich macht, darin ein wenig herumzuschlampen, sich einzuwühlen und einen faulen Sonntag zu genießen. Ich teilte Werner meinen Eindruck mit und fragte ihn nach den »Schlampecken« in seiner Wohnung. Werner überlegte sehr lange. Nein, seine Wohnung müsse schon ihren Charakter bewahren, und dazu gehöre einfach eine gewisse lässige Ordnung. Er selbst lebe ja auch ziemlich diszipliniert, sonst käme er mit der Arbeit nicht voran. Aber was ich ihm wohl unterschieben wolle, nämlich daß er gar keinen Sinn fürs Regressive habe, das sei nun doch zu überspitzt! Für ihn sei sein breites Bett der Ort der Regression, und es könne sehr wohl vorkommen, daß er dieses einen ganzen Sonntag nicht verlasse. Es sei dann übersät mit Zeitungen, Büchern, und die Fernbedienung fürs Fernsehen sei auch immer bereit. Außerdem esse er dann im Bett. Ein Kaffeefleck auf dem hellen Teppich davor sei Zeuge. Ob ich den als Beweis sehen möchte? Nein, das ist nicht nötig.

Trotzdem: Werners Wohnung erzählt sehr viel weniger von der Möglichkeit des Sich-Gehenlassens als zum Beispiel die Wohnung von Eva-Maria. Daß hier vor nicht allzu langer Zeit noch ein schlampiger Jugendlicher gewohnt hat, ist gut nachvollziehbar. Nichts scheint ganz perfekt, es gibt einige Kratzer in der Politur, Kissen, deren Bezug ein wenig aufgeplatzt ist, und ähnliches. Nicht verwahrlost – aber daß man sich auf der Wohnzimmercouch so richtig hinfläzen kann, ist sofort sichtbar. Eva-Maria jammert darüber, daß es ihr doch immer nicht gelingt, alles so ordentlich zu halten, wie sie das eigentlich möchte. Als mir unter der Hand ein Keks zerbröselt und auf den Teppich fällt, meint sie denn auch gleich wegwerfend: »Kann unten bleiben und sich zum anderen Schmutz gesellen.« Ich hätte keinerlei Bedenken, als Gast in Eva-Marias Wohnung zu ziehen, während mir in Werners Wohnung sicher gleich irgend etwas zerbrechen würde vor lauter Scheu ob dieser wunderbaren Ästhetik. Dabei ist Werners Wohnung alles andere als ungemütlich und steif. Sie ist nur allzu geschmackvoll, als daß schlampige Menschen wie ich dort unbekümmert wohnen könnten.

So wie Werners Leben im gesamten in sich geschlossen und gut strukturiert erscheint, ist auch seine Wohnung gestaltet. Vielleicht ist es für ihn in besonderem Maße wichtig, einem möglichen Chaos zu begegnen, so wie wohl das Bestehen auf einer besonders reinen ästhetischen Form der Abwehr drohender Chaos-Situationen dienen kann.

Maria erzählt dazu eine sehr interessante Geschichte aus ihrem Leben mit Arthur. Als Arthur noch mitten in seinem Hippie-Leben steckte, gab es oft lärmende Feste in ihrer gemeinsamen Wohnung. Maria, anpassungsbereit, machte überall mit, war dabei aber sehr angespannt, zerrissen und wußte doch nicht so recht, was ihr eigentlich fehlte. In ihrem damaligen Wohnzimmer hatte sich eher ihr Geschmack durchgesetzt, es war hell und nüchtern – im Gegensatz zu Arthurs Bude. Einer der Besucher, ein Rock-Musiker (Maria weiß noch heute seinen Namen und spricht ihn voll Abscheu aus!), befand plötzlich in stark betrunkenem Zustand, dieser Raum sei unerträglich ordentlich. Er benutzte eine Fülle von Metaphern, um diesen widerlich heuchlerischen Ort mit der widerlich heuchlerisch glatten Gesellschaft zu vergleichen, ergriff plötzlich eine Tube Uhu, die herumgelegen hatte, um auf diese »kahlen, heuchlerischen weißen Wände« ein wenig vom klebrigen »Saft des Lebens« zu bringen, und fing an, Uhu die Wand herunterrinnen zu lassen. Maria protestierte wieder einmal nur schwach, während Arthur, ebenfalls betrunken, dem Freund mit Begeisterung sekundierte. Plötzlich zog der Gast ein Feuerzeug heraus und begann, den Klebfaden anzuzünden. Da aber wurde Maria von einem solchen Schock erfaßt, daß sie so laut und wütend schrie, wie sie es noch nie gewagt hatte, und den Gast in einer Weise beschimpfte, die sie noch heute freut. Der löschte sofort betreten das glimmende Feuer, während Arthur nur etwas von »ewig gleichen Hausfrauen« murmelte. Einer der Gäste sagte in die peinliche Stille hinein: »Vielleicht braucht Maria das gegen das Chaos...«, was Maria damals nur halb verstand, aber sofort in sich aufnahm. »Ich hätte mich damals schon von Arthur trennen müssen«, befindet sie heute.

Ein anderes Kriterium, das der Einheitlichkeit bzw. Uneinheitlichkeit des Gesamteindrucks, gab mir ebenfalls einiges zu überlegen. Nick und Patrick sind Repräsentanten dieser etwas sorglosen Unbekümmertheit um Schönheit und Behagen, um die Geschlossenheit des Eindrucks. Beide leben sehr stark nach außen, haben ungemein viele Kontakte und betrachten ihre Wohnung offensichtlich vor allem als eine Art Schlafhöhle zum Rückzug, wenn das Leben sie draußen allzu sehr anstrengt. Bei Nick hat sie außerdem noch die Bedeutung eines Büros, was sich im zwar unordentlich wirkenden, aber offensichtlich in sich strukturierten großen Arbeitszimmer zeigt. Behagen, sich versenken, im eigenen Nest sich selbst finden – das ist den beiden eher fremd. Ihr eigentliches Leben erschließt sich in ihren vielen Kontakten, in ihren Telefonaten. Ganz ähnlich steht es übrigens mit Marion, die ebenfalls in einem Chaos von Büchern, Zeitschriften, Katalogen und Einladungen zu Vernissagen lebt. Vielerlei Tischchen und Ablagen sind da, um dieses Chaos etwas zu kanalisieren, aber meist sieht man gar nicht, nach welchen Kriterien das geschieht. Auch hier lebt eine mehr draußen als drinnen und hat daher nicht allzu viele Gedanken an die Wohnungseinrichtung verschwendet.

Nicht für alle, aber für sehr viele Singles hat die Wohnung einen großen Wert. Sie kann ein lebendiger Partner sein, der Trost und Zuflucht bietet, der vor der Welt schützt. Ein Partner, der etwas ausdrückt, was man selbst mit Worten vielleicht gar nicht ganz richtig ausdrücken kann. Das Gefühl für die »Ebenbildlichkeit« der Wohnung ist daher bei vielen ausgeprägt, wobei natürlich ein gewisser Zusammenhang darin besteht, daß man die Wohnung als Spiegelbild und Ersatzpartner ebenso akzeptiert wie das eigene Alleinleben.

Wo irgendein »anderer«, wie z. B. Ingeborgs Mutter, noch immer anwesend ist, kann sich auch die Wohnung nicht verändern. Sie gehört der Partnerzeit an und ist sicher noch lange Zeit Mutter-Ersatz. Wo sie aber mit eigenen Gefühlen, Gedanken und Stimmungen gefüllt wird, da ist auch das Leben als Single realer geworden – auch wenn, wie Sybille das beschreibt, noch immer Sehnsucht nach dem Partner da ist.

Die Wohnung ist nicht nur Zufluchtsort und Ausdrucksfeld; sie kann belebt und ein Partner werden wie ein Buch oder ein Kunstwerk. Man braucht dazu allerdings jene schwer zu erringende Fähigkeit zur Belebung der Welt. Wenn man allein lebt, ist diese Fähigkeit wichtiger als alles andere. Hier spielt die bewußte Gestaltungskraft eine große Rolle. Nichts geschieht »einfach so«, nichts wird einem vom Partner abgenommen: Das ist schwierig, aber es stärkt das Selbstwertgefühl – wenn es gelingt!

Als meine Großmutter Witwe wurde (sie war damals 65 Jahre alt), ließ sie sich nicht gehen und nicht fallen, sondern bemühte sich, nach respektvoller Ableistung des Trauerjahres, um ein »ganz normales Leben«. Sie wurde nach und nach sogar Ratgeberin ihrer ebenfalls zu Witwen gewordenen Freundinnen. Daß man sich auch beim Alleinleben nie »verkommen« lassen darf, war ihr wichtigstes Credo. Den zentralen Punkt dabei bildeten die Mahlzeiten. Daß man sich etwas Ordentliches kochte, aufdeckte, langsam und manierlich aß – das ganz besonders schien ihr Rückgrat als Alleinlebende zu stärken. Sie schilderte das oft und gerne: »Heute habe ich mir ein Kalbsschnitzel abgebraten, dazu Reis gekocht und ein paar Karotten gedünstet. Nachher gab es Kompott – Äpfel und Zwetschgen gemischt. Und hinterher meinen Mokka mit einem der guten Schokoladenkekse. Und gedeckt habe ich im Wohnzimmer – und weil Sonntag ist – mit dem Goldrand-Geschirr. Ja, übrigens, deshalb habe ich auch ein Glas vom Riesling getrunken...« usw.

Wie oft habe ich an diese resolute alte Frau gedacht (sie wurde neunzig), wenn ich selbst, in Eile vor dem Eisschrank stehend, ein paar alte Käsereste herausholte und altbackenes Brot dazu kaute. War ich nun schon auf dem absteigenden Ast?

Ich erinnere mich an ein abendliches Telefonat mit einem Freund, der mich überreden wollte, nochmals zum Essen auszugehen. Ich behauptete, schon gegessen zu haben. »Was denn?« fragte er, und wahrheitsgemäß erzählte ich ihm, es seien nur mehr Knäckebrot und Schokoladebananen dagewesen – dies sei heute mein Abendbrot. Das wegwerfende »Pfui Teufel – schämst du dich nicht?« klang mir noch lange in den Ohren.

Als ich Ingeborg von meiner Großmutter erzählte, nickte sie bestätigend: »Das hätte Mutti auch gemacht. Nie sich gehen lassen!« Übrigens bemühe auch sie sich um geregelte Mahlzeiten, obwohl das Kochen nicht unbedingt ihre Sache sei.

Sie hat aber das alte Rezeptbuch von Mutter, das sie natürlich hoch in Ehren hält. Sie weiß, daß Mutter altmodisch gekocht hat, mit allzu viel Fett und Fleisch; eigentlich würde sie gerne auf modernere Kost umsteigen, hat aber wenig Ideen, wie man das macht. Eines der Ergebnisse unserer Gespräche war dann, daß Ingeborg sich bei einem von der GASAG veranstalteten Kochkurs für vegetarische Küche anmeldete. Sie rief mich ein halbes Jahr später an und erzählte mir davon. Es habe großen Spaß gemacht, und sie werde demnächst einige Kochkurs-Teilnehmer einladen, um ihnen etwas vorzukochen. »Gemischt – teils etwas aus Mutters Küche, teils ein oder zwei vegetarische Speisen.« Immer wieder erstaunt mich Ingeborg. Es sieht doch so aus, als wagte sie immer mal wieder einen Schritt in ihre neue Selbständigkeit.

Bei meinen Gesprächen stellte ich fest, daß Kochen und Essen der Singles noch viel unterschiedlicher gehandhabt werden als die meisten anderen Alltagsangelegenheiten. Bei Marion herrscht natürlich absolutes Chaos. »Meist ist nichts im Eisschrank außer Wodka und Sekt. Und natürlich gibt es immer Kaffee und Dosenmilch. Ohne Kaffee darf kein Tag beginnen. Frag mich nicht, wie es mit dem Essen steht. Manchmal futtere ich zum Morgenkaffee Chips. Klingt reichlich abstrus, nicht? Aber ich versichere dir: Es schmeckt gar nicht so schlecht.« (Brrrr!)

»Kochst du denn nie etwas?« frage ich, »kannst du überhaupt kochen?«

Marion ist empört. »Ich und *nicht* kochen können?« Zur Strafe muß ich versprechen, nächstens bei ihr zu Abend zu essen. Das tat ich dann – und verdrehte verzückt bei jedem der fünf oder sechs Gänge von neuem die Augen: Brühe mit kleinen Leberknödeln, Auberginenmus, Huhn mit mindestens sechs Gemüsen auf italienische Art, Selleriepüree etc., etc. Es war klar: Marion ist eine Meisterköchin. »Aber nur für andere«, sagte sie, »ich lade oft Freunde ein, dann koche ich ausgesprochen gerne. Für mich selbst gibt es Reste aus der Tiefkühltruhe oder gar nichts. Ich gehe so oft zum Essen aus, daß größere Einkäufe gar nicht lohnen. Das viele Brot, das ich wegwerfe – es tut mir richtig leid...«

Wie sie daheim ißt? Natürlich: stehend, Zeitung lesend, schnell in der Küche, beim Telefonieren...« Aber ab und zu, wenn ich so richtig erschöpft bin, veranstalte ich ein Fest für mich alleine; dann kaufe ich im italienischen Delikatessengeschäft ein paar Salate, schönen Valpolicella, Salami und Pecorino... Das arrangiere ich auf meinem Brett über der Badewanne, dazu gibt es Musik, ein Schaumbad und irgendeinen Schmöker. *Das* ist wirklich erholsam!« Wie oft sie sich so etwas gönne? »Na ja, selten. Aber gerade deshalb genieße ich es so sehr, vielleicht drei-, viermal im Jahr.«

Sybille kocht eigentlich nie. Sie hat Kochen immer gehaßt, früher war ihr Freund Konrad der Meisterkoch gewesen, sie selbst hat es in dieser Kunst nie sehr weit gebracht. Ihr Speisezettel ähnelt dem der Junggesellen alten Schlags: Rührei, Speck mit Ei, Würstchen, Dosensuppen und belegte Brote. »Vermißt du denn die Vitamine nicht?« Nein, Sybille steckt jeden Morgen eine Multivitamin-Kapsel in den Mund. »Bis jetzt bin ich gesund«, lacht sie.

Die Krankenschwester Eva-Maria versucht, gesund zu leben – so gut es eben geht mit ihren vielen Auswärtsverpflichtungen. Im Krankenhaus gibt es seit einiger Zeit Vollwertkost, sehr gut gekocht – da ißt sie mit. Daheim versucht sie, »moderat vegetarisch« zu leben. »Aber Steak-Einbrüche gibt es schon ab und zu«, gesteht sie. Wenn sie zu Hause ißt, gibt es auch ordentliches Essen, schön gedeckt – aber meist vor dem Fernseher. »Tagesschau, gutes Essen, ein Glas Rotwein, das finde ich super. Hinterher noch ein Krimi, wenn ich Glück habe.«

Maria, die besinnliche Logopädin, erinnert mich in ihren Eßgewohnheiten am meisten an meine Großmutter. Sie scheint daraus, wie übrigens aus vielen Alltagsroutinen, jeweils ein kleines Fest zu machen. »Schon am Morgen überlege ich, was ich kochen werde. Der Eisschrank ist immer voll, in der Tiefkühltruhe gibt es auch vieles. Einkaufen kann ich gleich nebenan, wenn etwas fehlt. Ich freue mich meist auf das Kochen, auch wenn es nur eine Kleinigkeit ist: Toast, überbacken mit Champignons, oder Minestrone oder eine bunte Salatplatte mit Käse.« Sie arrangiert alles auf Platten und Schüsseln, deckt auf, zündet im Winter sogar eine Kerze an und genießt das Essen. »Ohne Zeitung«, sagt sie prononciert. »Essen ist Essen, und Zeitunglesen ist Zeitunglesen. Die kommt später dran.«

Zu ihren vielen Anpassungsstrategien gegenüber Arthur gehörte übrigens auch die Anpassung im Essen: zu viel Fleisch, zu fett und vor allem zu viel Alkohol. Maria trinkt fast keinen Alkohol mehr, wenn sie allein ist. »Tee, Mineralwasser, Milch – das reicht mir vollauf.«

Und wie halten es die Männer mit dem Kochen?

Verena hatte ausgezeichnet gekocht. Werner war immer stolz gewesen auf ihre exquisiten Speisenfolgen. Verenas Mutter war nämlich Französin, und das gute Kochen war eine Art Ehrensignet der Familie. Werner, eher treudeutsche Knödelküche gewohnt, hatte bald erkannt, was das bedeutete. Nach Verenas Auszug hatte er das Kochen mühsam lernen müssen. Zwar ging er sehr oft essen, und es genügte ihm zu Hause daher zuerst die Rührei- und Würstchen-Küche, aber nach einigem Herumprobieren auf diesem Terrain erkannte er, daß Kochen Spaß macht. Begonnen hatte es ganz einfach damit, daß er sein Rührei mit frischem Tiroler Speck verfeinerte und dazu Tomaten abbriet. Werner empfand dies damals schon als eine besondere Delikatesse. Er überwand sich sogar und rief Verena an, um sie um das Rezept für ihren Lauch Quarkkuchen zu bitten. Als sorgsamer Wissenschaftler ging er daran, dieses Rezept einfach buchstabengetreu nachzukochen – und siehe da: Der Erfolg stellte sich ein. Er hatte damals eine seiner kleinen Übergangsfreundinnen beeindrucken wollen – und es war ihm gelungen. Das Ganze wurde nun eine Art Hobby. Werner erzählt, daß es für ihn ein erstes Anzeichen von Gesundung gewesen sei. »Anfangs dachte ich, ich würde sowieso nie mehr Appetit haben. Ohne Verenas Brioche, ihre Lachscremesuppe oder ihre Quiche schien jeder Speisezettel schal, das Essen gar nicht mehr zu lohnen. Ich verlor fünf Kilo, eigentlich wollte ich am liebsten – wie die liebeskranken Mädchen in Romanen des 19. Jahrhunderts – verhungern. Die Entdeckung, daß man diese Herrlichkeiten selbst herstellen kann, war wirklich wichtig. Ich bin es gewohnt, sehr genau zu arbeiten und auch auf Kleinigkeiten zu achten, das Kochen wurde daher für mich so eine Art wissenschaftliche Arbeit. Wenn man mir allerdings sagt, ich möge ›eine Handvoll‹ Mehl dazutun, dann wird es schwierig, so viel Erfahrung habe ich nicht. Außerdem kann ich sehr schlecht selbst etwas erfinden – und natürlich war es das, was Verenas Küche so einzigartig gemacht hat. Ich finde es wichtig, daß ein Alleinlebender sich, wenn nötig, auch mit guten Dingen ernähren kann, das gibt mir ein Gefühl von Unabhängigkeit, aber auch von einer neugewonnenen Kompetenz. Alles, was man dazulernt, ist ein Gewinn. Früher war für mich die Arbeitsteilung zwischen mir und Verena selbstverständlich; jetzt würde ich das nie mehr so zulassen; ich bringe mich damit selbst um bestimmte Freuden.«

Nick sieht das anders. Er ist eher vom Rührei-Würstchen-Schlag und wehrt lässig ab. »Verhungern tu ich nicht – außerdem bin ich sehr oft eingeladen.«

Patrick dagegen kocht hervorragend und mit großer Begeisterung – allerdings hauptsächlich für seine Freunde. Er kennt viele amerikanische Gerichte und überrascht bei Einladungen immer wieder mit etwas Neuem, Ungewohntem. Dazu geht er oft recht zeitaufwendig einkaufen. Wo bekommt man schließlich bessere Marshmallows als im Army-shop? Natürlich hat er auch dort Zutritt gefunden und kann sich für Erdnußbutter, Marshmallows und Ahornsirup so begeistern, daß er auch die deutschen Freunde ansteckt.

Ulla lacht in Erinnerung an die Geschichte ihres Eßverhaltens. »Als ich alleine zu leben begann, wußte ich überhaupt nichts vom

Kochen. Ich war immer versorgt worden, die Küche im elterlichen Haus habe ich selten betreten. Wenn ich dort ab und zu herumschnüffelte, gab es von der Köchin meist schnell irgend etwas Lekkeres in die Hand, aber ich denke, das Personal hatte es nicht so gerne, wenn die ›Herrschaft‹ sich in ihrem Bereich allzu lange aufhielt. Also habe ich später diesen Bereich auch gar nicht mehr betreten. Über das Essen durfte übrigens bei Tisch gar nicht gesprochen werden, das galt als unfein, ich weiß nicht, warum. In anderen Familien unserer Bekanntschaft war das nämlich durchaus ein wichtiges Thema. Vielleicht hing das mit der unsicheren Stellung meiner Mutter zusammen, die eigentlich nicht ›standesgemäß‹ war, aber alles tausendprozentig richtig machen wollte. Jedenfalls habe ich das Gefühl mitbekommen, daß es sich beim Essen um irgendeine Belanglosigkeit handelt, die man am besten übergeht. Trotzdem war es natürlich selbstverständlich, daß immer genügend bereitstand.

Als ich ziemlich plötzlich von zu Hause wegging, konnte ich gar nichts. Zwar konnte ich mir vorstellen, wie man belegte Brote macht, und das habe ich in den ersten Wochen auch ausgiebig getan; aber diese belegten Brote hingen mir schon bald zum Hals heraus. Ich aß also immer weniger, merkte, daß ich immer dünner wurde, und beschloß, das zu ändern. Hunger hatte ich zu dieser Zeit überhaupt keinen mehr, ich wußte einfach vom Kopf her, daß der Mensch essen muß. Also überlegte ich, was in einer Suppe alles drin sein könnte. Wasser – das war klar. Aber wie bekam man es hin, daß sie so schön dicklich war, wie daheim zum Beispiel die Gemüsecremesuppe? Ich schüttete daher Milch hinein, und fügte, ganz klein geschnitten, das hinein, was man mir im Geschäft als »Suppengrün« verkauft hatte. Salz mußte wohl auch sein, das war klar. Ich habe das Ganze so lange gekocht, bis die Milch angebrannt war und das Suppengrün (übrigens war mir ganz unklar, wieviel von den Strünken des Selleries zum Beispiel hineingehört) natürlich noch immer hart. Das endete mit Tränen.

Ich hatte das Gefühl, mir zuviel zugemutet zu haben. Freunde, die ich zu jener Zeit hätte anrufen mögen, hatte ich nicht. Ich schämte mich zu sehr. Dann fiel mir in der Buchhandlung – so schlau war ich immerhin – ein Buch in die Hand, das hieß ›Kochen für Anfänger‹, und dieses Buch wurde meine Rettung. Da war alles, aber auch alles ganz genau erklärt. Was es heißt, wenn man einen Kuchen ›flaumig abrührt‹, wie man Zwiebeln röstet, wie man Schnee schlägt. Ich glaube, das Buch war für Zehn- bis Zwölfjährige gedacht. Für ein paar Wochen wurde es meine Bettlektüre. Und da ging es mir wie so häufig, wenn mich irgend etwas wirklich berührt: Ich konnte gar nicht mehr aufhören; studierte alles genau durch, versuchte jeden Tag etwas Neues und nahm innerhalb von vier Wochen drei Kilo zu. Ich habe zeitweise sicher sehr merkwürdig auf meine Kolleginnen in der Bibliothek gewirkt, weil ich nämlich nur ein Thema hatte: Wie viele Eier nimmt man für einen Guß über die Schweizerische Apfelwähe? Macht man Kakao mit echter Schokolade oder mit Kakaopulver? Und ähnliches mehr. Das war eine ganz neue Welt, nicht die einzige natürlich, aber sie hatte etwas Beruhigendes für mich. Ich hatte ein sehr wichtiges Gefühl gewonnen: daß mir nun nichts mehr passieren kann.«

Otto liebt es, gut zu essen und ist auf seine Küche stolz. Es ist für ihn ganz normal zu kochen, das hat er schon zu Lebzeiten der Eltern, als er noch zu Hause wohnte, oft getan. Er wollte Mutter entlasten, hat auch Spaß daran gefunden und war sehr stolz, wenn ihm irgend etwas Besonderes, was auf dem elterlichen Speisezettel nicht präsent war, gelang. Seine Spezialität: Suppen. Die ißt er besonders gerne, und er meint, daß man an der Suppe erkennen könne, ob einer wirklich ein Koch ist oder nicht. Er kocht oft für sich und Erwin, ab und zu auch für Freunde, aber fast jeden Abend irgendeine leckere Kleinigkeit für sich selbst. »Essen gehen kommt einfach zu teuer, und in der Kantine schmeckt mir das Essen nicht. Also nehme ich mir ein Brot mit, eventuell auch ein Joghurt – und abends wird geschlemmt.« Otto besitzt viele Kochbücher. »Kochen für Singles« heißt eines, das Otto ganz besonders liebt. Auch Vorspeisenkochbücher sind natürlich ergiebig, wenn man nicht allzu groß auffahren will. Otto ist also im Kochen durchaus als Spezialist anzusehen. Seine künftige Frau, so meint er, müßte sich da schon anstrengen, wenn sie mithalten wolle. Übrigens hat seine angebetete Angela dies durchaus zu schätzen gewußt. In Zeiten, wo er noch Hoffnung hatte, ist sie ab und zu mal zu ihm gekommen, um sich von ihm bekochen zu lassen.

Nicht für alle also hat das Essen denselben Stellenwert wie für meine Großmutter. Die Art, wie man es damit hält, ist nicht unbedingt ein sicheres Zeichen für Gelingen oder Mißlingen des Single-Lebens. Manche betrachten das Essen als keinen besonders wichtigen Teil ihres Lebens, und dann hat das sorgfältige oder schlampige Kochen natürlich auch keine besondere Bedeutung. Offensichtlich aber sind Singles mit guten Kochkenntnissen oft auch solche, die es ausgezeichnet verstehen, Freunde zu bewirten; ihre Einladungen sind daher auch sehr gefragt, und sie haben großen Spaß daran, die Vergnügungen eines ausgezeichneten Essens mit anderen zu teilen. Das scheint bei manchen der wichtigste Wert des exquisiten Kochens zu sein: Es macht Freundschaften lebendiger, gibt Parties eine spezielle Note. Das Essen wird also recht individuell gehandhabt. Im Zeitalter der variationsreichen Restaurants und der Fast-food-Küche können jeder Geschmack und jede Geldbörse zu ihrem Recht kommen. Dort aber, wo das Kochen entdeckt und gepflegt wird, erweist es sich als ein hervorragendes Mittel, das Gefühl der Selbständigkeit zu stärken. So wie Kinder, die gerade gelernt haben, sich Puddings anzurühren oder Würstchen zu braten, voll Stolz zeitweise ganz auf Mutters Küche verzichten wollen und oft sogar prahlerisch behaupten, nun würden sie alleine für das Wohl der Familie sorgen, so genießen manche der Singles ihre neugewonnenen Fähigkeiten. Auch ausgewachsene, erfolgreiche Männer wie Werner können dann stolze Lobreden auf sich selbst halten.

»Kochen können« hat etwas mit »Versorgen können« zu tun.

Sich selbst Essen zuzubereiten ist eine einfache, aber wirksame Form der Bestätigung, daß man nun wirklich erwachsen ist, wirklich unabhängig, daß man im buchstäblichen Sinne *nicht verhungern* wird. Das hat dann auch Folgen im übertragenen Sinn. So als bewiese man sich damit selbst, daß man auch keine Angst zu haben brauche, seelisch zu »verhungern«. Erweitert und angereichert wird dieses Gefühl natürlich noch durch die Erfahrung, daß man imstande ist, auch für andere zu sorgen. Das Kochen für Freunde gehört daher zu den wichtigsten Erfahrungen vieler Singles und wird dementsprechend gepflegt. Sybille, die angeblich immer noch nicht kochen kann, zeigt hier sehr deutlich, daß sie noch immer das kleine Mädchen ihrer Eltern ist, das Anspruch auf Versorgung hat. Daß auch sie durchaus imstande ist, an andere zu denken, beweisen ihre gekonnten Einladungen (s. S. 184f.), es scheint aber etwas sehr Basales zu fehlen, sonst ruhte Sybille mehr in sich und wäre zufriedener im Alltag.

Ingeborgs Mitteilung über den Kochkurs hat mich auch wegen dieses »Versorgungsaspekts« so gefreut: Vielleicht schafft sie es doch, sich darüber klar zu werden, daß sie eine erwachsene Frau ist, jederzeit fähig, zufriedenstellend für sich und andere zu sorgen.

Natürlich wäre es verfehlt, im Kochen den einzigen Maßstab für die Fähigkeit zum Alleinleben zu sehen. Da das Essen aber ein sehr grundlegendes Bedürfnis darstellt und die Verfeinerung der Essenszubereitung zu den bedeutenden Kulturleistungen der Menschheit gehört, handelt es sich bei der Frage, ob einer kochen kann oder nicht, nicht nur um eine Nebensächlichkeit. Daß in unserer Wohlstandsgesellschaft die Eßstörungen zunehmen, zeigt an, daß dieses Gebiet leicht störbar ist – wie übrigens alles, was als »natürliches Verhalten« angesehen werden kann, bei Menschen rasch unter Druck gerät und zu Komplikationen herausfordert. (Man denke nur an das schwierige Thema der sexuellen Störungen!) Ist man für sein Leben alleine verantwortlich, dann können unter Umständen auch im Bereich Essen/Kochen Probleme auftreten, die man zu zweit oder in der Familie gar nicht kannte. Ulla ist dafür ein besonders eindrucksvolles Beispiel.

Wo aber Essen und Kochen auch im Alleinleben eine Quelle von Freude sein können, wo man in dieser Hinsicht Kompetenzen erwirbt, da ist wiederum ein neues Stück Freiheit gewonnen.

Leere Abende und Wochenenden?

Heimkommen – alles ist dunkel –, niemand erwartet dich, nicht einmal ein Hund oder eine Katze. Es ist egal, ob du früher oder später kommst. In der Wohnung riecht es wie am Morgen auch, und ebenso liegt auch alles herum. Einige Alltagspflichten werden erledigt: aufräumen, kochen, TV-Nachrichten. Und dann? Dann beginnt das Warten auf das Telefon oder das Abklappern des Adreßbuches nach möglichen Gesprächspartnern, oder das Herumdrücken auf der Fernbedienung. Irgendein Programm, um Himmels willen, wird doch genügend fesseln, damit der Abend vorbeigeht? Oder die Lektüre: Sicher, manchmal findet sich etwas so Spannendes, daß die Zeit unbemerkt vorüberfliegt. Aber wie oft ist das schon der Fall?

Alle diese traurigen und resignativen Worte stammen nicht von einer Single-Person, sondern von Ricarda, einer seit zwanzig Jahren unglücklich verheirateten Ehefrau, die es nicht schafft, ihren notorisch untreuen und auch sonst lieblosen Gatten zu verlassen. Es handelt sich also um vorweggenommene Angstphantasien. In diesen trostlosen Worten hat nicht ein einziger meiner Interviewpartner(innen) sein Leben beschrieben. Obwohl es Probleme mit dem Abend oder dem Wochenende natürlich gab und gibt.

Maria, wie immer vorneweg mit Kraft und Lebensmut, sagt dazu aber sofort: »Klar, das kann problematisch werden – aber wo gibt es denn in der Partnerschaft problemloses Leben? Und die Abendgestaltung mit Arthur – na, schweigen wir lieber darüber...«

Mit ihrem exquisiten Talent zur Raum- und Zeitgestaltung hat sie sich ganz rasch zu einer Art Spezialistin für »geplante Zeit« entwickelt. Das fällt ihr schon deshalb leicht, weil sie sehr viele Talente hat: kunstvolles Stricken, Malen, Seidenmalerei – und noch einiges mehr dieser Art; ab und zu schreibt sie auch Märchen und macht Gedichte. Und natürlich liest sie viel, kennt vor allem die moderne Literatur gut und ist auch noch ein wenig bewandert in der Sekundärliteratur. Freunde rufen oft bei Maria an, wenn sie jemanden mit »einem guten Buch« beschenken wollen. Maria ist eine ausgezeichnete Ratgeberin, erkundigt sich nach Eigenarten und Interessen des zu Beschenkenden und findet immer etwas Passendes. All dies füllt ihre einsamen Abende, deren es so viele wiederum auch nicht gibt, da sie ein geselliger Mensch ist. Maria hat aber – und das gilt auch für Wochenenden – auch »Projekte«, für deren Erfüllung sie Zeit braucht, so daß sie oft froh ist um Abende ohne Gesellschaft. »Als ich zum Beispiel diese fantastische neue Technik der Seidenmalerei für mich entdeckt hatte, da reichte mir die Freizeit fast nicht mehr. Ich hatte vor, alle meine Freunde und Verwandten mit irgendeiner seidigen Überraschung zu erfreuen – das war gerade vor Weihnachten –, na ja, du kannst dir denken, wie aufwendig das war. Oder das Märchenbuch für mein Patenkind Silvia – daran habe ich auch einige Wochen gearbeitet, bis wirklich alles ›gesessen‹ hat.« Maria ist jeweils voll von Ideen und Plänen.

Ich erzähle ihr von Ricardas düsteren Phantasien über die elenden Single-Abende. Maria kann das verstehen. »Ja, da ist manchmal was dran, wenn man heimkommt. Wenn man sich leer fühlt, vielleicht Ärger hatte, dann liegt der einsame Abend plötzlich so trostlos vor mir, und alle meine Hobbys erscheinen mir langweilig. Dann hoffe ich auch auf irgendeine Ermunterung von ›außen‹. Natürlich hat man dann meistens Pech. Die Freunde sind nicht zu Hause oder gerade im Weggehen, und im Kino läuft auch nichts, was lohnt. Abgesehen davon, daß ich an solchen gelähmten Abenden sowieso meist keine Lust mehr auf Kino habe. Deine Ricarda hat schon recht. Da bleibt dann nur noch das trostlose Fernbedienungsspiel übrig.«

Maria ist sich darüber klar, daß Depressionen schon immer Teil ihres Lebens waren. Arthurs Anwesenheit hat sie zwar nicht wirklich verscheucht, aber er war doch auch wiederum ablenkend und hat Aktivitäten erzwungen, die schließlich zur Aufhellung von depressiven Stunden dienten. Maria, die die Dinge sehr genau betrachtet, bedauert aber das Fehlen dieser Ablenkungsmanöver nicht, weil sie sich nun »präzise beobachten« kann. »Und in jeder Depression steckt ein Stück Erkenntnis, wenn man sie nur durchsteht.«

Werner ist ein Abendarbeiter. Zwischen neun Uhr abends und ein Uhr nachts hat er seine produktivsten Zeiten. Er ist um jeden Abend froh, den er nicht mit Sitzungen, Projektgruppen oder privaten Einladungen verbringen muß. Das Problem »leerer Abend« kennt er daher nicht. Am Wochenende allerdings wird es schon schwieriger. Nach der Trennung von Verena hat es einige Freundinnen gegeben, aber »ehrlich gesagt, nur in der allerersten Verliebtheit habe ich es ausgehalten, ein ganzes Wochenende zu zweit zu verbringen«. – Immerhin: Meist gibt es irgendeine Freundin, die mit dem attraktiven und intelligenten Werner gerne ins Kino geht oder eine Bar besucht. Zur Zeit (und das sind jetzt schon mindestens zwei Jahre) ist Werner allerdings ganz »ohne«, was er offensichtlich aber nur halbherzig bedauert. »Letztesmal endete es allzu böse-dramatisch, ich habe die Nase voll von bindungssüchtigen Weibern.« Natürlich muß das Wochenende geplant werden – doch das fällt Werner nicht schwer. Er ist da keinesfalls hektisch: »Wenn ich alleine bleibe, auch gut...« Allerdings ist Werner so oft eingeladen, daß er eigentlich nur darauf warten muß, daß sich der Terminkalender füllt. »Nach Verenas Auszug allerdings habe ich gemeint, Wochenenden nicht überstehen zu können, wenn nicht zumindest die Abende besetzt waren. Ich habe hektisch alles zusammengetrommelt, was mir einfiel – aber meist fand ich es dann doch leer, dieses rastlose Ausgehen und bis in die Morgenstunden in Kneipen Herumsitzen.« Frauen spielten damals eine große Rolle – nicht die tollsten übrigens, wie er heute sagt. Und langsam hat er begonnen, Kollegen einzuladen, alte Freunde. »Wir haben in unserer eher engen Zweisamkeit viele Freunde vernachlässigt und wenig neue Bekanntschaften geschlossen. Da gab es wirklich Nachholbedarf.«

Bei Marion läuft natürlich »alles von alleine«. Bei so viel Kontakten besteht kein Mangel an Abend- und Wochenendaktivitäten. »Und schließlich ist da auch noch Kurt, mein Alters-Ehemann, Freund, Vertrauter..., mit dem treffe ich mich auch regelmäßig. Er kennt so ziemlich alle meine Freunde. Als stadtbekannter Schwuler ist er übrigens in meinen Kreisen gerne gesehen – du weißt ja, manche betrachten einen solch smarten Schwulen als eine Art Maskottchen – zumindest in meinen Schicki-Micki-Kreisen.«

Ingeborg tut sich schwer mit ihrer Freizeit. Es gibt allerdings noch die alte Tante, eine Schwester ihrer Mutter, die sich über jeden Besuch freut. Ingeborg muß dazu etwa 50 km reisen – also kommt nur das Wochenende in Frage. Ungefähr einmal im Monat fährt sie dorthin – mit mehr oder weniger gemischten Gefühlen. Tante Elisabeth ist eine schwierige Frau, recht kleinlich und pingelig – wenngleich sie gerade für ihre einzige Nichte ein weites Herz hat. Nachdem ihr Sohn bei einem tragischen Unfall tödlich verunglückt ist, bekommt Ingeborg sehr viel von ihrer Liebe und Fürsorge ab – zuviel fast, wie sie meint. Tante Elisabeth begutachtet Kleider und Mäntel sehr kritisch und steckt Ingeborg schon mal einen oder zwei Hunderter zu: »Kauf dir doch etwas Lebhafteres, zum Beispiel einen roten Pullover«, ordnet sie dann an. Die gehorsamsgewohnte 47jährige wehrt sich nur schwach. Die dauernden bohrenden Fragen, ob sich nicht doch irgendein netter und anständiger Mann für sie finden ließe, fürchtet sie jedesmal. Tante Elisabeth findet selbstverständlich, daß Ingeborg für die heutigen (verdorbenen) Männer zu schade sei. In ihrer Sorge um die Nichte ist sie sich allerdings nicht ganz klar darüber, ob sie der Männerwelt mehr Solidität oder Ingeborg ein wenig mehr Leichtsinn wünschen soll. Manchmal überwiegt letzteres. »Geh aus, amüsiere dich«, kann sie sagen, »du siehst noch so jung und hübsch aus.« Damit hat sie übrigens zweifellos recht. Ingeborg sieht mindestens zehn Jahre jünger aus, als sie ist – vielleicht weil zu ihrer immer noch sehr zarten, glatten Haut die hellbraunen Augen gar so unschuldig in die Welt schauen? An ihrem Äußeren liegt es sicher nicht, wenn Ingeborg selten den begehrlichen Blick eines Mannes auffängt. Eher an einer eben doch schon etwas altjüngferlich wirkenden Blässe und Zartheit, einer zimperlichen Zurückhaltung, die einer modernen berufstätigen Frau schlecht ansteht.

Wochenenden, an denen Ingeborg nicht zu Tante Elisabeth fährt, sind nicht gerade überwältigend. In letzter Zeit allerdings hat Ingeborg das Kino entdeckt. Dorthin kann man ohne weiteres auch allein und braucht sich nicht – wie im Theater – durch die Pausen zu quälen. Ingeborg beginnt immer mehr von Filmen zu verstehen. Eine ihrer ersten selbständigen Taten nach Mutters Tod war, sich ein Abonnement von »Cinema« zu bestellen, einer Zeitschrift für Cineasten. Man kann nur hoffen, daß sich dieses Interesse zu einem richtigen und erfüllenden Hobby entwickelt. Ansonsten ist sie sowohl abends als auch am Wochenende viel allein und hört Musik – eine ehemals mit Mutter geteilte Freude. »Aber irgendwie ist es nicht mehr dasselbe«, seufzt sie. Hat Ingeborg keine Freunde? Ja, doch, zwei alte Kameradinnen aus der Schulzeit. Natürlich kann sie sich auch mit denen treffen. Aber die haben alle Familie und sind mit entsprechenden Pflichten belastet. Denen helfen? Ingeborg winkt ärgerlich ab. »Ich bin doch keine Oma.« Da hat sie recht. Ich habe allerdings den Eindruck, daß trotz ihres nicht zu überhörenden Jammers jeder Vorschlag abgeschmettert würde.

Begabungen und innere Lebendigkeit einer Person spielen eine große Rolle bei der Freizeitgestaltung. Sich Anregungen von außen zu holen, auch wenn kein Partner sie »serviert« oder zumindest anerkennt, diese Anregungen mit Leben zu erfüllen und sich daran zu erfreuen: Das gewährleistet Alleinlebenden eine Kontinuität der inneren Zufriedenheit und auch des Stolzes auf sich selbst, wie sie partnerschaftlich Lebenden nur selten zuteil wird.

Nick hat ein ganz spezielles Hobby. Er sammelt Steine. Viele Wochenenden vergehen damit, daß er in Gegenden fährt, in denen besonders interessante Funde zu erwarten sind. Und natürlich werden am Abend die Funde katalogisiert und kategorisiert, denn Nick betreibt dieses Hobby professionell. Auch die Ferienplanung hängt damit zusammen: An bestimmten Küsten, in bestimmten Gebirgen gibt es besonders wertvolle und faszinierende Gesteinsformationen. Nicks Freude an einer eindrucksvollen Schneckenform, die im Kalkstein eingelagert ist, besticht mich. Da ich nicht die geringste Ahnung von Mineralogie habe, kann ich den Feinheiten seiner Erklärung nicht folgen. Ich kann nur feststellen, daß hier jemand mit wirklicher Leidenschaft am Werk ist. Neben seinen vielen Verpflichtungen zur Geselligkeit gibt es also hier ein ganz eigenes kleines Leben, das Nick mit niemandem teilt – auch nicht mit seinem Freund Wolfram, der wenig Sinn hat für diese Welt. »Was fasziniert dich denn so sehr an diesen toten Dingern?« frage ich. Nick lehnt diesen Begriff natürlich strikt ab. »Tot? Vollkommen lebendige Beweisstücke sind das, die lassen mich in Jahrmillionen hineinsehen; da kannst du Vergangenheit rekonstruieren, wie sonst nirgends.« Und er zeigt mir seine Sammlung von Büchern über Geopaläontologie. »Ein Teil von mir lebt gerne in der Vergangenheit. Ich wundere mich übrigens manchmal selbst über mich, mit welcher Intensität ich mich da hineinversenken kann. Der Gedanke, ein Stück uralter Vergangenheit direkt in der Hand zu haben, kann mich zu Tränen rühren.«

Meine »déformation professionelle« beginnt sich zu regen. »Ich glaube, ich kann mir vorstellen, warum dich das so fasziniert«, sage ich. »Du hast so früh deine Familie verloren, daß du ein bißchen zu wenig von deiner eigenen Vergangenheit aufbewahren konntest. Das holst du jetzt nach, indem du die Vergangenheit unserer Welt erkundest.«

Nick ist von meiner Deutung beeindruckt. »Kann gut sein«, meint er, »das besticht mich irgendwie: Ich habe tatsächlich sehr häufig das Gefühl, mich auf meine Erinnerungen nicht so ganz verlassen zu können, oft überlege ich, ob manches wirklich so passiert ist, wie ich es in Erinnerung habe? Und dann denke ich oft: Könnte ich jetzt nur Vater oder Mutter fragen! Das würde also zu deiner Theorie gut passen!«

Und er erzählt weiter, daß der Schock dieses plötzlichen Todes etwas Seltsames mit seinem Gedächtnis bewirkt hat. »Ich hatte wochenlang das Gefühl, unter Wasser zu gehen, alles war dumpf und undeutlich, ich konnte mich nicht daran erinnern, was ich gerade zu Mittag gegessen hatte, ich wußte aber plötzlich auch nicht mehr, wann wir in den Bergen Ferien gemacht hatten, ja manchmal war mir sogar zumute, als hätten wir vielleicht gar keine Ferien in den Bergen gemacht. Das hat sich später wieder normalisiert, aber etwas davon ist geblieben. Noch immer gibt es in meiner Vergangenheit Dinge, die ich schlecht einordnen kann, die dieses Signet der Unwirklichkeit haben. Und komisch: Der Fund alter Steine gibt mir das Gefühl von Realität.«

Es scheint also, als hätte ich mit meiner Deutung von Nicks Hobby einen Teil Realität getroffen.

Hobbys haben vielerlei Bedeutung. Nicks Hobby, wie zu vermuten, dient einem unbewußten kompensatorischen Bedürfnis: eine Wunde zu schließen, die ihm in krasser Weise durch den plötzlichen Tod der Eltern geschlagen wurde. Die Einbindung in eine uralte Geschichte – die Erdgeschichte – hat etwas von symbolischer Wiedergutmachung an sich selbst: Nick, der so früh heimatlos gewordene, fühlt sich nun in der Welt der Frühzeit zu Hause, für ihn gibt es eine Kontinuität des Erdgeschehens, dem er mit einem sehr persönlichen Interesse nachgeht, weil es eben offensichtlich mitgespeist ist von seinem persönlichen Schicksal.

Das aber ist die Funktion sehr vieler Hobbys: daß sie eine Seite des Menschen zum Ausdruck bringen, die im Berufsalltag allzuleicht verschwindet. Die »Wahl« eines Hobbys ist also nicht zufällig, auch wenn es manchmal so scheinen mag. Daß man auf ein entsprechendes Angebot, auf eine Anregung in intensiver Weise eingehen kann, ist bestimmt von der ganz speziellen Persönlichkeit und ihrer Geschichte. Bei Nick hilft es, ein Stück trauriger Lebensgeschichte zu kompensieren.

Karin ist in der Freizeitgestaltung nicht gerade kreativ. Ihre Abende sind oft ein wenig öde; sie ist allerdings eine begabte Strickerin, ihre Pullover in bunten Farben mit fantasievollen Mustern haben Niveau. Dennoch: Immer will sie natürlich nicht stricken, und oft kann nach der Arbeit Langeweile aufkommen. Zwar arrangiert sie häufig Treffen mit der Familie, auch würde sie nie zugeben, daß sie sich langweilt, aber man spürt, daß dieser Zustand für sie eine Gefahr ist. Am Wochenende aber sorgt sie vor, daß Trübsinn nicht aufkommt. Die kleine Lieblingsnichte Judith wird von ihr ganz besonders liebevoll betreut. Zoobesuche, Kindertheater, Volksfeste: Karin findet immer wieder etwas Neues für ihr Herzblatt. Aber Judith wird älter – ab und zu gab es schon Naserümpfen ob dieser dauernden Verplanung. Judith hat jetzt schon ihre eigenen Verabredungen zu Kindergeburtstagen oder zum Schwimmen. Außerdem ist sie eine begeisterte Reiterin, und für diesen Sport kann Karin sich nun gar nicht begeistern. Sie meint, nun müsse sie sich wohl andere Wochenendbeschäftigungen suchen – sie ist da nicht uneinsichtig. Möglicherweise werde sie eines ihrer Jugendinteressen, den Sport, wieder entdecken. Sie war früher eine sehr gute Skifahrerin und auch im Tennis nicht ganz unbegabt gewesen. Beides hatte sie aus finanziellen Gründen aufgeben müssen. Nun aber stellt Karin fest, daß ihre Rückenbeschwerden, der sitzenden Lebensweise wegen, immer stärker werden. Man hat ihr geraten, sich mehr zu bewegen. Sie zögert noch. Mit wem soll sie diese Sportarten betreiben? Es ist klar, daß Karin auch hier ihre Traumprinzen-Idee hätschelt. Vielleicht taucht »er« ja auf, um die Skier zu schultern oder das Tennisracket zu tragen? Sollte sie wirklich darauf warten, dann wird aus dem Sport wohl nichts werden. Aber vielleicht kann man doch auf Karins gesunden Menschenverstand vertrauen und darauf hoffen, daß sie bald einmal, unabhängig von potentiellen Begleitern, ihre Pläne verwirklicht und in Kompensation ihrer sitzenden Lebensweise ihrem Körper etwas Gutes tut.

Otto ist gerne allein. Er liest sehr viel, vor allem versicherungsmathematische Fachliteratur, da er sich dafür interessiert und dies seinem beruflichen Aufstieg dient. Auch die vielen Arbeiten in der Wohnung, wie gesagt, nehmen ihn in Anspruch. Otto hat daneben noch ein spezielles Hobby: Er hört und sammelt die Ouvertüren großer Opern. »Da hat man schon alle wesentlichen Themen drin«, meint er, und zeigt mir auch gleich, was darunter zu verstehen ist. »Zum Beispiel die Meistersinger hier« – er legt die Platte auf und weist mich gleich auf mindestens vier Themen hin, die im Laufe der Oper immer wieder vorkommen werden. Otto geht sehr selten in die Oper, das ist ihm zu kostspielig. Er sammelt nur die Ouvertüren, und er richtet sich bestimmte »Ouvertüren-Abende« ein. »Ich weiß schon im Büro, daß heute ein solcher Abend sein wird, ich weiß dann auch ziemlich genau, was wieder ›dran‹ ist. Darauf freue ich mich dann schon den ganzen Tag.«

Otto ist aber kein Einzelgänger. Er ist z. B. Mitglied in einem recht guten Chor, der sich auf alte Musik spezialisiert hat. Er hat einen kräftigen Tenor und ist daher als Sänger sehr beliebt, weil Tenöre nicht oft zu finden sind. In diesem Chor, dem er schon jahrelang angehört, hat Otto eine Reihe guter Bekannter. Es gibt Einladungen, gemeinsame Feste nach Aufführungen, und Otto macht überall mit. »Ich bin eigentlich immer erst dann beliebt, wenn man mich näher kennt«, meint er selbstkritisch, »auf den ersten Blick kann ich nie jemanden für mich gewinnen, aber wenn die Leute merken, daß man sich auf mich verlassen kann, dann hat man mich gerne.« Einmal wöchentlich ist Probe, vor Aufführungen auch öfters. Otto fehlt nie. Daheim macht er Stimmübungen, kauft sich auch Platten zum Mitsingen und nimmt dieses Hobby so ernst wie einen Teil seiner Arbeit. Otto erwägt neuerdings sogar,

Gesangsstunden zu nehmen, allerdings sind die hohen Kosten eines solchen Hobbys ein Problem. Er spielt außerdem recht hübsch Flöte, hat aber wenig Gelegenheit, mit anderen gemeinsam zu spielen. »Eine Zeitlang gab es im Chor eine ältere Frau, die einen Partner gesucht hat zum Spielen: Klavier und Blockflöte – da gibt es eine ganze Reihe nicht allzu schwerer Musikstücke; wir haben das auch ganz schön gefunden, aber diese Frau ist leider krank geworden und kommt jetzt nicht mehr, kann auch nicht mehr spielen.« Seither sucht Otto einen neuen Partner oder eine Partnerin.

Wie gestaltet Otto seine Abende? Es scheint, daß er die Dinge nie einfach laufen läßt. Es gibt immer irgendein Programm – entweder Lektüre oder Probe oder Musikabende oder Handball. »Handball?« Ja, Otto hat neben der Musik noch eine andere Leidenschaft: Handball, und zwar in einer Gruppe von Menschen, die er ebenfalls schon seit langem kennt. Otto hat sich in der Schule immer darüber gegrämt, daß er – eher schmächtig – bei sportlichen Spielen gar so schlecht abschnitt. Bald nach Abschluß seiner Lehre hat er sich in verschiedenen Sportvereinen umgesehen, um herauszufinden, welche Sportart ihm gefallen könnte. Handball hat ihm die meiste Freude gemacht. Mit zwei Kollegen hat er sich dann eine Gruppe gesucht. Diese beiden Kollegen sind längst nicht mehr drin, aber seit drei oder vier Jahren ist die Gruppe ziemlich stabil, und Otto erfreut sich auch dort infolge seiner Zuverlässigkeit einer gewissen Beliebtheit. »Ich bin zwar eigentlich etwas klein, aber dafür ausdauernd und recht kräftig.« Nach dem Training geht man natürlich zu einem gemeinsamen Bier, da geht Otto auch mit; allerdings fühlt er sich dort nicht ganz so wohl wie im Chor. Warum nicht? Er hat das Gefühl, daß er dort nicht so ganz mitreden kann; es sind zu viele Akademiker drin, er fühlt sich oft unterlegen. »Aber alle sind sehr nett zu mir, ich verstehe es ja, wenn sie sich lieber untereinander unterhalten als mit mir. Ich sitze oft nur so daneben und höre zu.«

Ottos Freizeit ist andererseits von der Sorge um seinen Bruder in Anspruch genommen, den er mindestens einmal in der Woche besucht, am Wochenende nimmt er ihn oft mit zu irgendwelchen Ausflügen. Otto erzählt nur zögernd von diesem Bruder. Etwa seit dem 14. Lebensjahr scheint Erwin schwere psychotische Schübe zu haben. Solange Ottos Eltern lebten, versuchten sie, mit diesem schwer gestörten Sohn (der nur wenig älter ist als Otto) alleine zurechtzukommen; seit ihrem Tod vor acht bzw. neun Jahren ist Otto verantwortlich; er ist auch der Vormund seines Bruders. Erwin lebt heute, wie berichtet, in einer therapeutischen Wohngemeinschaft und hält sich dort – unterstützt von Medikamenten – einigermaßen gut. »Aber insgesamt wirkt er doch recht merkwürdig; ich könnte ihn nicht mitnehmen, wenn ich Freunde treffe. Ich habe das versucht, aber wenn ich mich um andere Leute kümmere, wird er sehr eifersüchtig und rastet schnell aus. Zwar nehmen ihn die Leute nicht so ganz ernst, aber seine Beleidigungen sind oft recht gut plaziert – man fühlt sich dann doch getroffen.«

Was unternimmt Otto mit seinem Bruder Erwin?

»Erwin liebt den Zoo, das war schon als Kind sein liebstes. Also gehe ich fast jedes Wochenende dorthin. Man kennt uns da schon, und manchmal denke ich, daß auch die Tiere uns kennen. Dort ist Erwin immer ganz ruhig und aufgeschlossen, er kennt jedes Tier genau und hat sich auch darüber informiert, wie sie in der Freiheit leben. Erwin liest gerne Tierbücher, wenn er gut drauf ist.«

Für Otto scheint es selbstverständlich, daß er so viel Zeit für seinen Bruder erübrigt. »Langweilt dich das nicht?« möchte ich wissen. »Das frage ich mich gar nicht«, meint Otto, »es ist eben, wie es ist, ich bin froh um gute Zeiten, im Moment haben wir schon seit sieben oder acht Monaten eine solche gute Zeit, das beruhigt mich. Der Arzt denkt, es könne mit zunehmendem Alter sowieso eine Beruhigung eintreten. Hoffen wir's...« Ob an Heilung, Rehabilitation zu denken ist? Nein, da hat man Otto keine Hoffnungen gemacht. Er weiß, daß dies eine lebenslange Bürde bleiben wird.

Freizeitaktivitäten spiegeln in sehr prägnanter Weise die Lebendigkeit des inneren Raumes eines Menschen wider. Ist er ganz und gar abhängig von der Außenwelt, oder kann er auch in sich selbst Quellen für bestimmte Interessen entdecken? Sind seine Vorlieben für bestimmte Dinge von Dauer, weil sie ein starkes inneres Bedürfnis widerspiegeln, oder sind sie nichts anderes als Ausdruck einer momentanen Laune, einer Beeinflussung von außen? Es bedarf zur Entdeckung der eigenen, wirklich maßgeschneiderten Hobbys jener präzisen Aufmerksamkeit für das Innenleben, die gerade Alleinlebende besonders nötig haben. Lebt man partnerschaftlich, dann erledigt sich auch für viele Menschen das Problem der Freizeit »von selbst«. Man kann einfach in die Interessen des anderen »einsteigen« (manchmal werden sie dann zu eigenen Bedürfnissen!), oder man macht sich schlicht viel weniger Gedanken darüber, wie der Abend oder das Wochenende vorbeigehen. Daraus ergibt sich bei vielen Paaren freilich nicht gerade die erquicklichste Freizeit, oft sind ihre Wochenenden sogar Inseln der Ödnis und Depression. Dennoch hat es den Vorteil, daß zu allem anderen nicht auch noch das Gefühl des Ausgeschlossenseins von jeder Geselligkeit, von allem Interessanten kommt; man ist – als gelangweilter Paarmensch – eher geneigt, das Problem dem anderen anzulasten (»weil er/sie eben *nie* Kinokarten besorgt, Lust auf das Theater hat, ungesellig ist...« etc.). Und das entlastet bekanntlich. Immer wieder können Paar- und Familientherapeuten feststellen, daß gerade diejenigen, die am stärksten die Trägheit des Partners beklagen – aufgefordert, doch selbst etwas vorzuschlagen –, am wenigsten eigene Ideen entwickeln. Beim Alleinlebenden jedoch wird ein solches inneres Defizit sehr schnell sichtbar. Gerade diejenigen, die beruflich einseitig belastet sind, haben meist viele ungelebte Bedürfnisse, die sie oft nicht einmal selbst kennen. Diese zu entdecken ist wichtig; was für Ingeborg das Kino bedeutet oder für Maria die vielfältigen Arten von künstlerischer Betätigung, ist ihnen selbst vielleicht gar nicht immer bewußt. Und das ist auch nicht nötig; wichtig ist, daß sie fähig sind, die innere Notwendigkeit ihrer Freizeitbeschäftigung zu spüren und danach zu handeln. Bei Maria zum Beispiel ist dies ganz offensichtlich das starke Bedürfnis, ihre lebhafte innere Welt zum Ausdruck zu bringen. Sie hat sicher eine künstlerische Ader, ohne daß sie nun unbedingt auf einem besonderen Gebiet eindeutig und besonders begabt wäre. Ingeborg dagegen, so mutmaße ich, entdeckt über das Kino erstmals neue Welten. Lebensformen, die so ganz anders sind als die ihrer Mutter; Lebensformen, in denen mehr Weite, mehr Aggressivität, mehr Mut zum Ausdruck kommen.

So kann das Hobby auf der Suche nach der eigenen Identität, nach jenem inneren Raum, eine wichtige Rolle spielen. Kompensation und Ausgleich, symbolischer Ausdruck ungelebter Bedürfnisse: All dies ist in der Freizeit möglich und nötig. Alleinlebende haben auch in diesem Bereich bessere Chancen als viele Verheiratete, zu erspüren, was für sie wirklich wichtig und oft lebensnotwendig ist.

Die Wichtigkeit der Freundschaftskultur

Es sei die »Zeit der Freundschaften« angebrochen, behaupten seit einiger Zeit Zeitschriftenartikel und Radiosendungen. Fragt man Singles nach der Bedeutung von Freundschaften in ihrem Leben, dann kann man diesen Trendmeldungen eigentlich nur zustimmen. Die meisten haben viel Interesse an ihren Freundschaften oder beklagen es, wenn sie keinen rechten Anschluß finden. Ich hatte bei vielen meiner Interviewpartner das Gefühl, sie gingen mit ihren Freunden sehr sorgsam um, machten sich eine ganze Menge Gedanken darüber – ich denke, mehr Gedanken, als Paare dies üblicherweise tun.

Was ist das Entscheidende an Freundschaften? Es gibt Psychologen, die darauf hingewiesen haben, daß in der Freundschaft – im Gegensatz zur Liebe – jeder Partner sozusagen »mehr Luft« hat, um nicht sofort Unstimmigkeiten dramatisieren zu müssen; es ist bei Zusammenstößen sozusagen die »Knautschzone« sehr viel größer, und – für viele besonders wichtig: Es gibt viel weniger Klischees, wie eine Freundschaft denn »eigentlich« auszusehen habe. Das aber heißt: Die Erwartungen an die Freundschaft sind nicht ganz so hoch und drängend wie die Erwartungen an den Liebespartner. Daher sind auch die Brüche nicht so häufig oder immer wieder zu kitten.

In der Freundschaft kann man »ausprobieren«, wieviel Nähe man braucht und ertragen kann. Also wäre Freundschaft einfacher zu leben als die Liebe? In gewisser Weise ja. Allerdings, und das wiederum macht sie fragiler: Freundschaften sind nicht so »abgesichert« wie Paarbeziehungen. Diese sind sowohl durch institutionelle Regeln als auch – was sie oft so schwer lösbar macht – durch innere Regeln gegen einen allzu schnellen Zerfall geschützt. Die äußeren Regeln, wenngleich heutzutage nicht mehr ganz so eindeutig wie früher, sind meist doch ziemlich gut zu erkennen: Treue, Solidarität, häufiges Zusammensein etc. gehören für die meisten Menschen ganz ohne Zweifel dazu. Es gibt aber sehr viel subtilere, nur von innen her feststellbare, jedem Paar eigene und ganz individuelle Regeln, deren Beachtung für ein harmonisches Paarleben wichtig ist. (Zum Beispiel die Frage nach dem Stellenwert der Sexualität innerhalb der Beziehung oder die Verteilung von Rechten und Pflichten im Alltag etc.) Die Ehe ist daher, wie wir oft erfahren, ein zwar krisenanfälliges, aber doch auch sehr festes Gebilde. Erinnerungsspuren an das, was man in früher Kindheit daheim erlebt hat, die Komplikationen der schwankenden erotischen Bedürfnisse, Wünsche nach Nähe und die Angst davor – all dies sorgt für innere und äußere Dramatik. Zwar hat auch das Finden und Behalten von Freunden mit wichtigen Erfahrungen in der Kindheit zu tun. Es ist aber leichter, sich im Bereich der Freundschaften von diesen Kindheitserinnerungen zu lösen, neue Erfahrungen zu machen und nicht immer wieder dem Zwang zur Wiederholung auch destruktiver Verhaltensmuster zu verfallen, wie dies leider unter Partnern dauernd geschieht.

Da Freundschaften jedoch weder erotisch noch institutionell abgesichert sind, muß ihre Pflege bewußt betrieben werden. Dies spüren viele Alleinlebende und sind darum auch sehr bemüht, sich als gute und hilfsbereite Freunde zu erweisen.

Hat ein Single nur wenige Freunde, dann kann man fast mit Sicherheit annehmen, daß für ihn auch eine Paarbeziehung schwierig sein wird.

Im Kreis meiner Gesprächspartner waren dies vor allem Ingeborg, Ulla und Otto – drei Menschen, die sicher auch mit Partnerschaften große Mühe haben, denen in ihrer Scheu und Zurückhaltung die Intimität selbst einer guten Freundschaft vermutlich zuviel ist. Als besonders schwierig erweist sich für die Alleinlebenden die Freundschaft zum anderen Geschlecht. Häufig wird daraus eine erotische Beziehung, die dann wiederum nicht hält, weil sie nicht wirklich von einer ernsthaften Partnerschaftswilligkeit getragen wird. Karin und Maria, Sybille und Werner jedenfalls berichten, daß solche Beziehungen, auch wenn sie als Freundschaften begonnen hatten, oft im Bett endeten – und das nicht zum Vorteil der Beziehung.

Natürlich sind auch die Single-Freundschaften bedroht von dem Gefühl, das bei allen Menschen den Tod der Freundschaft bedeuten kann – vom Neid. Alleinlebende müssen sich dann besonders davor hüten, wenn der (die) andere das hat, was man eigentlich auch gerne hätte: einen Partner. Natürlich gibt es auch hundert andere Dinge, um die man jemanden beneiden kann, aber der Partner (die Partnerin) des anderen kann besonders oft zum Stein des Anstoßes werden, wenn man nicht achtgibt. Das kann sich darin äußern, daß der Partner des anderen zum »letzten Menschen« erklärt wird oder daß man ihn ignoriert und aus der Freundschaft in kränkender Weise ausschließt, gegen ihn stichelt oder wegwerfende Bemerkungen über ihn macht. Meist bleibt dann natürlich nicht die Partnerschaft auf der Strecke, sondern die Freundschaft. Selbst wenn man der Empfänger vertraulicher Informationen über den Partner des Freundes ist, die nicht immer sehr schmeichelhaft sein mögen (und selbst wenn man dem aus vollem Herzen zustimmen mag!) – es ist gefährlich, einen Keil zu treiben, denn häufig erweist sich die Partnerschaft eben doch als stabiler, als man gedacht hatte.

Natürlich ist auch das Maß an Zuneigung, das man dem Partner der Freundin (des Freundes) zukommen läßt, ein heikles Kapitel. Maria weiß ein Lied davon zu singen, auf welche Weise sie ihre liebste und treueste Jugendfreundin verloren hat (s. S. 103f.).

Wie aber verläuft der Prozeß der Freundschaftsfindung und -pflege, wenn man sich zum Alleinleben entschlossen hat? Und welche Art von Freunden gewinnt man, wenn man immer schon alleine gelebt hat? Was bei ehemals gebunden Lebenden zuerst – vielleicht nach einer schmerzvollen Trennung – hektisch und zusammenhanglos an Kontakten zusammenorganisiert wurde, wird möglicherweise später zu einem organischen Ganzen.

Sybille: »Mein Gott, wen ich alles zuerst mal angerufen habe nach Konrads Auszug! Die ältesten, abgelegten Verehrer aus der Schublade geholt, Schulfreundinnen hervorgekramt, mich an Kollegen gehängt, auch wenn es nicht gerade die tollsten waren. Und – fast schäme ich mich –, auch auf Kontaktanzeigen habe ich geantwortet.« Sybille wird wirklich rot, lacht aber. »Das waren vielleicht Begegnungen!... Einer war fast zwergwüchsig. Obwohl er sehr nett und gebildet war, konnte ich nicht mit ihm ausgehen – all die hämischen Blicke, die uns folgten (Sybille ist 1,75 m)... dafür war damals mein Selbstgefühl nicht stark genug. Übrigens tut es mir manchmal leid – er war wirklich sehr sympathisch. Ein anderer hat mich mit ›Gnädiges Fräulein‹ angeredet, und einer wollte schon in der ersten halben Stunde wissen, wieviel ich verdiene.«

»Aber wie hast du es dann gemacht, Sybille?« frage ich. »Hast du jetzt einen festen Bekanntenkreis und gute Freunde?«

Sybille nickt sehr energisch... »Ja, aber denk nicht, daß mir das geschenkt wird... Ich war ja mit Konrad praktisch seit Kinderzeiten zusammen. Natürlich hatten wir auch viele gemeinsame Jugendfreunde. Später hat es sich dann zwar ein wenig auseinanderdividiert – so haben mich zum Beispiel seine Sportfreunde nie interessiert –, aber natürlich waren trotzdem viele gemeinsame Freunde da. Wir sind ja nicht direkt im Bösen auseinandergegangen, also haben wir allen Freunden immer wieder gesagt: ›Ihr könnt uns ruhig zusammen einladen, kein Problem.‹ Das geschah zuerst auch. Aber dann wurde für Konrad seine Pia doch wichtiger, *sie* war jetzt seine Freundin. Also hat man an uns nicht mehr als an ein Paar gedacht. Und natürlich gab es Leute, die an Konrad mehr Interesse hatten als an mir, und auch solche, mit denen ich besser befreundet war. Es fielen also nach und nach eine ganze Reihe von alten Bekannten und Freunden weg. Das geschah fast unmerklich, war nicht irgendeine plötzliche große Beleidigung oder Kränkung für mich. Oft habe ich irgendwann ganz zufällig an jemanden gedacht, und dann fiel mir ein: Mensch, den hast du ja schon seit Ewigkeiten nicht gesehen. Wenn ich dann Konrad fragte, wußte der genau Bescheid, weil er und Pia diesen oder jenen eben öfters trafen.« Hat das dann wehgetan? »Nein, das nicht direkt, es hat sich nie um Leute gehandelt, an denen mein Herz sehr gehangen hat. Aber trotzdem ist es natürlich ein etwas flaues Gefühl, ein wenig beleidigt war ich schon! Am schlimmsten war es mit Monika und Helmut... Eigentlich war nämlich Monika *meine* Freundin gewesen – so dachte ich zumindest. Wir kannten uns durch einen Didaktik-Workshop, den wir beide todlangweilig fanden. Da haben wir gemeinsam ziemlich viel Blödsinn gemacht und gealbert – und das war der Beginn einer wirklich guten Freundschaft. Die Männer sind dazugekommen und haben sich auch gut verstanden, aber eigentlich waren Monika und ich der Kern dieser Viererbande.

Natürlich haben beide nach unserer Trennung behauptet, es würde sich nichts ändern. Ich habe mich auch noch oft mit den beiden getroffen, das heißt, es wurden immer mehr Treffen mit Monika alleine – und langsam wurde klar, daß die gemütliche Vierergesellschaft auf Konrad und Pia übergegangen war. Als ich es realisierte, war mir dann doch etwas komisch zumute. Ich habe mit Monika darüber gesprochen, und natürlich wurde ich sofort zum Abendessen eingeladen... aber: na ja, manches kann man nicht erzwingen.«

»Gibt es das öfters, daß du jetzt als Single weniger Zugang zu Paaren hast?« frage ich. Sybille nickt zögernd: »Ja, das stimmt – obwohl es so kraß auch wieder nicht ist. Da ich zur Zeit keinen festen Freund habe, kann man mich natürlich nicht zu ›Paargesellschaften‹ bitten... Andererseits gibt es das ja doch nicht so oft. Am ehesten betrifft das die Paare mit Kleinkindern. Zu denen haben wir uns auch zu Konrads Zeiten nicht so gerne gesellt. Ehrlich gesagt: Mir reichen die Kinder in der Schule. Zu größeren Geselligkeiten bin ich vermutlich genauso oft eingeladen wie früher – manchmal nehme ich einen meiner männlichen Freunde mit, meist gehe ich alleine, das finde ich spannender. Es rollt sozusagen schließlich die erste Scheidungswelle auf mich zu... da gucke ich mich schon mal gerne um. Nein, vielleicht übertreibe ich da auch mit den Paaren...« Sybille zählt leise auf: »Irma und Kurt, Gregor und Marlies... nein, viele sind es wirklich nicht. Aber waren es früher so viel mehr? Es gibt ja auch dauernd diese Trennungen, man kann sich gar nicht so recht orientieren. Du siehst aber, danach richte ich mich zumindest bewußt nicht so sehr. Viel wichtiger ist für mich die Überlegung, wen ich wirklich häufig sehen möchte. Und da habe ich einige Zeit nach der Trennung angefangen, sehr bewußt zu sortieren. Wenn man zu zweit lebt, macht man eher Kompromisse, es kommt ›nicht so drauf an‹, mit wem man verkehrt. Schließlich hat man ja einander als Gesellschaft. Und wenn ein Besuch oder irgendeine andere Gemeinsamkeit schiefgeht, ist es auch kein Pech. Jetzt fühle ich mich gerade als Einladende irgendwie ›bewußter‹, ich will nicht, daß Leute sich nachher über mich den Mund zerreißen. Deshalb überlege ich auch viel sorgfältiger als früher, wer zu wem paßt, wie ich Gäste bewirte u. ä. m.

Da es mit meinen eigenen Kochkünsten nicht so weit her ist, bestelle ich dann oft viele Kleinigkeiten vom Griechen, aber ich achte darauf, wie ich das alles serviere: daß zum Beispiel das Brot dazu paßt, und mache eventuell vorher eine gute Suppe – die kann ich nämlich zufällig sehr gut kochen. Dabei fällt mir übrigens noch etwas ein, das sich bei mir entwickelt hat: Früher, wenn wir eingeladen waren, nahm Konrad eine Flasche Wein aus dem Keller und brachte sie als Gastgeschenk mit. Ich fand das zwar phantasielos, habe aber nichts daran geändert. Nun versuche ich, irgendeine originelle Kleinigkeit zu schenken. Ich habe eine Schublade, in der sammle ich solche Dinge. Ich kaufe sie, wenn sie mir irgendwo zufällig in die Augen fallen. Das macht mir Spaß, und ab und zu habe ich schon das Kompliment gehört: ›Sybille hat immer solch witzige Ideen.‹ Das freut mich dann.«

Patrick hat ein recht kompliziertes Netz von Freundschaften. Er kennt »alle Welt«, und alle Welt kennt ihn. Er ist, wenn man es genau ansieht, eigentlich ein häßlicher Mann – aber noch selten habe ich einen anziehenderen Häßlichen gesehen. Alle mögen ihn, er ist ununterbrochen eingeladen. Witzig, selbstbewußt, selbstironisch – all dies macht ihn zum Mittelpunkt der meisten Gesellschaften. Nicht nur die Frauen, auch die Männer mögen ihn. Er erzählt Anekdoten, Witze, berichtet in origineller Weise von Zeitereignissen und knüpft daran seine außerordentlich amüsanten und meist ein wenig zynischen Reflexionen.

Er hat, wie er meint, mindestens fünf Kreise, die aber miteinander nichts zu tun haben. Welche Kreise sind das? Patrick zählt auf: der amerikanische Kreis, der Kreis der Ingenieure und Geschäftsleute, der Kreis der Tangotänzer, der Kreis von früher, der Kreis der Männergruppe. Vermutlich gibt es dann auch noch ganz andere Leute, die nirgends so ganz hineinpassen. Wie bewältigt Patrick all dies? Nun, er ist eben wirklich noch ein echter »swinging single«, der jedes Wochenende auf Achse ist. Dauernd gibt es Einladungen, das Telefon läutet ununterbrochen bei ihm. Patrick muß nicht viel tun, um eingeladen zu werden. Man braucht ihn, man wirbt um ihn. »Daß ich Jude bin, ist für viele auch noch ein

Plus«, sagt er spöttisch, »das ist doch hier in Deutschland sehr schick, wenn man sagen kann ›ein jüdischer Freund‹.« Patrick gibt sich nicht sehr viel Mühe, selbst ein geselliges Leben zu organisieren. Ab und zu lädt er zu seinem Geburtstag einige Freunde ein – übrigens vermischt er dabei seine »Kreise« nie. Welche sind ihm denn die liebsten? Patrick ist ein wenig unsicher. »Ich glaube, die Amerikaner«, meint er schließlich, »die haben eine unkomplizierte Art gegen jedermann und auch gegenüber den Juden.« So wie Patrick dies beschreibt, klingt es mir ein wenig allzu »amerikanisch«. Hat er denn keine »echten« Freunde? Doch, Patrick glaubt, daß einer aus der Männergruppe ein »echter« Freund ist. Diese Männergruppe ist etwas, das auf den ersten Blick gar nicht zu Patrick paßt. »Na, Selbsterfahrung«, lacht er, fast ein wenig geniert, »das müßte gerade dir doch etwas sagen!« Manchmal kann man ihn auch dazu bringen, ein wenig ernst zu sein, und er erzählt, daß er vor vier Jahren eine furchtbare Krise durchgemacht hat. »Selbstmord und Saufen, und alles war drin – es ging um eine Frau, aber eigentlich war sie nur ein Auslöser, vielleicht waren es die berühmten Midlife-crisis-Symptome – jedenfalls hat mich damals mein Freund Marc zu dieser Männergruppe gezerrt. Das war damals wirklich eine Art Lebensrettung, da wurde ich nicht geschont, aber doch mit sehr viel Verständnis langsam hingeführt zu meinen eigentlichen Problemen. Denk nicht, daß jetzt irgendein Bekenntnis kommt, aber, to make a long story short: Die haben mich wieder aufgebaut, das vergesse ich ihnen nie. Seither bin ich dabei, auch wenn es mir wieder wesentlich besser geht – ich finde es wichtig, einen Ort zu haben, wo man nachdenken muß und nichts geschenkt bekommt.«

Es sieht von außen betrachtet vielleicht so aus, als ob hier einer mühelos Dinge geschenkt bekomme, die andere sich unter Schwierigkeiten erringen müssen. Aber ich glaube, daß auch bei Patrick der Schein trügt. Ganz so mühelos ist ein solch gelungenes Netz an Beziehungen wohl nicht zu erringen, Patrick gibt sehr viel, wenn er – sozusagen ungeachtet seiner Stimmungsschwankungen –

immer wieder charmant und witzig ist, eine Rolle, die man von ihm erwartet und die er immer wieder spielt. Vielleicht klingt all dies so, als sei Patrick vor allem ein oberflächlicher Salonlöwe. Ich habe aber den Eindruck, daß er doch sehr viel mehr ist: einer, der seine soziale Rolle als Unterhalter und als Sunny-boy ernst nimmt und als eine Verpflichtung gegenüber den anderen auffaßt. Auch das, so scheint mir, ist eine bewußt gestaltete Leistung.

Nick ist, Patrick hierin ähnlich, ebenfalls ein Sunny-boy. Jeder mag ihn gerne, man lädt ihn häufig ein und freut sich über seine gescheiten und gebildeten Kommentare zu Ereignissen in Politik und Kulturleben. Natürlich ist Nick auch in der Schwulenszene gerne gesehen, aber er legt großen Wert darauf, nicht nur dort zu erscheinen. Allerdings lebt er so in zwei sehr getrennten Welten. »Ich fühle mich manchmal fast ein wenig überfordert durch mein soziales Leben«, sagt er. »Aber andererseits: Wenn einmal keine Einladungen kommen, habe ich sehr schnell ein Gefühl von Verlassenheit. Ich denke dann sofort, daß nun mein Stern im Sinken ist, daß ich jetzt sicher schon zu alt bin für die Leute, daß ich schon ersetzt bin... und ähnlichen Unsinn. Alle diese Gedanken verfliegen, wenn dann das Telefon läutet.«

Nicht nur der Freundeskreis im Großen wird bei den meisten Singles sehr bewußt gepflegt. Auch innige Freundschaften zu einzelnen Personen (meist gleichgeschlechtlichen) habe ich häufig gefunden. Diese sehr guten und intimen Freunde und Freundinnen ersetzen in vielerlei Hinsicht einen Partner. Anna z. B. hat mit ihrer Freundin Ilka ein solch vertrautes Verhältnis. Die beiden wohnen nicht am gleichen Ort, durch Annas beruflich bedingte Umtriebigkeit ergeben sich aber sehr oft kurze, intensive Treffen. Ilka kennt Annas Leben genau, sie hat schon viele Phasen Annas miterlebt, und Anna hat den Eindruck, von ihr nie hintergangen zu werden. »Keiner meiner Männer hat je in solcher Liebe und mit solchem Verständnis meinen Weg begleitet.«

Auch Sybille hat zwei sehr vertraute Freundinnen. Die eine

kennt sie noch aus ihrer Grundschulzeit, die andere stammt aus den Tagen der Wohngemeinschaft. Mit beiden gibt es vertraute Gespräche und viele Gemeinsamkeiten. Auch Sybille betont die unverbrüchliche Treue der beiden, die sie noch nie enttäuscht haben.

Werner, der eher ein Einzelgänger ist (sieht man einmal von seinen vielen Kollegen aus dem Wissenschaftsbereich ab), schildert die Wichtigkeit seines Kontaktes zu Ofir, einem israelischen Freund, mit dem er einige Orientreisen gemacht hat, der jetzt in seiner Nähe wohnt und mit dem er sich etwa alle zwei oder drei Wochen trifft – was für Werner »sehr oft« heißt. Worüber sie denn reden? Werner lacht auf. »Erzähl mir jetzt nicht, daß Männer es noch nicht gelernt haben, echte Freundschaften zu schließen. Ich halte von dem ganzen Gerede nichts. Meine Freundschaft zu Ofir ist mir sehr wichtig, auch wenn wir nicht stundenlang über unsere Beziehung quatschen. Als es mit Verena aber zu Ende ging, war Ofir immer für mich da; einmal habe ich ihn um vier Uhr morgens angerufen, weil ich dachte, ich müßte aus dem Fenster springen, so verzweifelt weh hat mir Verenas Abschied getan. Ofir war zehn Minuten später da – ich weiß gar nicht, wie er das so schnell geschafft hat.«

Aber natürlich verbindet die beiden auch sehr viel Sachliches. Ofir ist politischer Journalist, und Werner kann mit ihm stundenlang über politische Themen diskutieren. »Als sich jetzt die Ereignisse so überstürzten, war Ofir ein sehr wichtiger Gesprächspartner, vielleicht der wichtigste; ich finde seine Urteile sehr treffend, seine Voraussagen erstaunlich oft richtig. So war er einer der wenigen, die nicht in Freudentaumel ausgebrochen sind, als es mit dem Kommunismus zu Ende ging. Viel vom nachfolgenden Schrecken hat Ofir sehr klarsichtig vorausgesehen, obwohl er sich nicht als ausgeprägt links ansieht.«

Ob diese betonte und bewußt gepflegte Freundschaftskultur bei den einzelnen wohl erst mit ihrer »Single-Zeit« entstanden ist? Sybille sieht es jedenfalls so. Zwar hatte der Kontakt zu ihren beiden Freundinnen immer weiterbestanden, aber seit der Trennung von Konrad hat sie einfach mehr Zeit, mehr Muße und natürlich auch ein größeres Bedürfnis, mit ihren Freundinnen über sich selbst und die Probleme junger Frauen im allgemeinen zu sprechen.

Auch Karin berichtet von Freundinnen, die sie erst seit drei oder vier Jahren sehr regelmäßig trifft. »Vorher waren Männer und Verliebtheiten wichtiger.« Nun aber hat sich sogar eine Art Routine eingespielt, nach der sie sich mit drei Freundinnen alle 14 Tage trifft, um mit ihnen über Theaterstücke, die sie sich ansehen wollen, zu diskutieren. Dabei gibt es natürlich auch noch viel Privates zu besprechen, auch wird ausgiebig gegessen und getrunken. Der Ort des Geschehens wechselt zwar, aber meist findet das Treffen bei Karin statt, da sie mehr Muße zum Vorbereiten hat. Eine dieser drei Freundinnen bezeichnet Karin als ihre »beste Freundin«, es ist Dagmar, die sie schon von der Schulzeit her kennt und vor der sie »keine Geheimnisse hat«. Mit Dagmar telefoniert sie häufig, trifft sich auch mit ihr, obwohl diese – eine alleinerziehende Mutter – mit ihrer Zeit sehr bewußt umgehen muß.

Maria zuckt beim Kapitel »Freundschaft« leicht zusammen. Sie hatte noch aus Studientagen eine Freundin gehabt, mit der sie vieles verband: die politisch radikale Zeit, das Ausflippen und schließlich die gemeinsame »Beruhigung« und der Übertritt in ein »ganz normales bürgerliches Leben«, wie Maria dies bezeichnet. Kummer und Sorgen mit Männern und Liebhabern wurden ebenso geteilt wie knappe finanzielle Ressourcen. Auch Arthurs Verschwinden aus Marias Leben gab noch Anlaß zu sehr viel gemeinsamen Überlegungen. Sogar die Gruppentherapie haben sie zusammen besucht – das allerdings hat sich als nicht so günstig herausgestellt. Maria meint dazu: »Gruppe ist nicht Freundschaft, man soll das nicht vermischen; wir haben uns einfach in der Gruppe oft *zuviel* gesagt, was in der Gruppenatmosphäre zwar o. k. ist, aber im Alltagsleben dann doch Nachwirkungen hat, die man nur schwer verkraftet. So hat mir Irmgard in der Gruppe zum Beispiel einmal vorgeworfen, ich hätte ›wenig im Kopf, aber dafür zu viel im Herzen‹; wir konnten das zwar klarstellen, ich habe wohl auch irgend etwas falsch verstanden gehabt – aber trotzdem ... Ja, und dann kam etwas wirklich Schlimmes, und ich weiß heute noch nicht, welcher Teufel mich da geritten hat.«

Maria wird richtig verlegen, als sie davon berichtet. Ehrlich wie sie ist, erspart sie es sich aber nicht, auch aus diesem nicht besonders ehrenvollen Kapitel aus ihrem Leben zu erzählen. Irmgard hatte sich gerade von ihrem langjährigen Lebensgefährten getrennt, dieser war etwas hilflos in dieser Zeit... ja und? »Ja, dann habe ich eine kurzfristige Liaison angefangen mit ihm... wirklich nur sehr kurz, es war bald klar, daß wir zwar gute Freunde sind, aber kein Liebespaar... aber trotzdem. Und um dem allem die Krone aufzusetzen: In einer Geständnisstunde habe ich Irmgard alles erzählt. Die Reaktion war fürchterlich. Den Bruch haben wir auch nie mehr wirklich kitten können, obwohl wir auf einer oberflächlichen Basis ab und zu miteinander verkehren. Aber die alten Gefühle sind nicht mehr da. Anfangs bildete ich mir noch ein, es sei eben meine heroische Ehrlichkeit, die mich so hätte handeln lassen. Jetzt sehe ich das ein wenig differenzierter. Es war wohl Triumph, Aggression und ähnlich Häßliches, was mich zu dieser tollen ›Ehrlichkeit‹ getrieben hat – und natürlich auch zu diesem völlig unnötigen Liebesverhältnis.«

Maria hat keine Freundschaft, die derjenigen mit Irmgard gleichkäme. Sie meint, daß man eben bestimmte Jugenderlebnisse nicht nachholen kann; alle anderen Freundschaften sind, verglichen damit, weniger selbstverständlich begründet. »Mit Irmgard war es wie mit Familie – ohne großen Anspruch, ohne Streß... Wenn ich nun mit Freundinnen (Maria hat sehr gute) zusammenkomme, ist es doch wie ›Besuch‹. Ich freue mich, sie zu sehen, fühle mich aber nach zwei bis drei Stunden auch angestrengt.«

Von Annas Freundschaft mit Ilka war schon die Rede; Ilka ist

Freundin, Vertraute und Ratgeberin in allen psychologischen Belangen, selbst wenn sie mit Annas Beruf zu tun haben. Ilka, die Psychologin, hat inzwischen von Anna viel gelernt, was die psychologische Seite von Regie und Dramaturgie betrifft. »Das finde ich wunderbar: Ilka ist so interessiert an meinem Beruf, kann sich sehr gut einfühlen und hat trotzdem sehr eigenständige Ideen, was die psychologische Seite betrifft. Wir hatten sogar vor, gemeinsam ein Stück zu inszenieren – es ging dabei um ein modernes, ein wenig reißerisches Stück über eine Patient-Therapeut-Geschichte (die Kranke hatte neben etlichen Macken auch noch Multiple Sklerose, und der Therapeut war viel verrückter als seine Patientin). Wir hätten dieses ziemlich klischeehafte Stück gerne subtiler gestaltet und haben schon eine ganze Zeit daran gearbeitet, aber leider wurde dann nichts daraus.«

»Hast du das Gefühl, Ilka sei eine Art Partnerersatz?« frage ich. Nein, dieses Gefühl habe sie nicht, überlegt Anna. Es ist eben eine sehr wichtige Freundschaft, die *einen* Aspekt von Annas Leben betrifft, aber unter Partnerschaft stelle sie sich dann doch etwas noch Intimeres vor. »Wahrscheinlich ist es ja angesichts der vielen scheiternden Partnerschaften eine Illusion, aber vermutlich eine wichtige: daß es einen Menschen gibt, der in mein Zentrum hineingelangen kann, ohne Vorbehalte, der mich nicht verstößt, nicht betrügt. Das ist doch noch etwas anderes als eine auch noch so lebendige Freundschaft. Andererseits ist die Partnerschaft sehr viel bedrohlicher, mehr mit Ängsten verbunden. Meine Freundschaften (und ich habe eine ganze Menge, Ilka ist aber sicher die wichtigste!) sind ruhiger und selbstverständlicher; nicht so rasch von Angst und Eifersucht bedroht.«

»Tust du viel für diese Freundschaften?« frage ich.

»Ich denke, ja! Mehr jedenfalls als früher. Die Geburtstage stehen jetzt in meinem Kalender und werden jährlich übertragen, an Geschenke denke ich auch, und es kommt öfters vor, daß ich beim Stadtbummel irgend etwas entdecke, was den einen oder anderen erfreuen könnte: ein bestimmtes Buch oder ein besonderer Drehbleistift, oder ein schön eingebundenes Notizheft. Dann kaufe ich das ›auf Vorrat‹, und manchmal schenke ich es auch ganz ohne Anlaß. Geschenke zu machen finde ich wichtig. Das hat für mich so einen Anklang an Kindergeburtstage und Weihnachten – und ich krieg natürlich selbst auch gerne etwas geschenkt!

Übrigens mache ich, je älter ich werde, Blitzbesuche in anderen Städten – meine Freunde leben an sehr verschiedenen Orten. Nicht immer darauf warten, daß sich eine Gelegenheit ergibt – unter Umständen ergibt sich die nie. Also muß man schon selbst aktiv werden. Meine verheirateten Freunde sind da viel lässiger, aber dadurch gehen einem bei unserer mobilen Lebensweise Freunde verloren. Also besuche ich meine Freunde auch mal ohne besonderen Anlaß, und übrigens schreibe ich auch Briefe. Das finde ich ganz besonders schön, ich bin da sehr altmodisch. Leider kann ich die wenigsten meiner Freunde dazu bringen, zurückzuschreiben, meist telefonieren sie. Aber natürlich ist so ein Brief eigentlich ein schönes Geschenk, finde ich.«

Otto wird etwas verlegen, als ich ihn nach seinen intimen Freunden ausfrage. Natürlich habe er Freunde, meint er, aber er könne nicht sagen, daß er in dieser Hinsicht geradezu im »Überfluß« lebe. Er sei sicher kein besonders unterhaltsamer Typ, könne sich auch nicht so leicht umstellen, und er hat das Gefühl, daß Menschen seines Alters häufig viel lockerer miteinander umgehen, als er das kann. »Zum Beispiel mein Kollege Hans-Peter... der duzt Leute gleich, wenn er in eine Kneipe geht; ich selbst habe Mühe, den richtigen Platz zu finden. Eigentlich möchte ich mich immer weitab setzen von allen anderen, aber dann lernt man natürlich auch niemanden kennen. Hans-Peter hat schon x-mal nette Typen in der Kneipe kennengelernt, manche kennt er nur aus den Kneipen und trifft sie auch nur dort. Wenn ich mit ihm nach der Arbeit ein Glas Bier trinken gehe, dann ergibt sich auch für mich oft ein nettes Gespräch mit anderen Leuten, er knüpft jederzeit Kontakte, erzählt Witze, macht lustige Bemerkungen... Das alles kann ich nicht!« Ich weise daraufhin, daß dies nun ja nicht unbedingt jedermanns Sache sei, daß die meisten Menschen auch auf ganz andere Weise Menschen kennenlernen.

Natürlich hat Otto die Bekannten aus dem Chor; sie sind ihm eigentlich die liebsten, vor allem einige junge Frauen. Es ist aber noch selten vorgekommen, daß er mit einem Chormitglied allein gesprochen hat; meist ist man in einer Gruppe, und da fühlt Otto sich offenbar auch geborgen. Einmal jährlich im Mai gibt es einen lange vorgeplanten Mai-Ausflug. Manchmal ist man schon aus Berlin herausgefahren und hat ein verlängertes Wochenende miteinander verbracht, manchmal feiert man in einer Wohnung mit Garten. Weihnachten wird natürlich mit vielen schönen alten Weihnachtsliedern zelebriert, das ist Otto das liebste. Man trifft sich da reihum bei denjenigen Chormitgliedern, die eine große Wohnung haben. Otto hat schon einige Male eingeladen, was für ihn jedesmal eine ziemliche Aufregung, aber auch wiederum sehr befriedigend war, weil alle es bei ihm sehr gemütlich gefunden haben. Für das Büffet sorgen alle gemeinsam, man spricht sich ab, und jeder bringt etwas mit. Otto gerät ein wenig ins Schwärmen, wenn er davon berichtet. Er hat dann jedesmal die Wohnung weihnachtlich hergerichtet, mit Adventskranz, vielen Kerzen und Silbersternen an den Wänden und in den Fenstern. Vor kurzem hat er sich diese amerikanischen bunten elektrischen Weihnachtslichter gekauft – und obwohl das wenig mit »deutscher Weihnacht« zu tun hat, findet er es doch recht festlich.

Hat Otto einen wirklich intimen Freund? Das scheint nicht der Fall zu sein. Es gibt aber einen alten Schulfreund, der nicht mehr in Berlin lebt, sondern in Westdeutschland; mit dem versteht er sich sehr gut. Wenn dieser Freund (was ziemlich oft vorkommt) in Berlin ist, dann haben sie gute Stunden miteinander. Dieser Freund ist in einer Computerfirma angestellt und muß geschäftlich oft nach Berlin reisen. Meist wohnt er dann bei Otto, darauf freut der sich immer.

Welche Art Freundschaft das mit dem Computerfachmann denn sei, will ich wissen. Aber Otto kann mir das nicht gar so genau beantworten. »Wir reden eben über alles: über die Politik, über Berlin und, ja, das ist vielleicht doch sehr wichtig: über Erwin. Er kennt Erwin noch von früher her, da brauche ich gar nichts zu erklären. Manchmal habe ich die beiden auch schon zusammengebracht, das ging dann erstaunlich gut. Erwin taut dann richtig auf, erzählt von seinen Tieren oder von den Mitbewohnern; schwierig ist es nur, wenn man Erwin wieder ›abstellen‹ will, er kann so schlecht einschätzen, wenn es den anderen zuviel wird.«

Regelmäßigen Kontakt hat er mit dem Sozialarbeiter, der die WG seines Bruders betreut, natürlich gibt es auch immer wieder Besprechungen mit den Ärzten. Der Sozialarbeiter (es ist jetzt einer, der schon seit vier Jahren »dabei« ist) ist für ihn auch schon fast etwas wie ein Freund. Es erleichtert Otto offenbar sehr, wenn er mit diesem kompetenten jungen Mann offen über den Bruder reden kann, wenn der ihm etwas erklärt über diese schreckliche Krankheit und wenn er sich in seiner oftmaligen Verzweiflung verstanden fühlt. Dieser Sozialarbeiter hat ihm geraten, eine sogenannte »Angehörigengruppe« zu besuchen, weil er meint, Otto könne seine Probleme da noch besser besprechen. Otto hat es bisher noch nicht getan, er will sein Leben nicht so völlig auf den Bruder einstellen. Aber er erwägt es natürlich schon.

Was ist das Besondere an diesen Single-Freundschaften? Sehen sie anders aus als Freundschaften Verheirateter?

Diejenigen, die schon einmal längere Zeit gebunden waren und daher vergleichen können, sind davon überzeugt, daß sie jetzt eine andere Beziehung zu ihren Freunden haben: bewußter, sorgsamer im Umgang. »Freunde sind etwas Kostbares geworden, früher liefen sie einfach als Annehmlichkeit irgendwie mit«, meint Anna. Wo früher der Partner das gesamte innere Leben mitbekam, sind es jetzt aber eher »ausgewählte« Teile davon, die jeweils einzelnen Freunden mitgeteilt werden. Jeder Freund ist für etwas anderes »zuständig«, so erleben es viele. Es scheint, daß damit auch die

Überforderung, die man in den üblichen Partnerschaften dauernd vornimmt, gemildert wird. Nicht jeder interessiert sich gleich für jedes Thema, in Partnerschaften mit ihren meist allzu hohen Erwartungen führt das dann oft zu Streitereien. In Freundschaften ist das anders: daß Ilka einen sehr schlechten Geschmack in modischen Dingen hat, kann Anna natürlich gleichgültig sein – schließlich hat sie andere Freundinnen, mit denen sie sich ausgiebig über Mode unterhalten kann. Und eine von Marias Vertrauten ist zwar absolute Spezialistin für »Allgemein-Menschliches«, aber Marias künstlerische Interessen teilt sie ganz und gar nicht. Diese sind bei einem ihrer männlichen Freunde sehr viel besser aufgehoben; mit dem geht sie auch ins Konzert und ins Theater.

Wo, wie bei Ingeborg, die Freundschaftskultur nicht so recht zum Blühen kommen will, gibt es auch sehr viel mehr innere Einsamkeit, nur mit Mühe aufrechterhaltene Contenance. Man merkt Ingeborg an, daß sie sich nicht recht heraustraut aus ihrem Schnekkenhaus, obwohl sie vielleicht ganz gerne ein wenig freieren Umgang hätte mit vertrauten Menschen. Vor drei Jahren, als sie so sehr unter dem Tod ihrer Mutter gelitten hatte und fast untröstlich schien, hatte man ihr geraten, eine Gruppentherapie zu machen: Da würde sie andere Menschen mit ähnlichen Interessen kennenlernen... Ingeborg war einmal dort gewesen, aber sie fand die Gruppenatmosphäre allzu »rauh«. »Ich war sowieso noch so wund innerlich, da wollte ich mir nicht anhören, daß ich mit meiner ›Leidensmiene‹ die ganze Gruppe herunterzöge. Vielleicht habe ich ja zu schnell abgebrochen, aber ich denke, daß eine solche allzu offene Art des Umgangs miteinander auch viel zerstören kann.«

Wie immer die Gruppe auch gewesen sein mag: Es wird klar, daß Ingeborg schlecht darauf vorbereitet ist, die notwendigerweise auftretenden Hürden der Freundschaft zu überwinden. Auseinandersetzung, Aggression, das Austragen von Gegensätzen – das alles macht ihr schwer zu schaffen, weshalb sie bestimmt noch längere Zeit brauchen wird, um hier Abänderungen zu schaffen.

Marion nennt alle Welt ihre »Freunde«; wenn man einige Zeit

mit ihr redet, merkt man allerdings, daß dieser Begriff allzu weit ausgelegt wird. Jeder und jede, mit dem sie mehr als zweimal ausgegangen ist, wird von ihr so genannt. Ich frage sie nach wirklich intimen Freunden und Freundinnen. Da wird der Kreis dann plötzlich doch sehr viel enger. Bei so viel Kontakten (die noch dazu fast immer über den Beruf laufen) fällt es schwer, wirklich enge Beziehungen aufrechtzuerhalten. Eine Ausnahme ist natürlich Kurt, der altvertraute Freund aus den Anfängen ihrer Karriere; Kurt, der mit ihr jede Woche mindestens ein- bis zweimal telefoniert, der allen Ärger, allen Schmerz und alle Freuden teilt; Kurt, der seinerseits aber auch von dieser Beziehung sehr viel hat. Marion hat ihn getreulich in allen Problemen begleitet, die mit seiner Homosexualität zusammenhängen, in allen familiären Schwierigkeiten (Kurt war kurzfristig verheiratet und hat eine nun schon fast erwachsene Tochter) und natürlich auch in seinem Beruf. Immer wieder erwägen sie die Idee, daß aus ihnen später einmal ein Paar werden könnte. »Wenn wir abgeklärt und ohne Begierden sind«, lacht Marion. Nun, damit hat es wohl noch Zeit! Einstweilen kann man aber sicher sagen, daß Kurt der treueste aller Freunde ist.

Mit Freundinnen tut Marion sich offensichtlich schwerer. »Da gibt es so viel Tratsch und Neid«, meint sie, übrigens in ungewohnt unemanzipierter Weise. Ich kann mir den Verdacht nicht verkneifen, daß Marion nicht ganz fair zu anderen Frauen ist, sie vermutlich öfters aussticht und die Bewunderung der Männerwelt ohne Pardon für eventuell betroffene Ehefrauen genießt. Es gibt aber durchaus eine Freundin – vielleicht ist es nicht ganz untypisch, daß es sich dabei um eine durch eine schwere Operation entstellte ältere Bekannte handelt, die Marions ganz besondere Pflege und liebevolle Sorgfalt im Umgang herausfordert? Hier, wo weibliche Konkurrenz keine Rolle mehr spielt, entfaltet Marion ihren ganzen Reichtum an Einfühlung und Takt. Ilse, 49 Jahre, die durch einen Augenkrebs halbseitig erblindete und durch die Operationsnarbe sehr häßlich entstellt wurde, war mit Marion zur Schule gegangen; die beiden hatten sich nie ganz aus den Augen verloren, waren aber durch unterschiedliche Interessen (Ilse hatte Naturwissenschaften studiert und in der Forschung gearbeitet) doch weit voneinander entfernt gewesen. Als Ilse von der tragischen Krankheit heimgesucht wurde, war Marion in ihrer liebenswerten Art sofort zu Hilfe geeilt, hatte Termine abgesagt, stundenlang getröstet, gesprochen, mit Ärzten verhandelt und hatte (heimlich) sogar versucht, Ilses Freund, der sich kurz nach Ausbruch der Krankheit davongemacht hatte, an seine Pflichten zu gemahnen. Darob war Ilse übrigens ernstlich böse gewesen. Alles in allem aber hatte Ilse die schreckliche Zeit der Krankheit – auch aufgrund von Marions Hilfe – erstaunlich gut überstanden, und Marion steht nun, vier Jahre später, noch immer in engem Kontakt mit ihr. Sie hat das Gefühl, nunmehr auch ihrerseits viel von Ilse zu profitieren. »Nach dem ›Kampfgetümmel des Lebens‹ ist sie für mich eine Ruheinsel. Sie hat so viel durchgemacht, daß sie mich wunderbar beruhigen kann. Meine kleineren und größeren Probleme schrumpfen angesichts ihrer Problematik meist sehr schnell zu Stecknadelkopfgröße.«

Es ist kaum möglich, etwas Allgemeingültiges zu den Single-Freundschaften zu sagen; sie sind so unterschiedlich, wie ihrerseits die Singles unterschiedlich sind. Eines aber scheint doch bei allen vorhanden: ein sehr ausgeprägtes Bewußtsein dessen, wie wichtig Freundschaften sind, wenn man alleine lebt; ein Bewußtsein, das Alleinlebende oft dazu bringt, ihre Freundschaften behutsam zu pflegen und ihnen einen wichtigen Raum in ihrem Leben einzuräumen.

Sinnstifter Beruf

Singles, die ihrem Beruf nichts abgewinnen können, schienen mir noch schlechter dran als ihre Pendants im partnerschaftlichen Leben – und schon dort ist es schlimm genug, wenn »er« jeden Tag über seine Überlastung jammert und »sie« ebenfalls wenig Freudvolles aus Schule oder Büro zu berichten weiß.

Viele der von mir interviewten Singles mußten lernen, aus ihrem Beruf etwas zu »machen« – auch wenn sie ihn zu Beginn ihrer Karriere nicht hoch eingeschätzt hatten. Einigen aber wollte dies nicht recht gelingen. Karin und Ingeborg vermitteln am stärksten den Eindruck, daß ihr Beruf ihnen wenig biete – ihre Berufe sind allerdings auch weniger abwechslungsreich und weniger qualifiziert als die vieler anderer Befragter. Beide sind wohl eher von den Kollegen abhängig als von der sachlichen Arbeit an sich. Ursprünglich hatte Karin ihre Arbeit im Rechtsanwaltsbüro interessant und abwechslungsreich gefunden; sie hatte sogar Lust gehabt, Jura zu studieren. Dies scheiterte aber wohl an den Finanzen, möglicherweise an ihren Hoffnungen auf den Juniorchef? Karin sagt darüber wenig. Jedenfalls behagt ihr der Job nicht mehr: allzu wenig Entscheidungsspielraum, Abhängigkeit von den Launen des Chefs und der Referendare und – zu wenig Geld.

Bei Ingeborg ist das anders. Ihre freundliche, wenngleich etwas gehemmte Art beschert ihr im Büro viele gute Beziehungen, die sie über die manchmal langweilige Routine-Arbeit hinwegtrösten. Hört man Ingeborg über ihr Büro sprechen (es handelt sich um eine mittlere Import/Export-Firma), dann hört man allerdings meist etwas von den kleinen Bürofeiern, den Geburtstagen, dem Mittagsbummel durch die Einkaufsstraße der Stadt. Und die Arbeit? Ingeborg weiß, was sie der Firma schuldet, sie ist sehr gewissenhaft und findet Befriedigung im Gedanken, daß man ihr nur selten einen Fehler vorwerfen kann. »Aber die Arbeit selbst?« beharre ich. Ingeborg seufzt: »Was willst du, Arbeit ist Arbeit!«

Warum hat Ingeborg nie daran gedacht, einen interessanteren

Beruf zu lernen? Als ungebundene Frau hätte sie doch genügend Zeit gehabt, und Mutters Einkommen aus dem großen Mietshaus hätte sicher zur Finanzierung einer Ausbildung gereicht. Ingeborg sieht mich recht hilflos an. »Was hätte ich denn machen sollen? Ich habe doch kein Abitur! Ich weiß nicht, ob ich das noch geschafft hätte.« Dabei wird sie rot und gesteht, als handle es sich wirklich um eine geheimzuhaltende Schandtat: »Ich bin doch schon in der 9. Klasse wegen Mathe und Physik rausgeflogen. Mutti meinte damals auch, ich solle mich nicht unnütz quälen und die Klasse wiederholen. Wenn man in diesen Fächern nicht *begabt* ist...«

Ich denke an die zigtausend Mathe-Idioten in den Gymnasien und seufze nur tief und hoffnungslos. »Oh, Ingeborg, warum mußt du noch immer den dümmlichen Vorurteilen deiner Mutter aufsitzen?« möchte ich ihr zurufen.

Otto, der auch kein Abitur hat, berichtet mir von seinem Beruf als Versicherungsangestellter ganz anderes: Er findet ihn sehr interessant, hat einen Volkshochschul-Kurs in Datenverarbeitung belegt, will demnächst Kurse in Versicherungsmathematik besuchen und hofft, bald befördert zu werden. »Anfangs war es nicht mein Traum-Beruf, aber jetzt habe ich Feuer gefangen.« Otto sieht im Alleinleben (er ist 36 Jahre alt) eine gute Chance für den Beruf. Abitur nachholen? Da ist er etwas unsicher, wenngleich nicht ganz abgeneigt. Er habe einen guten Job mit Aufstiegschancen, in seiner Firma sei man eigentlich gar nicht so scharf auf Akademiker. Jedenfalls läßt ihn das Versicherungsgeschäft nicht los; auch abends liest er oft noch Fachliteratur, und das mit Vergnügen.

Auch Marion ist von ihrem Beruf sehr angetan, wenngleich sie pausenlos über ihre wahnsinnige Überlastung klagt. Da sie aber immer von irgendwelchen spannenden Interviews, TV-Aufträgen, Anfragen wegen Buchrezensionen und derlei berichtet – und das mit Elan und innerer Anteilnahme –, scheint sogar die Überlastung Spaß zu machen. Marion – diesen Eindruck hinterließ sie – muß sich nicht eigens fortbilden. Sie tut das in ihren vielen Gesprächen mit den unterschiedlichsten Menschen. Über Kultur, Politik und Gesellschaftsfragen ist sie immer gut informiert, obwohl sie wohl wenig Zeit zum Lesen hat. Ob das eine gewisse Oberflächlichkeit zur Folge hat? Das kommt natürlich auf den Standpunkt an. Jedenfalls ist sie beruflich gefragt und beliebt. Sie vermittelt mir das Gefühl, daß sie in diesem Bereich noch sehr viel mehr für sich »erobern« möchte. Ihr Traum geht in die Richtung Fernsehfilm. Zwar hat sie schon zwei kleinere Interviewfilme für das Fernsehen produziert, aber so richtig »drin« im Geschäft ist sie nicht. »Irgendwie liege ich immer auf der Lauer«, sagt sie, »bei jedem, den ich treffe, überlege ich mir, ob er (sie) wohl einen Bezug zum Fernsehen hat und ob ich dadurch meinem Ziel näherkommen könnte.« Sie hat einige Ideen, die sie gerne verwirklichen würde und die zumindest für mich als Laien originell klingen. So möchte sie z. B. gerne eine kleine »Kulturgeschichte der Knöpfe« machen, wozu sie aus eigenen Sammelbeständen eine ganze Menge beisteuern könnte; darüber hinaus hat sie Kontakt mit etlichen Knopfsammlern aufgenommen. »Du glaubst ja gar nicht, wieviel sich aus der Entwicklung des Knopfes herauslesen läßt. Außerdem verbindet sich hier in wunderbarer Weise Ästhetik mit Sozialgeschichte. Hättest du z. B. gewußt, daß die Kleiderordnung des Mittelalters den Bürgersfrauen nicht nur das Tragen von Samt und Seide verbot, sondern daß auch die dazugehörigen Knöpfe aus Perlmutt nicht erlaubt waren? Oder daß die ersten Fabrikmädchen, die sich Silberknöpfe an ihre Mieder nähten, als Huren beschimpft wurden?« Marion zeigt mir voll Begeisterung ihre umfangreiche Knopfsammlung. Auch wenn ich nicht abschätzen kann, ob sehr viele Fernsehzuschauer sich ausgerechnet einen Kulturfilm über Knöpfe ansehen würden, wünsche ich mir aber angesichts der vertrottelten Sendungen über Fernsehfamilien und Rockstars doch, daß irgendein Fernsehgewaltiger an diesem Projekt Gefallen fände.

Marion ist, hierin Werner ähnlich, in ihren Beruf verliebt. Das verleiht ihrem Leben ganz offensichtlich eine Mischung aus Spannung und Erregung; nie hat man das Gefühl, Marion sei gelangweilt, nur auf Suche nach »ihm« oder unzufrieden. Natürlich gibt es auch bei ihr immer wieder Tiefs, aber man spürt, daß sie getragen ist von ihren Interessen. »Warst du immer so eifrig?« frage ich sie. Marion überlegt: Nach der Katastrophe mit Carlos (s. S. 224f.) habe bei ihr das große Nachdenken eingesetzt. »Damals wurde mir klar, daß ich nicht unbedingt ein konventionelles Kinder-Küche-Kirche-Leben anstreben sollte. Mich hat auch diese Abtreibungsgeschichte sehr geschlaucht. Nie, nie würde ich ein Kind wollen, das nicht in einer hundertprozentig sicheren Partnerschaft entsteht. Langsam wurde mir auch klar, wieviel ich beigetragen hatte zu diesem großen Mißverständnis, dem Carlos in bezug auf meine Person aufgesessen war. Ich hatte ihm so viel vorgemacht über meine traditionellen ›Weibchen‹-Seiten, nur um ihn für mich zu gewinnen. Vielleicht sollte – so fragte ich mich hinterher – all das Gerede über unsere sechs Kinder und das gemütliche Landhaus etc. nur verdecken, daß ich eigentlich unabhängiger sein möchte, als mir bewußt war? Daß ich deshalb immer wieder diese Affären mit ›unerreichbaren‹ Männern habe? Mit einem Wort: Ich habe sehr viel klarer als vorher empfunden, daß es noch andere Lebensentwürfe gibt als die üblichen und daß ich vielleicht nicht unbedingt zu denen gehören kann, die sich von einem Mann ›tragen‹ lassen. Gleichzeitig haben auch meine ersten Erfolge im Hörfunk begonnen. Ich bin da zufällig hereingerutscht, ursprünglich dachte ich eher ans Schreiben. Und dann gab es eine Frauensendung mit vielen Live-Interviews und Kommentaren von mir, die wirklich gut einschlug. Da wurde mir klar, daß ich im Gegensatz zu vielen anderen Journalisten gut improvisieren kann. Ich bin ganz rasch, druckse nicht lange herum und treffe oft den Nagel auf den Kopf. Sogar Witze fallen mir dabei ein. Und da war mein Vertrag mit dem Funkhaus schnell perfekt. Nur genügt mir das heute nicht mehr; ich weiß, daß ich noch mehr kann. Die Ideen von Heiraten und Kinderkriegen sind bei dieser spannenden Beschäftigung all die Jahre hindurch fast verschwunden. In letzter Zeit denke ich wieder öfters drüber nach, ob ich nicht doch auch noch einen anderen Plan hätte verfolgen sollen? Aber: Sowie die nächste Aufgabe auf mich zukommt, bin ich wiederum ganz begeistert und denke an nichts anderes mehr.«

Maria, die Logopädin, tut viel für ihre Weiterbildung. Die Familientherapie hat es ihr angetan, weil die vielen sprachgestörten Kinder, die sie behandelt, oft aus recht problematischen Elternhäusern kommen. Sie liest viel und besucht häufig Wochenend-Workshops, um sich in der Familientherapie auszubilden. Im logopädisch-fachlichen Bereich ist sie so sehr Expertin, daß sie selbst Weiterbildungskurse für jüngere Kollegen abhält. »Das ist eine schöne Abwechslung. Darauf freue ich mich immer. Außerdem gibt es Extra-Bezahlung – auch nicht zu verachten.« Hat Maria immer so viel für ihren Beruf getan? »Nicht unbedingt, obwohl ich schon immer ganz gerne gearbeitet habe. Aber seit ich alleine bin, ist er doch noch mehr ins Zentrum gerückt. Es ist mir wichtig, Erfolge zu haben, herauszufinden, warum der eine oder andere meiner Patienten absolut nichts profitieren kann; mehr und mehr erkenne ich auch die Grenzen eines traditionellen technischen Herangehens an das Problem der Sprachdeformation. Deshalb die Familientherapie. Am liebsten hätte ich eine ›richtige‹ Therapieausbildung. Es ist so viel wichtiger, die Motivation eines Patienten zu beachten, als ihm Übungen zur S-Zungenstellung aufzuhalsen. Aber ich bin ja noch lernfähig – wer weiß, was sich noch ergibt!«

Werner, der erfolgreichste von allen meinen Befragten, ist ganz unverhohlen stolz auf seinen beruflichen Aufstieg. Zwar hatte er schon als sehr junger Hochschullehrer mit seiner Karriere begonnen, aber »irgendwie ging es nicht so richtig weiter, nachdem Habilitation und Einstieg in das Amt geschafft waren«. Werner ist heute überzeugt, daß dies durchaus mit seiner Beziehung zu Verena zu tun hatte. »Wir lebten sehr stark für unsere Beziehung, der Beruf hatte darin weniger Platz. Verena, die ja noch studierte – übrigens hat sie das Studium nie beendet –, war auf meinen Beruf auch irgendwie neidisch, jedenfalls hat sie sich gar nicht dafür interessiert und immer geklagt, ich hätte lieber eine Historikerin heiraten sollen, wenn mir das so wichtig wäre. Das hat mich natürlich ziemlich behindert, ich habe viele berufliche Gelegenheiten – Vorträge oder Einladungen zu Artikeln in Fachzeitschriften – nicht angenommen, weil mir meine Ehe wichtiger war. Was ich ihr – und natürlich auch mir – noch immer nicht verzeihen kann, ist meine Absage, die Neuausgabe eines sehr bekannten Handwörterbuchs zu betreuen. Das hätte sicher viel Arbeit gemacht, ist aber so ungefähr das Höchste, was man – abgesehen von einem der berühmten amerikanischen Stipendien in Palo Alto oder an der New School – in meiner Sparte erreichen kann. Ein solches Stipendium hätte ich sicher sofort nach der Herausgabe bekommen, denke ich. Zuerst habe ich geglaubt, es sei zu spät dafür – aber siehe da: Im nächsten Jahr gehe ich rüber... Als mir klar wurde, daß ich nun sowohl Verena als auch diese tollen beruflichen Chancen verloren hatte, packte mich eine ziemlich brisante Mischung aus Wut und Verzweiflung – ich wollte mich an Verena rächen, indem ich ihr mit allen möglichen Tricks die finanziellen Ressourcen abwürgte. Gott sei Dank habe ich es nicht getan, sondern alles den rechtlichen Weg laufen lassen, jetzt würde ich mich dafür doch allzu sehr schämen.«

»Was bedeutet der Beruf in deinem Leben? Bist du am Ende arbeitssüchtig?« frage ich Werner.

Er überlegt. »Ich weiß nicht genau, was dieses moderne Wort eigentlich bedeutet. Daß sich sehr vieles in meinem Leben um meinen Beruf rankt, stimmt. Aber ich empfinde mich durchaus auch als genußfähig, ich *muß* nicht immer arbeiten, ich habe Freunde, kann entspannen – also, ich glaube, das nennt man nicht arbeitssüchtig. Allerdings arbeite ich wirklich sehr viel, aber das hängt damit zusammen, daß ich eine neue Beziehung zu den Inhalten gefunden habe.«

»Kannst du das näher erklären?«

Werner überlegt. »Ja, früher war der Beruf, so sehr ich mich auch für mein Fachgebiet interessierte, doch stark mit Gedanken an Prestige und Erfolg verknüpft. Selbstverständlich ist das nicht ganz verschwunden. Aber jetzt kann ich in Zeiten großer Konzentration so etwas wie ein Aufgehen in anderen Zeiten spüren, gerade dann, wenn die Suche nach bestimmten Quellen abgeschlossen ist, kann mich eine Art Erkenntnisrausch überkommen; ich habe sehr viel mehr als früher die Fähigkeit gewonnen, mich in mein Gebiet – also: Stadtgeschichte des 13. Jahrhunderts – hineinzubegeben, als ob ich in dieser Zeit und in diesen Städten zu Hause wäre. Damit aber ist meine Fähigkeit gestiegen, aus den Quellen (z. B. einer Aktensammlung von Steuereintreibungen) etwas ganz Lebendiges zu machen, und das hat sich natürlich auch auf meine Darstellungsweise ausgewirkt. Man sagt mir nach, ich sei ein Dichter unter den Historikern; das kommt, glaube ich, daher, daß ich jetzt sehr viel mehr als früher mich selbst verschwinden machen und in einer Sache aufgehen kann.«

»Bringst du das mit deiner Existenz als Single in Zusammenhang?« möchte ich gerne wissen. Werner ist sich da ziemlich sicher: »Ja, unbedingt; das hängt natürlich mit der gewonnenen Zeit zusammen, aber das alleine ist es nicht. Ich habe den Eindruck, daß genau die Energie und die Fähigkeit, die ich früher in meine Ehe gesteckt habe, jetzt dem Beruf zugute kommen – die Fähigkeit, mich mit einer anderen Welt ganz zu identifizieren, alle Kleinigkeiten wahrzunehmen, zu überprüfen. Ich habe Verenas Welt sehr stark mitbestimmt, habe mich eingemischt – das war natürlich letztlich für die Beziehung nicht so gut. Aber im beruflichen Leben macht es sich bezahlt. Ich verstehe gut, was es heißt, mit seinem Beruf ›verheiratet‹ zu sein. Es liegt tatsächlich ein Moment darin, das Beruf und Ehe verbindet. Im allerweitesten Sinn könnte man es ein erotisches Element nennen.«

Bei vielen Alleinlebenden ist auch im Berufsleben jene Struktur einer zunehmenden Bewußtheit festzustellen. Man lotet aus, was der Beruf an Möglichkeiten bietet, und holt sich damit viel Wichtiges in den Alltag hinein. Sehr oft ist in Partnerschaften der Beruf das »Draußen«, das der häuslichen Insel entgegengesetzt wird. Bei Singles besteht die Tendenz, diese Trennung von Beruf/Privat zu verwischen. Nicht nur, daß die Arbeit (z. B. in Form von Lektüre, Fortbildung usw.) ganz real in die Freizeit hineinragt; sie wird auch im »Innenraum« nicht so schnell abgeschüttelt. Man beschäftigt sich gedanklich oft sehr intensiv damit und entwickelt mehr als sonst üblich das Gefühl, der Beruf sei Teil der eigenen Person. Auffallend ausgeprägt ist das bei weiblichen Singles, verglichen mit ihren verheirateten Geschlechtsgenossinnen.

»Wenn Arthur zu Hause war, habe ich mich ganz und gar auf ›freier Abend‹ eingestellt, obwohl ja unsere gemeinsamen Aktivitäten nicht so toll gewesen sind. Aber schon das Kochen, Besprechen des Alltagskrams, Abendschau – das hat abgelenkt. Jetzt kann das tatsächlich recht anders aussehen. Gerade wenn ich handwerklich tätig bin, geht mir noch viel Berufliches durch den Kopf« – so Maria. Ob sie das gut findet? Sollte man nicht auch »abschalten« können? Maria ist offenbar keine Freundin dieser Theorie: »Wenn es weiter in dir bleibt, dieses berufliche Denken, ist es doch ein Zeichen dafür, daß es noch weiter bedacht werden will.« Kein Wunder, wenn von denen, die ihre Arbeit mit Engagement tun, viel weniger über »leere Stunden« geklagt wird. Daß über die beruflichen Kompetenzen auch viel Neues kommt, ist klar: neue Beziehungen, die nun über andere Themen laufen als bisher; Ruhm – wie bei Werner – und manchmal mehr Geld.

Das Gefühl für das eigene berufliche Wachsen verleiht einigen Alleinlebenden Selbstbewußtsein und innere Stärke. Sybille, die sich ihrem Single-Dasein nur schlecht stellen kann, spürt das offenbar deutlich, wenn sie zögernd und unsicher sagt: »Ich weiß nicht, warum ich noch immer über die Schule klage, wo doch Konrad gar nicht mehr zuhört, um mich zu beruhigen. Es war wie ein Spiel zwischen uns, aber jetzt ist es ausgespielt, und ich müßte mich entscheiden: Entweder befreunde ich mich besser mit meinem Beruf, oder ich suche mir einen befriedigenderen. Psychologie z. B. würde mich interessieren. Die Gestalttherapeuten bilden auch Lehrer aus... aber ich bleibe ja doch immer auf meiner Unzufriedenheit kleben. Ich glaube auch gar nicht mehr richtig, daß ich das schaffen kann.«

Den Beruf als Ausdehnung der eigenen Person zu erleben, ist gerade für weibliche Singles eine große Chance. Immer wieder klagen verheiratete Frauen, speziell dann, wenn sie Mütter sind, über all die verpaßten Möglichkeiten. Es gibt einige Frauen unter den Alleinlebenden, denen der Vorteil, von häuslichen Verpflichtungen frei zu sein, weil das dem Beruf zugute kommt, sehr klar ist, und die das dankbar vermerken. Schwierig wird es, wenn der Beruf »nur« eine Ersatzlösung für ein ganz anders geplantes Leben darstellt. So drückt Karin es aus: »Beruf hin oder her... er ersetzt dir doch nie eine Familie.« Demgegenüber Marion: »Was wäre ich ohne Beruf? Ein Nichts!« Anna wird ungemein lebendig, als von ihrem Beruf die Rede ist. Sie hat lange gezweifelt daran, ob ihr das »Rampenlicht« wirklich genügt, ob sie damit ausgefüllt ist. »Anfangs war ich sowieso nur für die Außenwelt da, für Männer, für meine Familie, für das Publikum. Ich hatte einen ganz guten Start: mit guten Theaterregisseuren, auch in einem Film, der beachtet wurde. Sicher werde ich nie ein ›Star‹ sein, aber ich bin immer eine gute Gegenspielerin gewesen. Als ich circa 30 war und Uli kennenlernte, dachte ich: ›Jetzt geht es zum Gipfel.‹ Ich tat alles, um ihm zu gefallen, einige Rollen habe ich auch seinetwegen bekommen. Wir haben oft über Berufliches gesprochen. Heute ist mir klar, daß ich ihm in vielen Dingen zu sehr gefolgt bin, ich glaube, ich habe dadurch an Profil verloren. Nach der Trennung – ich habe übrigens geglaubt, daß ich sie nicht überleben würde – bekam ich ein interessantes Angebot für einen Fernsehfilm, bei dem ich noch dazu recht gut verdient habe. Ich habe mich da hineingestürzt – und es wurde irgendwie *anders*, aber vielleicht auch interessanter als meine bisherigen Rollen. In Erinnerung habe ich diese Zeit nur als eine der verzweifelten Depressionen, die ich aber beruflich jeden Tag überspielen konnte. Ich habe mir damals das Denken tagsüber verboten und nur an die Arbeit gedacht. Anschließend war ich vollkommen fertig, und dann begann das große Nachdenken über meinen Beruf. Das war zu Beginn meiner Analyse. Ich hatte das Gefühl, mich zu verlieren, wenn ich nur Schauspielerin bliebe – ich liefere mich dem Regisseur und dem Publikum zu sehr aus. Komischerweise *konnte* ich damals auch gar nicht mehr spielen, ich mußte eine Rolle schon nach der Leseprobe wieder abgeben, weil mich alles so sehr anödete. Damals habe ich wieder Übersetzungen gemacht – das ist ja mein Erstberuf –, wegen der Finanzen. Dann kamen Synchronisationsangebote – was Spaß gemacht hat und auch viel lukrativer war. Dieses Hineinschlüpfen in eine andere Person *ohne* die Prostitution des Schauspielers – na ja, ich will dich nicht mit meinen Psychoanalyse-Produkten langweilen.

Später habe ich in einem kleinen Theater Regie geführt, und damals begriff ich, daß ich dabei sehr viel mehr von mir ausleben kann als bei der Schauspielerei. Ich habe viel herumprobiert mit den Schauspielern – alles sehr junge Leute, die an neuen Ausdrucksformen höchst interessiert waren. Ziemlich zufällig habe ich dann zu einer imponierenden Psychodramatherapeutin Kontakt bekommen und habe probiert, diese Therapieform für meine Schauspiel-Schützlinge fruchtbar zu machen. Das war für mich wie eine Explosion – ich bin von Einfällen förmlich überschwemmt worden, wir haben halbe Nächte lang diskutiert und gearbeitet. Ich habe jetzt noch ungefähr drei volle Aktenordner mit Ideen, Skizzen, Ausbildungsentwürfen von damals.

Ich glaube, ich finde jetzt langsam zu meinem ›wirklichen‹ Beruf. Rollenangebote nehme ich nur mehr sehr selten an, aber Regie – das ist mein eigentliches Gebiet geworden. Und fast noch mehr die Ausbildung. Ich habe seit einiger Zeit einen Lehrauftrag an der Schauspielschule. Meine Psychodrama-Ausbildung ist abgeschlossen, und ich glaube, daß die Schauspielschüler sehr viel davon profitieren.

All das hat absolut nichts mehr mit Uli zu tun. Ich habe den Beruf ganz neu und selber für mich entdeckt; deswegen bin ich auch sehr stolz darauf, daß ich anfange, als Lehrerin bekannt zu werden. Das alles hängt natürlich auch mit meiner Analyse zusammen. Je mehr ich spüre, wer ich selbst bin, desto besser erkenne ich, wie ich meinen Schülern zum Ausdruck ihrer Persönlichkeit verhelfen kann. Es klingt für einen Laien vielleicht komisch – aber mein größtes Erlebnis war die Erkenntnis, daß andere *völlig anders* sein können, als ich es mir vorgestellt hatte – und *trotzdem* gut sind. Aber zu dieser Form des ›ganz anders‹ habe ich ihnen verhelfen können. Das finde ich wirklich umwerfend. Ich habe viele neue Ideen, eigentlich fast täglich – ich kann mir nicht vorstellen, daß mir der Beruf je langweilig werden kann.«

Sowohl Marion als auch Werner und Anna reden über ihren Beruf in einer Weise, wie man es sonst von einem (oder einer) Geliebten tut. Natürlich liegt dies auch daran, daß sie ausnehmend interessante Berufe haben, in denen man nie auslernt, die man in immer neuen Facetten sehen kann, wenn man selber innere Lebendigkeit hat. Einen solchen Prozeß der Erotisierung einer unpersönlichen »Sache« könnte man auch »Sublimierung« nennen, aber diese Benennung erklärt natürlich nichts. Warum einer dies kann und andere ihren Beruf wie ein totes Ding mit sich herumschleppen, ist nicht schlüssig zu erklären. Denn hätte Karin, die, was das Gebiet des Juristischen angeht, offensichtlich interessiert und begabt ist, nicht schon längst ein Jurastudium hinter sich bringen können? Natürlich wäre das ohne weiteres möglich gewesen. Aber Karin wartet auf etwas anderes und wartet vermutlich vergeblich. Ebenso wäre Sybille, die dies sehr klar sieht, intellektuell zu ganz anderem befähigt als zum ungeliebten Beruf der Grundschullehrerin.

Wird der Beruf ganz explizit in die Lebensplanung einbezogen, dann sind die eventuell nicht erfüllten Träume von einer erfüllten Partnerschaft weniger schmerzlich, als wenn man ihn nur als notwendiges Übel betrachtet. In manchen Fällen wird der Beruf sogar so überwertig, daß all diese Sehnsüchte völlig zurücktreten. In früheren Zeiten sprach man dann von »Hingabe an den Beruf«

oder gar von »Berufung«. Immer wieder berichten Singles von wichtigen Kontakten, die sie über ihren Beruf bekommen. In unserer Welt mit den vergleichsweise schwachen familiären Bindungen und der Tendenz, aufgrund von vielerlei Mobilität auch Freundschaften auseinanderzudividieren, ist dieses durch gemeinsame berufliche Interessen geknüpfte Band oftmals sehr wichtig.

Der Beruf bietet, wie für Marion, Werner und Ulla, Anregung und emotionale Geborgenheit zugleich, das heißt: Hier vermischen sich Sachinteressen und wärmende menschliche Gefühle. Marion berichtet ebenso wie Maria und Anna von ausgesprochen persönlichen Gesprächen, die sich immer wieder unter Arbeitskollegen ergeben. Anna: »Das ist für mich das Schönste: Wenn man mit jemandem in dieser angeregt-aufgeregten Atmosphäre einen neuen beruflichen Plan entwickelt und das Gespräch sich dann hinterher auf ganz persönliche Bahnen begibt – ich habe da Erlebnisse gehabt, für dic gebe ich leichten Herzens eine Liebesnacht auf.«

Verwandte als Rückzugsmöglichkeit?

Wenn man sich alle Beziehungen erst »erarbeiten« muß, dann bietet sich, vor allem im Zustand psychischer Müdigkeit, die Verwandtschaft als besonders geeigneter Bereich an, um auszuruhen. Dort ist schließlich – zumindest der Ideologie nach – ein wenig mehr Verpflichtung zu Bindung und gegenseitiger Hilfestellung gegeben als bei Freunden und Bekannten. Auch wenn man sich rein persönlich nicht allzuviel zu sagen hat: Die Einladung zu Weihnachten bei den Eltern steht fest, Tante Emmas Geburtstag ist eine Verpflichtung, die man nicht *nur* mit Zähneknirschen erledigt, und wenn alle Stricke reißen, kann man sich noch immer beim Bruder oder bei der Schwägerin ausweinen oder sich sogar die Kinder »ausleihen«.

Nicht alle meine Interviewpartner allerdings betrachten die Verwandtschaft als etwas wirklich Bedeutsames in ihrem Leben – wenngleich fast alle zugeben, ab und zu schon auf die Familie »zurückgegriffen« zu haben. Viele tun dies mit schlechtem Gewissen, weil sie das Gefühl haben, sie »beuteten« die Familie dann »aus«.

Werner z. B. fühlt sich häufig von seiner überbesorgten Mutter genervt. Da er aber ein »braver« Sohn ist, versäumt er seine wöchentlichen Anrufe bei der Mutter nie, und sei er auch auf einem Kongreß in Amerika. Es hat allerdings, wie er gesteht, in seinem Single-Leben schon Phasen gegeben, wo er ohne seine Mutter nicht hätte auskommen wollen. Damals z. B., als er eine schwere Grippe hatte: Der Arzt wollte ihn schon ins Krankenhaus überweisen – aber seine Mutter ist mit dem nächsten Flugzeug angereist gekommen und hat ihn gesund gepflegt. Natürlich hat er dies auch wiederum »bezahlt« und die nächsten Kurzferien in einem sehr feinen und sehr langweiligen Hotel mit seiner Mutter verbracht. Dort hat sie allen alten Damen, ob sie es hören wollten oder nicht, von ihrem berühmten und so liebevollen Sohn vorgeschwärmt. Werner war damals noch zu schwach zum Protest gewesen – aber am Ende der Ferienwoche war sein Stimmungsbarometer unter Null gewesen, und er hatte sich geschworen: »Nie mehr.« Als dann aber seine Katze versorgt werden mußte, holte er doch wieder die allzeit bereite Mama ins Haus, fuhr nach Kapstadt zu einem Kongreß und verbrachte anschließend einige Tage mit seiner Mutter bei ihrer jüngsten Schwester, wo er sich zum Glück recht wohlfühlte.

Karin entspricht am ehesten dem Bild der »alten Jungfer«, die eine andere Familie (die ihres Bruders) zu ihrer eigenen gemacht hat. Sie geht dort aus und ein, besorgt die Kinder (offensichtlich nicht *nur* zur Freude der Schwägerin) und spricht auch sonst einiges mit. Sie kann sich dies leisten, da der »kleine« Bruder noch immer in dankbarer Liebe an ihr hängt und offensichtlich das Gefühl hat, er müsse irgend etwas »wiedergutmachen«, da gerade Karin so sehr betroffen war vom Schicksal ihrer gebeutelten Ursprungsfamilie (s. S. 216ff.). Für Karin gibt es daher das Problem »Weihnachten« nicht, und auch an ihrem Geburtstag kann sie sicher sein, daß ein Kuchen für sie gebacken wird. Nur mit den Ferien ist sie vorsichtig geworden – denn da gab es allzu oft Probleme. Diese ließen sich auch nicht dadurch lösen, daß sie – mit Quartier am gleichen Atlantikküstenort – zehn Minuten Fußweg zwischen die beiden Ferien-Behausungen legte. Irgendwie stimmten die Planungen nie ganz überein, und Karins Tendenz, alles in die Hand zu nehmen, war für die Schwägerin, die lieber »alles laufen läßt«, wie Karin meint, eher lästig und ärgerlich. Der arme Bruder saß zwischen den beiden Frauen und zog sich, nach bewährter Männerart, zurück.

Auch Ingeborg, wie schon beschrieben, hat die Tendenz, in Zeiten von Einsamkeit und Bedrohung auf Tante Elisabeth zurückzugreifen, die dies natürlich sehr unterstützt. Ingeborg hat übrigens ein eingestandenermaßen schlechtes und zwiespältiges Gefühl dabei. Einerseits fühlt sie die Verpflichtung ihrer alten Verwandten gegenüber, die selbst im Leben nur schlecht zurechtkommt und von schlimmen Depressionen heimgesucht wird, und die nach dem Tod des geliebten Sohnes nur von Ingeborg ein wenig getröstet werden kann. Andererseits aber ist ihre Fürsorge für die Tante durchaus nicht nur eine Verpflichtung, sondern in Zeiten, in denen es ihr selbst schlecht geht, eine Art Fluchtmöglichkeit vor sich selber. »Natürlich werde ich mich bis an Tante Elisabeths Ende um sie kümmern, das ist klar. Aber es wäre mir lieber, ich könnte dies als eine familiäre Pflicht betrachten und nicht *auch* als einen Zufluchtsort vor meinen eigenen ungelebten Anteilen.« Wer so spricht, so meine ich, hat vermutlich gute Möglichkeiten, diese Situation auch einmal zu verändern.

Bei Sybille ist das Schwanken zwischen von außen auferlegter Verpflichtung und innerer Notwendigkeit noch deutlicher und noch bewußter. »Wenn ich ganz verzweifelt bin und mit dem Leben nicht zurechtkomme, krieche ich feig und kleinlaut nach Hause zurück«, erzählt sie. »Da werde ich in alter Manier verwöhnt und verhätschelt, Mutter kocht Lieblingsspeisen, und Vater tut alles, um sein kleines Mädchen wieder aufzuheitern. Ich könnte mich in solchen Zeiten selbst anspucken, tue aber alles, um nicht selbständig zu sein.« Auf diese Weise hat sie Weihnachtstage und Sommerferien bei ihren Eltern verbracht, in denen sie vier Kilo zugenommen hat und am Ende dem Selbstmord nahe war. »Dabei bin ich mit meiner Familie – auch mit Cousinen und Cousins – gar nicht ungern beisammen, es gibt einen Familienton, der mir durchaus behagt, etwas verspielt Witziges, mit vielen Wortverdrehungen und bewußt verkünstelten Sätzen. Aber Familie sollte nicht nur ›Notnagel‹ sein, sondern man sollte dorthin nur gehen, wenn man sich wohlfühlt.«

Annas alter Vater wird von ihr relativ häufig besucht, seit es ihm körperlich schlecht geht. Sie betrachtet diese Besuche aber als eine selbstverständliche Verpflichtung, da ihr des Vaters nicht eben leichtes Leben Respekt abnötigt. Nach dem Tod von Annas Mutter hat er sich ganz allein um Anna und den kleineren Bruder gekümmert, und Anna meint, er habe dies »nach bestem Wissen und Gewissen« sehr pflichtbewußt getan. Seine sehr viel spätere zweite Heirat ging dann schief, und er ist seit langem geschieden. Anna liebt ihren Vater und ist traurig, daß er jetzt gar nicht mehr »der Alte« ist. Sie würde ihn jederzeit zu sich nehmen, wenn er nicht in seinem Heimatort, mit ihrem Bruder gleich nebenan, recht gut aufgehoben wäre.

Viele – außer vielleicht Anna – empfinden die Unnatürlichkeit ihrer Familiensituation, das regressive Element des »Zurückkrebsens«, vor allem, wenn man mit Gefühlen von Verlorenheit oder in unangenehmen Lebenssituationen wieder in den Schoß der Ursprungsfamilie zurückkriecht. Und die Verführung ist dann besonders groß, wenn die ältere Generation dieses »Zurückkrebsen« als schmeichelhaft und angenehm empfindet. Eine Art »Triumph« der Alten ist nur allzuoft spürbar: Die »Jungen« haben es also doch nicht geschafft, die Eltern bleiben wichtig für sie und sind sich dieser Position sehr bewußt. Sybille empfindet dies als besonders unangenehm, und trotzdem kommt sie nicht aus der Falle heraus.

Nicht bei allen Befragten spielt dieses Problem in ihr Leben hinein. Maria empfindet wenig Verpflichtung gegenüber den Eltern. Sie schätzt Lebensform und Persönlichkeit ihrer Eltern nicht sehr hoch ein und beläßt es bei einigen wenigen Höflichkeitsbesuchen von kurzer Dauer. Allerdings sind ihre Eltern auch ziemlich gesund und offenbar sich selbst genug. Mit ihrem Bruder ist der Kontakt ebenfalls nicht eng. In ihrer »wilden« Zeit mit Arthur hat er sich so negativ über sie geäußert, und das ganze Repertoire ihrer spießigen Eltern aufgefahren, daß ihr Vertrauen in ihn geschwunden ist – auch wenn er jetzt ganz gerne Kontakt zu ihr hätte, weil er offenbar beeindruckt ist von ihrem beruflichen und sozialen Leben. Sie fühlt sich aber ihrerseits bei ihm und seiner sehr jungen Frau nicht besonders wohl, die beiden sind ihr allzu wohlgeordnet, allzu »rechtschaffen«.

Eva-Maria hat, aus verständlichen Gründen, (s. S. 219ff.) überhaupt keinen Kontakt zu ihrer Familie im engeren Sinne; allerdings gibt es einen Vetter und seine Frau, die im Bayerischen leben und einen schönen Bauernhof haben – diese besucht sie öfters, hat auch, als ihr Sohn klein war, dort Ferien gemacht. Allerdings hat sie immer darauf geachtet, diese Ferien angemessen zu vergüten – sie wollte nichts geschenkt und keinerlei familiäre Verpflichtungen. »Diese Leute sind mir einfach sympathisch, unabhängig davon, daß wir verwandt sind«, meint sie, räumt aber ein, daß sie sich in Notzeiten (»hoffentlich wird es keine geben«) vielleicht doch eher an diese Verwandten wenden würde als an Bekannte.

»Irgend etwas ist wohl doch dran an den familiären Banden«, resümiert sie schließlich.

Nick, dessen Eltern so plötzlich gestorben sind, war damals – er war gerade 16 geworden – in der ersten hilflosen Phase von einer Schwester seiner Mutter aufgenommen worden. Diese Tante hatte er noch nie leiden mögen, und so fühlte er sich in ihrer kalten

»Saubermann-Wohnung« überhaupt nicht wohl. Sein kleiner Vetter – verzogen und übergewichtig – war ihm ebenfalls verhaßt, so daß er dort bald wieder auszog und seither selbständig lebt. Die Verwandten hat er seit fünf Jahren nicht mehr besucht. »Es ist einfach eingeschlafen – auf beiden Seiten«, stellt er fest.

Patrick dagegen ist geradezu der Idealsohn. Er meint selbst, daß dies sicher mit dem Schicksal der Familie zusammenhängt. Emigration, unsichere Existenz, Aufenthalte in vielen Ländern – das schweißt eine Familie zusammen. Patrick hat noch einen Bruder, der mit Familie auf dem Land lebt, weit entfernt von Patricks Wohnort, der auch derjenige seiner Eltern ist. Patrick tut alles für seine Eltern. Er weiß, wo man die besten Einkäufe tätigen kann, wie man an Schwarzarbeiter herankommt, bastelt wohl auch selbst allerlei in der Wohnung seiner Eltern und kümmert sich um die besten und billigsten Flugkarten zum Ferienort der Eltern jeweils höchstpersönlich. Auch für alle Kümmernisse ist er zuständig.

»Manchmal ruft Mutter an, um mir in klagendem Ton mitzuteilen, daß Vater schon wieder seine Herzmedikamente nicht genommen hat – da muß ich dann mit ihm sprechen; und tatsächlich nimmt er sie dann ein.«

Patrick findet all dies zwar manchmal ein wenig lästig, aber »die Alten haben so viel mitgemacht und haben sich für uns Kinder so abgestrampelt – also, das ist schon richtig, daß sie dann auch ein wenig von uns zurückbekommen. Und mein Bruder kann halt nicht für den Alltag sorgen. Von ihm bekommen sie dann bei ihren recht häufigen Besuchen sehr viel Zuneigung. Darüber bin ich auch froh.« Ob ihm später einmal die Eltern abgehen werden? Patricks sonst so unbekümmertes Gesicht wird ernst, fast ängstlich: »Das kann ich mir überhaupt noch nicht vorstellen, das will ich mir auch noch gar nicht vorstellen.« Vielleicht hängt Patricks Bindungsscheu ja auch mit dieser großen Liebe und Verantwortung für die Eltern zusammen? Patrick zuckt die Achseln. »Ach, ihr Psychologen ...«

Otto ist durch seinen kranken Bruder Erwin eng an seine Ursprungsfamilie gebunden. Er nimmt diese von den Eltern übernommene Verpflichtung sehr ernst und denkt nicht im Traum daran, sich davor zu drücken. »Das ist, wie wenn ich selbst irgendeine Krankheit hätte, dagegen kann man eben nichts machen.« Ob Otto diese Bürde nicht doch manchmal verflucht? Nein, es sieht nicht so aus; Otto hat wohl noch sehr viele Bindungen an diesen so schwachen Bruder, auch wenn dieser ihm nicht viel bieten kann. »Nein, er kann natürlich nicht für mich sorgen – aber er liebt mich so, wie man selten geliebt wird«, sagt Otto, und das wird wohl stimmen. »Auch wenn er manchmal wirklich abscheulich zu mir sein kann und mich beschimpft – ich weiß genau, daß er es nicht so meint, er ist nachher immer voll Reue, weint und ist ganz untröstlich, so daß ich ihn beruhigen muß. Es klingt vielleicht ein wenig komisch, aber ich denke, daß ich Erwin trotz allem viel verdanke. Auch in Zeiten großer Not hält er mich mit riesigen Klammern an der Realität fest, ich fühle mich manchmal so, wie eine Mutter mit Kleinkind sich vermutlich fühlt.«

Otto hat nicht viele Verwandte, jedenfalls nicht solche, zu denen die Verbindung sehr eng ist. Eine ältere Cousine, die fast eine ganze Generation voraus hat, lebt in Berlin, besucht manchmal Erwin in der WG und zeigt ein gewisses Interesse an den beiden Brüdern. Ihr Mann ist vor einiger Zeit plötzlich gestorben, da gab es dann mehr Kontakte, aber sie sind langsam wieder eingeschlafen.

Natürlich hat auch Marion ihre Probleme mit den Verwandten. Ihre jüngere Schwester Edeltraud lebt in derselben Stadt wie Marion, die beiden haben ein angespanntes, aber sehr enges Verhältnis. Edeltraud ist in allem das genaue Gegenteil von Marion: ernst, ein wenig stur, eine bienenfleißige und etwas fantasielose Richterin, die ihren Beruf sehr ernst nimmt. Sie ist ebenfalls nicht verheiratet, hat aber einen langjährigen Freund, mit dem sich die Geschichte so recht und schlecht dahinschleppt. Die beiden Schwestern haben sich in der Notzeit der Familie sehr aneinander geklammert, zwischen ihnen sind nur knapp zwei Jahre, so daß sie auch als Kinder viel miteinander gespielt haben. Marion ist die Ältere und hat noch immer etwas Bevormundendes an sich. »Du solltest die Hornhaut mit Bimsstein abschaben und nicht mit chemischen Mitteln«, rät sie – und Edeltraud wirft ihre chemischen Substanzen dann auch gleich weg. Marion regt sich entsetzlich auf, wenn Edeltraud mit ihrem Freund streitet. Wer dabei im Recht ist, ist für Marion keiner Erwägung wert. Wie eine Wilde verteidigt sie die »Kleine«. Diese nimmt ihrerseits auch an Marions größeren und kleineren Abenteuern bewegten Anteil, allerdings ist sie immer bereit, Marion zu tadeln: »Mach doch nicht immer wieder denselben Blödsinn! Wenn du dir immer wieder diese windigen Künstler an die Brust nimmst, darfst du dich nicht wundern, wenn es schief geht.« Marion scheint diese Art von Fürsorge zu schätzen: »Sie hat recht, wenn sie mir den Kopf zurechtsetzt.« Feste und sogar Ferien verbringt Marion recht häufig mit Edeltraud. Zwar flackern immer wieder kleine Streitereien auf, aber keiner nimmt sie ernst. Alle Freunde wissen darum, man lächelt ein wenig, wenn vom festlich gedeckten Tisch plötzlich Marion (sie ist die viel lebhaftere) brüsk aufsteht und mit Pathos verkündet, daß sie nun das letzte Mal mit Edeltraud zusammen war. Worum streiten die beiden immer wieder so gerne? Neben den üblichen Nebensächlichkeiten geht es noch immer um das Elternhaus. Beide haben jeweils sehr unterschiedliche Meinungen zu den Geschehnissen daheim, auch sehr unterschiedliche Einschätzungen der Persönlichkeiten der Eltern. War Mutter nicht, alles in allem, eine tüchtige und tapfere Frau? Oder muß man doch feststellen, daß sie eine kalte und rechthaberische Person war? Und Vater: krank und unschuldig, oder ein widerlicher geiler Bock? Das alles wird von den beiden noch immer ausgiebig und lustvoll streitend behandelt. Denn sie verkörpern füreinander noch immer viel von Eltern und Kindheit. Man könnte aufgrund dieser kindlichen Streitereien sagen, daß hier die Trennung vom Elternhaus noch gar nicht vollzogen ist. Der kleinere Bruder spielt für Marion übrigens eine weit geringere Rolle. Zwar ist sie Taufpatin von dessen Ältestem, schickt auch brav zu allen Festen ein geschmackvolles Geschenk, aber ihr Herz hängt offenbar nicht wirklich an dieser Familie. Wichtig ist alleine Edeltraud, und das scheint auf Gegenseitigkeit zu beruhen.

Trotz Marions großem und weitverzweigtem Freundeskreis hat also die kleine Schwester eine Bedeutung, die weit über das übliche einer solchen selbstverständlichen Beziehung hinausgeht. Sie verhindert die endgültige Trennung von den Eltern; daß bei beiden Schwestern Partnerschaftsbindungen schwierig sind, verwundert deshalb ebensowenig wie bei Patrick.

Die Verwandten können also recht unterschiedliche Funktionen haben: Rückzug, wenn es einem schlecht geht, also »Notnagel«; das »kleinere Übel« oder die Möglichkeit, ans Elternhaus gebunden zu bleiben. Allerdings – bei Anna und Maria scheint dies am ehesten gegeben – können zu ihnen auch »erwachsene« und freigewählte Beziehungen aufgenommen werden; je nach Tiefe der persönlichen Beziehung trifft man dann frei seine Wahl, ob man sich ihnen mehr oder weniger widmet. Eine wirkliche Lebensnotwendigkeit ist der Verwandtenkontakt dann offenbar nicht.

Das Problem mit der Sexualität

Es ist nie leicht, über sexuelle Fantasien, Wünsche und Verhaltensweisen ehrliche Aussagen zu bekommen. Bei Alleinlebenden kommen zur natürlichen Scheu, über Intimes zu sprechen, auch noch oft moralische Bedenken. Daß man Sexualität mit dem (der) »Einen und Einzigen« teilen müsse, wird zwar von keinem modernen Menschen mehr behauptet – und man handelt auch selten danach –, aber in einem Winkel der Seele hält dieser Satz doch noch Wache. Bei einem Single nun gibt es selten »*die* Einzige, *den* Einzigen ...«, deshalb sind viele unsicher über den moralischen Status ihrer sexuellen Beziehungen und Bedürfnisse.

Maria ist sich dieser Schwierigkeit durchaus bewußt und hat darüber viel nachgedacht. Dreieinhalb Jahre dauert ihr Verhältnis zu Jupp, einem verheirateten Mann aus ihrem Freundeskreis. Sie findet ihn attraktiv, intelligent und sehr »sexy«. Das Arrangement, das den beiden gute »Deckung« erlaubt, ist ihre Teiloffenheit: Im Freundeskreis gelten sie als sehr gute Freunde, eine Freundschaft, in die auch die Ehefrau einbezogen scheint. Daß sie die Ehefrau heuchlerisch umwirbt, obwohl sie eigentlich kein besonderes Bedürfnis nach deren Freundschaft hat und sie reichlich uninteressant findet, ist für Maria allerdings nach wie vor ein wunder Punkt. Das Verhältnis selbst hingegen macht ihr keine besonderen Bedenken. »Das ist Jupps Sache, auf seine Ehe aufzupassen, da fühle ich mich nicht verpflichtet.« Maria ärgert sich andererseits über die übertriebene Vorsicht, die Jupp walten läßt. Außer den fünf Tagen in Paris (s. S. 141 f.) hat sie noch nie mit ihm Ferien gemacht, weil ihm das zu »gefährlich« erscheint.

Warum ist Maria überhaupt dieses Verhältnis eingegangen? Sie gibt zu, daß Sexualität ein wichtiger Grund dafür war, obwohl sie Sexualität, ohne daß der Partner liebenswert und interessant wäre, nie genießen könnte. Bei Jupp kam all dies zusammen – und nach einigen Jahren des Hin- und Herprobierens fand sie es wunderbar, eine verläßliche sexuelle Beziehung zu haben. Sie sei eher eine »One-man-woman« meint sie, obwohl sie in der ersten Zeit nach Arthurs Wegzug nicht danach gehandelt hat. »Jupp ist ein zärtlicher Liebhaber, einer, der auch Spaß am Experimentieren hat und gleich mir der Meinung ist, daß man auch in unserem Alter nie ausgelernt hat. Wir haben beide die ›wilden‹ Seiten der Sexualität entdeckt, für uns beide war das neu. Unsere Partner waren eher ›lahme Enten‹. Ehrlich gesagt, ich war bei Arthur auch viel weniger lebendig gewesen, viel weniger lüstern als bei Jupp. Jede sexuelle Begegnung ist sehr festlich, es schleicht sich keine Alltagsroutine ein.« Maria gestaltet manches sehr bewußt ein wenig andersartig, ungewöhnlich. Das gemeinsame Schaumbad mit Champagner, das gemeinsame Lesen eines erotischen Buches oder die bebilderte Ausgabe des Kamasutra, die Jupp seiner Geliebten geschenkt hat, können zum Stimulans werden. »Wenn ich schon einen Geliebten habe und keinen Partner, dann muß auch Sexualität etwas anderes sein«, meint Maria.

Ob sie der Ehefrau nichts »wegnehme«? Maria meint, gerade in sexueller Beziehung sei Jupps Ehe nicht besonders glücklich. Dafür gäbe es so viele andere Gemeinsamkeiten zwischen den beiden – z. B. ihr sehr geliebtes Ferienhaus in Griechenland –, daß die Ehefrau ganz zufrieden sein könne. Vielleicht ist Maria in diesem Punkt nicht so ehrlich wie gewöhnlich? Ihre Stimme klingt schärfer als sonst, wenn sie von der Ehefrau spricht.

Wenn Maria abwägt, was ihr wohl an Vor- und Nachteilen in ihrer sexuellen Situation einfällt, dann siegt eindeutig der Vorteil, »daß ich durch Jupp erst Sexualität in ihrer ganzen Breite kennengelernt habe – vorher war ich sehr stark konzentriert auf den Moment des Orgasmus. Nun sind wir oft stundenlang intensiv miteinander beschäftigt, bevor es dazu kommt.«

Maria ist sich sicher, daß im Alltag einer Ehe eine solche Fülle von Erotik nicht entstehen kann. »Dazu müßte man auf einer Insel leben.« Daß Jupp so oft nicht da ist, daß sie sich relativ selten zum intimen Beisammensein treffen, wiegt für Maria demgegenüber nicht so schwer. Wie oft sie sich alleine und für längere Zeit treffen können? Alle zehn bis 14 Tage, manchmal auch häufiger. Wenn Jupps Ehefrau zu ihrer Mutter reist, dann verbringen sie auch schon mal ein Wochenende miteinander.

Andere Singles sind in sexueller Beziehung in einer viel unglücklicheren Lage. Ingeborg, die keinen Partner hat, scheint darunter weniger zu leiden als Karin. Ingeborg macht in ihrer Mädchenhaftigkeit einen solch »unerschlossenen« Eindruck, daß man ihr heftige sexuelle Wünsche gar nicht zutraut. Als ich das Thema anspreche, kommt sie auch gleich auf das Gebiet »Liebe« zu sprechen. Sexualität ohne Liebe erscheint ihr undenkbar, weshalb sie auf die »richtige« Liebe wartet. Annäherungsversuche von Männern wehrt sie daher prinzipiell ab. Man weiß ja, was diese Kerle im Sinn haben! Ingeborg ist dem Thema gegenüber sehr zurückhaltend, weshalb ich auch nicht lange weiterfrage.

Das ist bei Karin, die ebenfalls keinen festen sexuellen Partner hat, anders. Sie beklagt sich über die sexuelle Leere in ihrem Leben und gerät, wie das bei ihr oft der Fall ist, ins Schwärmen und Träumen. Attraktiv müßte »er« sein und leidenschaftlich, und zärtlich und wild, und... und... Es sieht so aus, als ließe sie sich selbst aus diesen Fantasien ganz heraus. Ist sie selbst denn wild und leidenschaftlich und zärtlich? Eigentlich weiß sie das gar nicht so genau. Ihre eigenen sexuellen Erfahrungen liegen längere Zeit zurück... nein, sehr bewegt ist es wohl nicht gewesen, das Liebemachen mit ihrem früheren Freund. Karin fantasiert eher den Dornröschen-Prinzen, der sie erweckt. Sie hat ab und zu kurze erotische Flirts gehabt – z. B. mit Klienten ihres Rechtsanwaltsbüros. Meist waren es verheiratete Männer, die ein kurzes Abenteuer suchten. Karin konnte außer dem ersten Kitzel des Begehrtwerdens dabei wenig empfinden. Es ist aber mindestens ein Jahr her, seit sie die letzte Beziehung dieser Art gehabt hat. Bang fragt sie sich, ob es wohl die letzte war.

Sybille findet die Situation mit den wechselnden Freunden gar nicht so uninteressant. »Ich muß so vieles lernen, das gehört auch dazu«, meint sie, und »das« lerne sich eben besser bei wechselnden Partnern. Ihre Vorstellung von einer dauerhaften Sexualität ist noch immer geprägt von den »Doktorspielen« mit ihrem Jugendfreund. Das möchte sie nicht wiederholen. Ob dieses Kapitel – so wie das Kapitel Männer insgesamt – für sie irgendwann einmal befriedigend zu lösen sein wird? Sybille ist voll Hoffnung.

Eva-Maria lacht etwas spöttisch, als ich sie auf das Thema hin anspreche. »Kein Problem«, findet sie. »Bis jetzt hatte ich noch keinen Mangel an Angeboten.« Das bezieht sich manchmal auf Patienten (»Männer sind ja *so* mutterfixiert«), was sie aber meist ablehnt. Es bezieht sich aber auch sehr oft auf ihre berufspolitische und gesellschaftliche Arbeit. »Auf den ›höheren Ebenen‹ gibt es natürlich viele Männer, und da wir uns auf überregionaler

Ebene oft auswärts treffen, gibt es auch viele Gelegenheiten.« Seit zwei Jahren hat Eva-Maria eine Beziehung zu einem – natürlich verheirateten – Gewerkschaftsfunktionär, den sie alle zwei bis drei Monate trifft. Diese Begegnungen empfindet sie als sehr lustvoll und schön, manchmal wird die Zeit miteinander auch noch um ein Wochenende verlängert. »Wenn sich dazwischen aber etwas Nettes bietet – da sag ich nicht nein«, lacht sie.

Nur Nick hat seinen »festen« Partner, wenn man das so nennen kann bei all den eingestandenen und uneingestandenen Seitensprüngen, wie sie in der Schwulenszene üblich sind.

Das Abweichen von der oftmals genormten Alltagssexualität in der Partnerschaft kann also zu sexueller Frustration ebenso führen wie zu einer sehr viel bewußter genossenen und oftmals fast zelebrierten Sexualität. Wo die Routine der Beziehung im Sexualleben keinen Raum hat, wird ins Negative und ins Positive hinein noch viel mehr möglich: ein schneller, unpersönlicher »Bums« ebenso wie die kunstvollen Arrangements langausgedehnter erotischer Spaziergänge.

Werner kennt beides. Es gibt Frauen, die ihn so sehr entzücken, daß er sich für sie wunderbare Wochenenden ausdenkt. Reisen in romantische Gegenden, unterwegs Nacktbaden in verborgenen Gewässern, elegante Hotelzimmer, Kerzenbeleuchtung und Champagner inbegriffen – je nach Geschmack der betreffenden Geliebten. Es kann natürlich auch eine einsame Almhütte sein. Wichtig ist für Werner übrigens immer, daß die Verborgenheit der Plätze auch Sex im Freien gestattet. Er kann ins Schwärmen geraten, wenn er daran denkt: »Ihr Kopf auf einem leuchtenden Kissen von Erika – der Blick weit hinaus ins Tal –, das kurze Almgras, ungemein herb duftend...« Noch nie hat sich an eine solche Reise eine langdauernde Beziehung geknüpft. Im Gegenteil: Nach solch intensiven Tagen braucht Werner wieder Freiheit, Einsamkeit. Seine einzige Dauerbeziehung seit Verenas Auszug – sie hat zweieinhalb Jahre gedauert – war vermutlich vor allem deshalb möglich, weil die Geliebte 500 km entfernt wohnte.

»Im Augenblick lebe ich übrigens wie der keusche Josef«, sagt Werner, »und das schon seit über einem halben Jahr.« Wieso denn das? Werner meint, er werde langsam älter, könne sich nicht mehr so ganz und gar verlieben, hätte auch zuviel zu tun. Mit einem Wort: Diese Art von Sexualität scheint etwas schal geworden zu sein. Ob er sich nach Verena sehnt? Nein, nach Verena selbst nicht mehr, er findet sie auch jetzt nicht mehr sehr anziehend, obwohl sie noch immer hübsch aussieht. Aber nach dieser Art von Selbstverständlichkeit sehnt er sich schon. »Wenn das sexuelle Leben geklärt, vielleicht sogar abgeklärt ist... danach sehne ich mich ab und zu. Meine Erfahrungen mit Verena waren in den ersten Jahren durchaus positiv, es war schön, eine eheliche Sexualität zu leben, die aufregend und gleichzeitig selbstverständlich zärtlich war.«

Patrick findet die sexuelle Situation »meist ganz beschissen«, wie er sagt. Hat er eine Freundin, dann ist natürlich alles o. k., aber dies gilt, wie er erklärt, übrigens nur für die ersten zwei, drei Monate. Patrick gesteht, er habe Mühe mit der Treue, und das habe schon eine Reihe von Freundschaften beendet. Er schwankt zwischen einem gewissen Stolz auf seine Fähigkeit, Frauen für sich zu gewinnen, und dem Bewußtsein, daß dies nun, da er immerhin schon 44 Jahre alt ist, nicht mehr ganz altersgemäß ist. Also möchte er eigentlich doch eine Frau »fürs Leben«, und das bedeutet ja dann wohl: eine, der man (mehr oder weniger?) treu ist. Er findet es selbst ein wenig seltsam, daß er sich immer ziemlich schnell mit einer Frau im Bett langweilt. »Ich brauche die Aufregung des Eroberns und Entdeckens – irgendwie habe ich Mühe, mir vorzustellen, daß man auch noch nach zwanzig Jahren miteinander Lust empfindet.« Was passiert in Phasen, wo er keine Freundin hat? Patrick grinst. »Na ja, das übliche, aber meist dauert es nicht lange, und ich bin versorgt.« Alles in allem aber findet Patrick diese Art von Sexualität nicht gerade ideal.

Die Probleme mit der Sexualität sehen also bei den Singles sicher anders aus als bei den Verheirateten. Daß sie aber drängender und schwieriger sind, kann man nicht behaupten, wenn man sich z. B.

die Erfahrungen von Anna, Sybille und Maria vor Augen führt. Innerhalb ihrer Partnerschaft war es fast schwieriger als jetzt – so sehr sie auch das jeweilig Vorläufige und Unvollständige ihres sexuellen Lebens empfinden und bedauern.

Wie sie sich das für später vorstellen? Alle zucken die Achseln. »Was soll's, ich kann und will nicht in die Zukunft sehen«, formuliert Maria und trifft damit wohl für viele den entscheidenden Punkt.

Ich hatte nicht den Eindruck, daß für Alleinlebende Sexualität problematischer ist als für verheiratete Paare. In meinen Gesprächen mit diesen wurde immer wieder betont, wie problematisch häufig das Auseinanderdriften der Wünsche war, wie sich Langeweile und Sehnsucht nach dem »ganz anderen« (meist: der Leidenschaft, der Wildheit) eingeschlichen hatten. Immer wieder beklagte man, gerade mit dem Partner könne man über dergleichen ganz schlecht ins Gespräch kommen, immer wieder war die Vertrautheit des Alltags eher ein Hemmschuh für ein befriedigendes Ausleben im Sexuellen.

Demgegenüber erwiesen sich die Sexualitätsprobleme der Singles zwar als andersartig, aber nicht unbedingt als schwerwiegender. Natürlich sehnen viele sich nach dem, was sie nicht haben: nach dem Selbstverständlichen, der Möglichkeit, Sexualität ohne »viel Aufhebens« leben zu können. »Bei Paaren ist der Sexualproviant eben immer gesichert«, sagte mir einer meiner Gesprächspartner – mit durchaus spöttischem Unterton, dem aber ein wenig Neid beigemischt war. Und dies ist wohl das Vorherrschende, wenn Singles über Sexualität sprechen: einerseits Neid, andererseits aber auch Kenntnis der Fallstricke des Alltäglichen gerade im Bereich der Sexualität. Diejenigen, die längere Partnerschaften hinter sich haben, wie Maria und Sybille, sind hier am nüchternsten. Sie empfinden ihre jetzige Lage als »aufregender«, wenngleich ihnen die Ungesichertheit auch wiederum ein wenig Unbehagen schafft. Alle Singles haben sich übrigens schon ab und zu Gedanken über Sexualität im Alter gemacht. »Soll ja das ganze

Leben hindurch recht gesund sein«, lacht Patrick bei diesem Thema. Ja, darüber mache er sich schon Sorgen, das sei auch ein Grund, weshalb er die Suche nach der Idealfrau noch immer nicht aufgegeben hat. »Ich stell mir das manchmal ganz plastisch vor«, meint er, »wir zwei Grauchens im Bett, jeder stöhnt ein wenig wegen des Rheumas, aber wenn wir endlich die richtige Lage gefunden haben, macht es doch Spaß.« Einstweilen aber nimmt Patrick mit, was er bekommen kann, er ist da auch nicht so sehr wählerisch, weshalb die ideale Gefährtin für das Alter wohl doch noch ein wenig warten muß.

Nur in den Köpfen der sehr Romantischen, der Träumer, wie zum Beispiel Karin, werden leidenschaftliche Sexualität, Liebe, Dauer der Partnerschaft und ewige Treue gleichgesetzt. Die anderen wissen, daß Sexualität wohl immer und in jeder Konstellation problematisch sein kann, leicht störbar ist und sich häufig durch ein paar falsche Worte und/oder Gesten für lange Zeit verabschiedet. Erstaunlich selten sind daher die Klagen über das Alleinsein gerade um Sexualität zentriert.

Ferien: Der wunde Punkt der Singles

Ferien sind der wunde Punkt aller Singles. Sogar Nick mit seinem ständigen Freund Wolfram klagt darüber, daß Wolfram viel zu lange Ferien mit seiner Mutter mache. »Für mich bleiben höchstens 14 Tage übrig – was kann man da schon anfangen?«

Die Werbeprospekt-Idyllen versprechen fast immer Ferienglück zu zweit. Wie sehr sie strahlen, diese braungebrannten Hübschlinge, die einander kosend umfassen oder gemeinsam wellenreiten. Natürlich gibt es ab und zu auch Single-Ferien-Prospekte – aber zwischen den Zeilen wird doch Zweierglück in Aussicht gestellt, denn natürlich findet man am Strand oder beim abendlichen Tanz irgendwann einen adäquaten Single und kommt schließlich als glückliches Paar nach Hause.

Karin hat ein einziges Mal solche Ferien ausprobiert. Dabei hat sie lange Nachmittage mit einer sehr kultivierten 60jährigen Architektin verbracht, weil »die vielen Lehrerinnen mit ihren Esoterik-Trips und Müsli-Vorlieben mir zum Hals heraushingen«. Natürlich war der einzige »echte« Junggeselle (der andere war ein verheirateter Mann, dessen Frau, die krebskranke Mutter pflegend, daheimgeblieben war) ein äußerst unattraktiver und verklemmter Sozialarbeiter, der sich die Augen aus dem Kopf guckte, um – erfolglos – ganz junge Strandschönheiten zu angeln. Karin war mit diesem vielgepriesenen alternativen Single-Urlaub zwar nicht unzufrieden (Umgebung, Essen, Unterkunft – alles hatte gestimmt), aber natürlich hatte er nicht gehalten, was wohl alle sich erhofft hatten.

In den Urlaub werden besonders viele unerfüllte Träume hineinprojiziert, und dementsprechend gibt es besonders viele enttäuschte Hoffnungen. Der verpatzte Familienurlaub, bei dem man ohne rettende Babysitterin den stets erkälteten Kleinkindern ausgeliefert ist; der Urlaub zu zweit, bei dem klar wird, daß die Interessen diametral auseinandergehen... wer könnte davon nicht ein Lied singen! »Nicht ein einziger Urlaub, in dem Arthur nicht ›schnell mal für drei Tage‹ fortfliegen oder -fahren mußte, um einen wichtigen Termin wahrzunehmen«, sagt Maria. »Drei Tage vorher schon war ich nervös, und hinterher mußten wir uns von neuem irgendeinen Ferienrhythmus erkämpfen.«

Sybille und Konrad haben im Ferienhaus der Eltern am Gardasee meist recht gemütliche Ferien verbracht – zumindest empfand Sybille dies so. Da die Eltern aber oft die Gelegenheit ergriffen, die »Kinder« auch mal wieder für längere Zeit zu »genießen«, wurde nach und nach Konrads Laune immer schlechter. Tagelang trieb er sich bei der Surf-Schule herum, gab hübschen Surf-Anfängerinnen kostenlosen Unterricht und fiel spätabends – schließlich mußten Lernerfolge auch gefeiert werden – todmüde ins Bett. Sybille hatte für das Surfen nichts übrig, und nach ein, zwei Stunden Badevergnügen wurde es ihr am Strand langweilig. Sie wäre gerne in die Berge gegangen – das aber gefiel Konrad nur dann, wenn es mit irgendwelchen Rekorden verknüpft werden konnte – für Sybille also viel zu anstrengend war. »Den Steilkogel in einer Stunde 25 Minuten – *das* war für Konrad ein Vergnügen, wo doch die offizielle Angabe zwei Stunden 15 Minuten hieß.« Nein, Ferien mit Konrad waren kein reines Vergnügen gewesen.

Und jetzt? Sybille hat sich nach der Trennung redlich bemüht, *nicht* sofort an den Gardasee zu denken – obwohl es wirklich praktisch gewesen wäre. Mit einer Freundin zusammen, mit der sie sich auch hinterher noch bestens verstand, buchte sie einen »alternativen« Urlaub in Griechenland: in einem alten Kloster, hoch über dem Meer gelegen – zauberhaft. Aber auch dort: nichts als Lehrerinnen, Atemtherapeutinnen und Sozialarbeiterinnen. Eine Familie mit zwei halbwüchsigen Jungen war dort schon etwas »Besonderes« gewesen, und Sybille hatte sich ihnen oft angeschlossen. Der Urlaub war von einem alternativen Touristik-Unternehmen veranstaltet worden und wirklich wunderschön – abgesehen von der Überzahl an Lehrerinnen. Man konnte Kurse im Aquarellieren, in Tai-Chi und Yoga buchen, und Sybille hatte alles mitgemacht. Man schlief in kargen Mönchszellen, drei Nägel an der Wand gab es für die Garderobe – aber was machte das schon aus, bei all der Schönheit ringsum. Eigentlich, so fand sie damals, waren Single-Ferien kein Problem. Doch aus irgendeinem Grund ließen sie sich nicht wiederholen: Im darauffolgenden Jahr war ihre Freundin mit einer »großen Liebe« liiert gewesen, und eine andere, mit der eine vage Abmachung bestanden hatte, als sie sich gerade von ihrem Freund trennte, ließ sie nach der Versöhnung sitzen.

Sybille fuhr schließlich doch wieder häufiger an den Gardasee.

Eine ihrer etwas längerfristigen Liaisons hatte im Mai begonnen. Man plante, im Sommer nach Umbrien zu fahren, wo Sybilles neuer Freund in einer Art Großkommune Freunde hatte. Dieser zwei Wochen währende Aufenthalt erwies sich als vollkommene Pleite. Für Sybille waren die Kommunarden allzu alternativ: Alles starrte vor Dreck, man wußte nie, wann und wo gegessen werden sollte, und im Wohnzimmer flatterten die Hühner herum. Sybilles Freund erklärte sie für arrogant und verteidigte das »neue Leben« seiner Freunde in einer von Natur und Landschaft bestimmten Form. Sybille fand die von den Kommunarden lautstark geäußerte Abneigung gegen die fremdbestimmte Leistungs- und Konkurrenzgesellschaft ziemlich miefig und abgestanden und fuhr alleine nach Hause – an den Gardasee natürlich.

Maria ist sich darüber klar, daß ein Single seine Ferien sehr viel besser planen muß als ein »paariger« Mensch. »Das Schöne an den Ferien zu zweit ist die Selbstverständlichkeit. Keine Frage, mit wem man fährt und mit wem man plant. Schließlich kennt man auch die Vorlieben, man kann sich ohne viel Reden aufeinander abstimmen.«

Daß die Ferienrealität dem dann nicht mehr entspricht, steht auf einem anderen Blatt. Zuerst einmal ist es erleichternd, nicht immerfort Neues überlegen zu müssen und schon vorher in Streß zu geraten.

Wie gut erinnert Maria sich an die Ängste vor den – kurzen – Pfingstferien, die sie mit Jupp, ihrem verheirateten Freund, endlich, endlich (!) planen konnte. Nach Paris sollte es gehen, und Jupp war auch rührend bemüht, Bücher und Prospekte anzuschleppen, damit Maria sich einstimme. Maria hatte sich ehrlich darauf gefreut – aber eine Woche vor dem Abflug (man flog übrigens getrennt) wurde sie von Angst gepackt: fünf ganze Tage alleine mit Jupp? Sie kenne ihn doch gar nicht so gut, gestand sie ihrer Freundin Lene, sie wisse z. B. nicht, ob er schnarche. Und wie er wohl aufwache? Fröhlich oder grämlich? Würde es nicht zu viele Gesprächspausen geben?

Das »Inselleben« daheim mit Jupp war natürlich ausgefüllt gewesen mit Gespräch oder auch mit Zärtlichkeit. Aber Ferienalltag? Maria wollte sich nichts vormachen: Sie wußte ja, daß es sich nicht um die verliebten Tage von Flitterwöchnern handeln könne. Aber was waren sie denn eigentlich? Ein Ehepaar natürlich auch nicht. Irgendwie zählte jeder dieser fünf dem Schicksal abgetrotzten Tage sehr viel mehr als bei einem der üblichen Paare.

Der Kurzurlaub verlief angenehm und harmonisch. Maria erwies sich wieder einmal als anpassungsbereite Gefährtin, zumal auch ihr Französisch etwas kümmerlich war und Jupp in seiner Jugend ein Semester in Paris studiert hatte – sich also viel besser verständigen konnte. Man besuchte einige übliche und viele unübliche Sehenswürdigkeiten, man hielt sich lange in kleinen Bistros auf, trank Milchkaffee und aß dazu Croissants, und Maria verfiel für kurze Stunden sogar auf die Idee, Jupp seiner etwas albernen Ehefrau »auszuspannen«. An ihrer Erschöpfung nach dem Rückflug merkte sie aber, daß sie sich in diesen fünf Tagen sehr angestrengt hatte. Daß Jupp ihr beim Abschied zärtlich zugeflüstert hatte: »Du bist eine fantastische Bett- und Reisegefährtin« – hatte sie sich das vielleicht allzu teuer erkauft? Jedenfalls hatte sie kein Bedürfnis verspürt, ihren Reisegefährten sofort wiederzusehen, und zögerte die nächste Begegnung zwei Wochen hinaus. Sie sah Jupp dann im Kreise einer kleinen Gesellschaft wieder und hörte zu ihrem peinlichen Erstaunen, wie die Ehefrau ihn aufforderte, doch diese »urkomische Geschichte von den Straßenklos in Paris« zu erzählen – eine Begebenheit, die Maria natürlich miterlebt und die sich in solcher Zuspitzung, wie Jupp sie berichtete, übrigens nicht zugetragen hatte.

Maria sagt darüber jetzt schon mit selbstironischer Distanz: »An dieser kleinen Szene wurde mir erstmals klar, wie wichtig das ›Nachher‹ beim Urlaub ist. Das gemeinsame Erzählen im Freundeskreis, die Korrekturen, die man macht, die Erinnerungshilfen, die man einander gibt – das alles gehört eigentlich auch dazu … Wenn das fehlt, ist es eigentlich nur ein halber Urlaub.«

Seit einigen Jahren plant Maria sehr sorgfältig. Wichtig erscheint ihr der »Mischurlaub«, wie sie das nennt. Kurzbesuch bei zwei oder drei Freunden in ihren jeweiligen Ferienorten, eine oder zwei Wochen Erholungsurlaub alleine und eventuell eine geplante Besichtigungsreise in weit entfernte Länder – das ist ihr Ideal.

Diese Besichtigungstouren bereitet sie sehr sorgfältig vor. Es gibt zwei Touristikunternehmen, denen sie ihr Vertrauen schenkt. Beide planen ungewöhnliche Reisen, weshalb man dort auch oft ungewöhnliche Menschen kennenlernt. Maria hat sich immer gut unterhalten. »Man darf nur keine Vorurteile haben«, meint sie, »und vor allem nicht die alberne Hoffnung hegen, man begegnete auf der Reise der ›großen Liebe‹.« Auf diese Weise hat Maria ihren, wie sie sagt, »kostbarsten Schatz« kennengelernt, einen alten emeritierten Professor für Orientalistik, mit dem sie die wohl schönste Reise ihres Lebens nach Ägypten gemacht hat. Sie hat sich damals wie Nofretete höchstpersönlich gefühlt, und Professor Windischhuber hat übrigens auch nicht mit Komplimenten gegeizt über ihr schönes Profil und ihre dichten schwarzen Haare. Sie schwärmt geradezu von ihm, von seiner österreichischen Höflichkeit, seiner großen Bildung, aber vor allem von seinem persönlichen Bezug zur Vergangenheit. Er war der Mittelpunkt der kleinen Reisegruppe gewesen, und alle haben Maria um ihre Freundschaft mit dem Professor beneidet. Maria hat den Kontakt nicht abreißen lassen. Eine Reise nach Wien, wo er lebt, war ebenfalls sehr schön – »er ist allerdings in den zwei Jahren dazwischen sehr viel älter geworden«, sagt Maria betrübt, »ich werde ihn vielleicht gar nicht mehr wiedersehen.«

Wie in vielen anderen Bereichen versteht Maria es, auch ihre Ferien bewußt zu gestalten, ohne den spontan sich ergebenden Ereignissen aus dem Weg zu gehen.

Keine Ferienliebe? Oder wenigstens ein kleines Abenteuer? Maria lacht vergnügt. »Natürlich gibt es das immer wieder einmal, wenn man mit offenen Augen durch die Welt reist. Aber noch nie hat es sich zu einer größeren Affäre gemausert – trotzdem hat es immer Spaß gemacht.«

Wenn Maria ihre Single-Ferien mit den Paar-Ferien vergleicht – was sind Vor- bzw. die Nachteile? Maria meint, sie habe durch die Single-Ferien sehr viel mehr interessante Dinge erlebt, findet aber andererseits, daß die Ferien mit Arthur, trotz seiner Unbeständigkeit, erholsamer waren: ruhiger, voraussehbarer – und vor allem konnte sie sich auf Arthurs Planungsgenie verlassen. Das war natürlich ganz und gar *seine* Domäne gewesen, Maria mußte das Planen erst richtiggehend lernen. Fahrpläne lesen, Kilometerzahlen ausrechnen, Sehenswürdigkeiten heraussuchen – das lernt man zwar in relativ kurzer Zeit, aber »es war doch ungemein angenehm, sich einfach in Ferien hineinfallen zu lassen, die Arthur vorgeplant hatte«. Maria ist noch immer vor jedem Abflug nervös, ist eine halbe Stunde zu früh am Bahnhof und vergewissert sich zehnmal, ob ihr das Hotel auch wirklich ein ruhiges Zimmer reserviert hat. Arthur hatte dies alles spielend und wie nebenher erledigt.

Etliche der befragten Singles freuen sich, wenn die Ferienzeit und das ewige Fragen, was man denn Schönes gemacht habe, zu Ende sind. Werner plant kaum Ferien und macht auch selten welche. Besuche bei der alten Mutter sind selbstverständlich, zählen aber kaum zu den Ferienerlebnissen. Ab und zu hat er sich schon in irgendeinem eleganten Hotel in den Schweizer Bergen eingemietet – aber das Hotelleben mißfalle ihm jedesmal schon nach kurzer Zeit des Behagens ob der großen Verwöhnung: zu viele Paare, zu viel Schnickschnack. Mondschein-Parties bei Kerzenschein oder Folklore-Abende mit rustikalem Büffet findet er albern. Meist reist er noch vor Ende der geplanten Zeit ab in seine Studierstube. Symposien und Kongresse verbindet er öfters mit zwei, drei Ferientagen. »Ferien mit Verena waren einzigartig«, meint er wehmütig. »Das war wirklich ihr Talent! Sie hat an alles gedacht: Aktivität und Ruhe, eine perfekte Wohnsituation, fabelhafte Aussicht – das schaffe ich nie.« Nicht zu den »normalen« Ferien rechnet Werner allerdings – wie er später berichtet – eine ganz besonders schöne Weltreise, die er für sich selbst geplant und durchgeführt hat.

Otto macht sehr selten richtige Ferien, meist bleibt er in der Stadt und nimmt irgendwelche Veränderungen in der Wohnung vor oder macht sehr genau geplante Stadtrundfahrten, damit er seine eigene Stadt besser kennenlernt. »Ich finde Berlin im August am schönsten«, sagt er, »da verliert sie für mich das Alltägliche, und ich habe das Gefühl, ein Tourist zu sein. Ich habe ziemlich gute Berlin-Bücher, wenn ich darin blättere, wird mir immer wieder von neuem klar, wie schlecht ich meine eigene Stadt kenne.« Otto berichtet von Fahrten in die Industrieviertel, in die ländlichen Gebiete von Kladow und Gatow oder in die hübsche Innenstadt von Spandau. Nun, seit der Öffnung der Mauer, hat sich das alles noch sehr erweitert. Otto beginnt jetzt auch Ostberlin genauer kennenzulernen. »Hast du nie Sehnsucht nach Weite, nach etwas ganz Fremdem?« Nein, das scheint Otto nicht so besonders zu locken. Außerdem ist da auch noch Erwin, den er nie vergessen kann. Natürlich könnte er auch 14 Tage oder so aus Berlin wegfahren, aber Erwin ist dann immer so schrecklich unglücklich, und Otto hat Mühe, sich frei zu fühlen, wenn er Erwin allein und unglücklich weiß.

Natürlich war er schon in Italien, mit einer Reisegesellschaft, das hat ihm ganz gut gefallen, aber lange Nachmittage am Strand von Caorle sind ihm zu langweilig. Er suchte sich dann immer ausgefallenere Ausflugsziele und manchmal fand er dazu auch eine nette Begleitung aus der Reisegruppe – aber alles in allem klingen seine Berichte über diese Reisen nicht gerade begeistert. Offensichtlich begleitet ihn dabei doch immer das schlechte Gewissen wegen Erwin. Das war, wie er erzählt, übrigens auch zu Lebzeiten der Eltern ein Problem. Er hat nämlich in seinen Ferien häufig die völlig überlastete Mutter bei der Wartung des Bruders (der damals viel schwieriger war als jetzt) abgelöst und selbst wenig Initiative entwickelt, um eigene Ferienwünsche zu realisieren.

Manchmal gelingen Single-Ferien wider alle Erwartung besonders gut – vielleicht gibt hier die Ausnahmesituation sogar eine Art von »Probe« für das Alltagsleben ab. Ingeborg jedenfalls hat, nach den ersten trübsinnigen Mallorca-Ferien mit Tante Elisabeth (»Du sollst dich mehr amüsieren, Kind – aber erkälte dich nicht im nassen Badeanzug...«) beschlossen, die Sache ganz anders anzupakken. Wochenlang studierte sie Bücher und Tourismus-Prospekte. Schließlich flog sie ganz alleine nach Bali, wo sie nicht mehr als drei Nächte im feinen amerikanischen Strandhotel verbrachte. Dann fragte sie den sanften bräunlichen Boy ein wenig aus: ob man nicht in einem richtigen Ort wohnen könne? Und ob es dort auch Restaurants gäbe. Der Hotelboy wußte schnell, was ihr vorschwebte. Eine seiner unzähligen Tanten vermietete ein einfaches Zimmer an Fremde. Sie lebte im nächsten größeren Dorf – ein wenig weiter weg vom Strand und daher für die meisten Touristen uninteressant. Dort mietete Ingeborg sich ein und konnte bei Bedarf auch bei der Familie mitessen. Zwar konnte nur der ältere Sohn ein wenig Englisch sprechen, aber die Verständigung klappte trotzdem. Tantes freundliches Lachen, ihre beredten Gesten und das gute Essen genügten, um Ingeborg froh zu stimmen. Sie erlebte in den vier Wochen Bali soviel wie während des ganzen Jahres sonst nicht. Auf alles ließ sie sich ein – und siehe da: Kettenreaktionen von Ereignissen waren die Folge.

Das Erlebnis mit Elade zum Beispiel, der Mutter eines etwa einjährigen Jungen, mit der sie am Marktplatz ein wenig geplaudert hatte: Ingeborg war bereit gewesen, auf den Kleinen etwa zwanzig Minuten aufzupassen, da Elade zum Arzt gehen wollte und er sie dabei stören würde; Elade hatte offenbar ganz schnell erkannt, wie liebevoll Ingeborg war. Außerdem sprach sie sehr gut Englisch, da sie an der dörflichen Grundschule Lehrerin war. Eines kam zum anderen: Ingeborg wurde zum Schulbesuch eingeladen und wurde von den besonders freundlichen Kindern vor Begeisterung fast in Stücke gerissen, nachdem sie ihnen einen neuen Fußball versprochen hatte (der alte war kaputtgegangen und für dortige Verhältnisse fast unerschwinglich). Ihr zu Ehren wurde später mit dem neuen weiß-grünen Ball ein Spiel zelebriert, bei dem sie wiederum eine Familie kennenlernte, die sie sofort zu sich nach Hause einlud. Am Ende ihrer Zeit war sie sogar Ehrengast bei einem großen Familienfest, mit vielen fremdartigen Ritualen.

Eingehüllt wurde sie in ein balinesisches Gewand, das man ihr hinterher als Geschenk überreichte.

Oder jenes winzige Geschäft, in dem es ein paar amerikanische Paperbacks zu kaufen gab: Ingeborg plauderte ein wenig mit dem Besitzer, wunderte sich über sein perfektes Englisch – und was stellte sich heraus? Er war vor sechzig Jahren einer der beiden balinesischen Boys gewesen, die die Ethnologin Margaret Mead durch Bali geleitet hatten, über die Ingeborg durch ihre Vorbereitungslektüre schon ziemlich viel gelesen hatte. Dies wiederum zog neue Einladungen nach sich. Am Ende ihrer Ferien gab es etliche Tränen – nicht nur bei Ingeborg, sondern auch bei ihren weichherzigen balinesischen Freunden.

Ob Ingeborg solchen Abenteuergeist, solche Offenheit für Neues wirklich nur in den Ferien zulassen kann? Nach wie vor denke ich, daß es ihr gelingen könnte, Mutters Schatten abzustreifen. Ich spreche sie darauf an, ob sie mit ihrer Mutti wohl je solche Ferien erlebt haben könnte? Ingeborg lacht nur: »Nein, niemals! Mit Mutti bin ich fast jedes Jahr in die Vorarlberger Alpen gefahren, zum ›Postwirt‹. Da hatten wir ein gemütliches Zimmer, kannten viele Sommergäste und auch Einheimische und hatten unsere ganz speziellen Ferienrituale.« Wie diese aussahen? Nun, einmal ein großer Ausflug auf den Silberspitz, sonst täglich eine eineinhalbstündige Wanderung auf den Höhenwegen. Die Mahlzeiten pünktlich um 12 Uhr 30 und um 19 Uhr. Danach Plauderstündchen mit der Wirtin oder mit Gästen (»Der Herr Hofrat hat Mutti jährlich auf dieselbe Weise den Hof gemacht«), von 14–16 Uhr Nachmittagsschlaf usw.

Ich schüttle mich. »Und das hast du jahrzehntelang mitgemacht?« – »Nun, was sollte ich tun? Und: Es war ja auch sehr gemütlich!« Daß Ingeborgs relativ kurze Liaison mit Albert bald nach diesen gemeinsamen Alt-Damenferien zu Ende war, wundert mich nicht. »Wie hast du ihm das nur zumuten können?« – »Ach, ich weiß nicht...«

Die Offenheit für das Außerordentliche, die bei manchen Menschen im Alltag brachliegt und eventuell während der Ferien zum Vorschein kommt, ist eine wichtige Voraussetzung für gut gelingende Single-Ferien. Der regressive Aspekt von Ferien, das einfache Sich-Langlegen, Dösen, Sich-Erholen, scheint eher für Paare geeignet. Allzu leicht ist der (die) Alleinlebende gerade in solchen Momenten bedroht von Depressionen. Am Strand sieht man Verliebte, an den Hoteltischen sitzen Paare oder Familien, denen anscheinend all dies geschenkt wird, was man sich selbst so mühselig erringen muß.

Single-Ferien degenerieren, wenn man nicht einfallsreich ist, nur zu leicht zum traurig-blassen Abklatsch einer nur fantasierten, sehnsüchtig erträumten Ferienherrlichkeit. Deshalb ist es für die meisten offensichtlich besser, sich in solche vorgestanzten Bahnen gar nicht erst zu begeben. Daß am nachmittäglichen Strand der Langersehnte auftaucht, ist eher unwahrscheinlich. Lieber verläßt man sich auf die eigene Fantasie, damit die Sehnsucht nach dem erträumten Zweierglück erst gar nicht auftaucht.

Daß dann sehr viel mehr »passieren« kann als bei Partnerschafts- oder Familienferien, kann der große Preis dafür sein. Und daß es nicht nur ein Trostpreis ist – davon erzählen Ingeborgs und Marias begeisterte Berichte.

Und was wird später sein?

Was wird sein, wenn du alt wirst? Wie stellst du dir dein Leben als Rentner(in) vor? Wie willst du die nächsten zehn, 20 Jahre verbringen? Was soll sich in deinem Leben verändern?

Diese und andere Fragen habe ich immer wieder gestellt und bin mit recht unterschiedlichen Antworten überrascht worden.

»Hör bloß auf damit!« rief Sybille, war aber doch bereit, mir die Gründe für ihren Horror mitzuteilen: »Das ist es ja, was mir im Magen liegt. Wie soll ich denn meine Zukunft planen, wenn ich alleine bleibe? Ich plane nichts, ich warte...«

Ulla hingegen sieht gefaßt in die Zukunft: »Was soll sein? Ich werde arbeiten, weiterleben wie bisher, alt werden und hoffentlich noch einige Jahre als gesunde Rentnerin leben. Aber davor liegt noch viel, was ich verändern möchte. Ich denke oft an beruflichen Aufstieg, obwohl ich für mein Alter schon ziemlich viel erreicht habe. Ich bin sehr ehrgeizig und kann mir in dieser Beziehung noch einiges vorstellen. Privat denke ich an Reisen. Ich werde mir später, wenn ich an mein Erbe herankomme, doch einiges leisten können und werde das auch tun. Mein Traum: eine Weltreise, ganz alleine und ohne irgendwelche Organisationshilfen eines Touristikunternehmens. Jetzt habe ich wenig Geld und wenig Ferien. Meine Reisen sind nicht großartig. Eigentlich nur ›Versuchsreisen‹, um auszuprobieren, wohin meine ›große Reise‹ eigentlich gehen soll.« Ullas Versuchsreisen haben sie immerhin schon nach Nepal, Bali, Jamaica und Kuba geführt! Diese Sehnsucht nach Ungebundenheit paßt zu Ulla. Eine erträumte Zukunft mit dem »Glück im Eigenheim« scheint sich demgegenüber nicht behaupten zu können.

Ulla hat offensichtlich schon in frühen Zeiten einen Rahmen für sich gefunden, in dem sie alleine steht, ungebunden und etwas distanziert zur Welt, ohne daß aber sie der Welt den Rücken kehrt. Die Planbarkeit ihres Lebens scheint um so mehr gewährleistet, als nicht zu erwarten ist, daß Ulla durch plötzliche Um- und Einbrüche, Umschwünge und Stimmungslabilitäten alles wieder umwerfen könnte. Zumindest hat sie bisher so gelebt.

»Ich plane nicht«, sagt Maria dezidiert. »Früher habe ich es getan: Arthur, zwei Kinder, eine Eigentumswohnung, im Alter gemeinsame Reisen... etc., etc. Nichts davon ist wahr geworden – außer der Eigentumswohnung. Die zahle ich übrigens jetzt hart ab an Arthur. Jetzt plane ich nichts mehr, ich bin für mich. Ich kann alles kommen lassen, wie es kommt.« – Keine Angst vor dem Alter?

»Nicht mehr als früher. Wer weiß, ob Arthur, wenn ich alt und krank wäre, überhaupt noch leben würde? Es gibt so viele alleinlebende Witwen...«

Eva-Maria dagegen ist eine gute Planerin. Offensichtlich rechnet die Krankenschwester mit ewiger Gesundheit. Sie werde, nach ihrer Pensionierung, ein wenig private Hauspflege machen; auf Enkelkinder freue sie sich auch; Reisen? Na klar. Außerdem hat sie vor, bestimmte, festgelegte Nachmittage in der Bibliothek zu verbringen: Lektüre als Vorbereitung der Reisen, vor allem Kunstgeschichte. Ein Herzenswunsch sei auch, an die Uni zu gehen, philosophische Seminare mitzumachen, sofern sie da mitkomme... Eva-Maria ist auch in bezug auf die Zukunft hoffnungsfroh. An einen Partner fürs Alter denkt sie nie. »Ich gebe doch meine Freiheit nicht auf!«

Karin hat schlimme Befürchtungen, was die Zukunft angeht. »Nicht, solange ich gesund bin... aber dann? Gut, man hat die Verwandtschaft. Aber werden die nicht genug mit sich selbst zu tun haben?« Karin malt sich öfters Schreckensszenarien aus: gelähmt in der kalten Wohnung liegen, von niemandem vermißt werden... Unterkühlung... Hinter diesen Horrorszenen liegt immer wieder die eine drängende Frage: »Hat mich denn niemand so gerne, daß er sein Leben mit dem meinigen teilen will? Ist niemand für mich alleine da?«

Auch unter den meist recht vernünftig klingenden oder ausweichenden – wie bei Sybille – Überlegungen über die Zukunft muß doch noch eine andere Schicht liegen, so dachte ich. Deshalb ließ ich es nicht bei den gegebenen Antworten bewenden, wenn sie allzu abgeklärt klangen.

»Maria, wie stellst du dir denn das Alter in deinem Erleben vor?« fragte ich daher, »wenn du schwächer wirst und stundenlang keiner da ist, der mit dir spricht, der deine Kümmernisse anhört?« Maria denkt sehr genau nach, wie das ihre Art ist. Nein, ihre Fantasie ist nicht so gut ausgebildet, daß sie da sehr weit einsteigen könnte. Noch immer denkt sie an ein Alter mit Freunden, mit Hobbys. »Aber vielleicht wird das dann auch irgendwann unwichtig«, sagt sie, »wir stellen uns das alles so traurig vor – aber vielleicht hat ja dann die Zeit eine andere Bedeutung.« Maria lacht:

»Zum Beispiel ist es vielleicht so: Du stehst mühsam auf und verwendest viel Zeit darauf, die Strümpfe auf die richtige Seite zu ziehen, und dann findest du natürlich recht lange die Brille nicht, und der Kaffee steht auch an der falschen Stelle. Aber wenn er dann fertig ist und gut duftet, bist du richtig froh – vorausgesetzt, du bist nicht noch immer so gierig auf Kaffee, wie ich es jetzt bin. Ja und dann ist einfach schon ganz viel Zeit herum, vielleicht ist es dann schon Mittag; und wenn du dann gar kein Verlangen hast, auf die Uhr zu sehen, dann ist es bald dämmrig, und vielleicht schaut ja auch die Gemeindeschwester jeden Tag herein...« Maria ist kaum zu bremsen und könnte vermutlich noch sehr lange solche Tagesläufe ausspinnen. Die Realität des Alters ist einfach noch zu weit weg, keiner kann da wirklich konkrete Fantasien entwickeln.

Zukunft scheint sehr viel lebendiger zu werden, wenn man zu zweit lebt, allenfalls, wenn man eine Familie hat. Erst im gemeinsamen Ausmalen und Besprechen gewinnen Pläne Kontur, bekommt etwas so Abstraktes wie »Reisen« oder »Landleben« Farbe und Gestalt. Plant man alleine, dann genügt schon ein Stimmungstief, um alles wieder verblassen zu lassen. »Was soll's«, denkt man dann schnell, »ich habe ja doch keine Lust dazu.« Es bleibt also dabei: Kommt Zeit, kommt Rat...

Anna sprudelt über vor Plänen. Sie setzen voraus, daß sie bei voller Gesundheit mindestens ihren 100. Geburtstag erlebt. Das meiste dreht sich um ihren Beruf. Anna hat noch viel vor: Theatergeschichte hat sie immer schon interessiert, bloß kommt sie einfach nicht so recht zum Lesen bei ihrem knappen Zeitbudget. Das soll irgendwann später nachgeholt werden. Außerdem hat sie schon seit Jahren recht umfangreiche Notizen gemacht über alle Theateraufführungen, die sie je gesehen hat. Dieses Material würde sie ebenfalls noch gerne ausschlachten. Sie weiß nicht genau, ob sie die richtige Hand zum Schreiben hat, aber probieren will sie es jedenfalls einmal. Sie kann sich also vorstellen, daß daraus eine Art Theater-Erinnerungsbuch mit vielen Kommentaren werden könnte. Und dann natürlich ihr größtes Interesse: eine Art Überblick über Freilichtaufführungen. Anna möchte gerne durch ganz Europa reisen und sich möglichst viele Freilichtaufführungen ansehen. Sie meint, daß diese jetzt immer beliebter werdenden Sommer-Aufführungen eine ganz andere Art von Theaterwirklichkeit hervorbringen, eine ganz andere Rezeption finden und daher auch anderen Aufführungsgesetzen gehorchen als normale Aufführungen. Sie hat nicht besonders viel Gescheites zu diesem Thema gefunden, es würde sie aber sehr interessieren, darüber gründlicher informiert zu sein. »Warum?« frage ich. Anna antwortet, daß man sein Metier nur dann recht versteht, wenn man alle seine Möglichkeiten genau analysieren kann. Bis jetzt hat sie diesen Plan wegen ihrer chronisch knappen Finanzen nie verwirklichen können. Aber wenn das große Geld dann kommt...

Auf einer etwas anderen Linie liegen Annas Vorstellungen von der therapeutischen Verwendung des Theaters. Gern würde sie ihre Psychodrama-Ausbildung noch spezifischer einsetzen, vielleicht auch einmal mit psychisch kranken Menschen arbeiten. Jedenfalls – und dieser Plan ist schon fast realisiert – will sie mit älteren Menschen Theater spielen; mit Laien, denen es früher vielleicht gar nie eingefallen wäre, sich auf eine Bühne zu stellen. Sie ist der Überzeugung, daß das Theater viele kreative Möglichkeiten wecken kann und in gewissem Sinn immer auch Therapie ist, gerade für ältere Menschen. »Gemeinsam Stücke ausdenken, improvisieren, Bühnenbilder entwerfen« – das würde sie gerne machen. Zwar hat auch der Senat daran Interesse, doch fehlen wieder einmal die finanziellen Mittel, obwohl Anna es wirklich nicht sehr aufwendig gestalten möchte. Sie ist aber sicher, daß sie dieses Projekt durchbekommt.

Gemeinsam mit Ilka würde sie später, wenn sie beide sich etwas mehr Zeit gönnen könnten, mehr unternehmen. Reisen wären ein großes Vergnügen für beide, bisher haben sie nicht sehr viel verwirklichen können. Beide träumen sie von Asien. Nach Nepal wird im nächsten Jahr gereist, das ist abgemacht. Überhaupt meint Anna, daß sie ihr Alter gerne mit Freunden verbringen würde. Ob sie dann noch so viel Energie aufbringen wird? Anna hofft, daß ihr jetziges sehr aktives Leben ihr viel Kraft verleihen wird. »Ich glaube, wenn man so viele unverwirklichte Ideen hat, bleibt auch ein Reservoir an Kreativität.« An die Zeit, wenn sie ganz alt und gebrechlich ist, will sie allerdings nicht so gerne denken. Sie kann sich das einfach nicht vorstellen und erhofft sich einen gnädigen und raschen Tod bei voller Rüstigkeit, mitten aus dem Leben heraus.

Otto hat sehr viele Pläne, aber natürlich spielt dabei immer die ersehnte (schöne und reiche?) Ehefrau eine große Rolle. Er denkt an immer neue Verbesserungen seiner Wohnung, an ein wirklich schönes Auto und an alle Annehmlichkeiten eines bürgerlichen Familienlebens, das er kräftig idealisiert und zu dem selbstverständlich das gemeinsame geruhsame Alter gehört. Und wenn sich die ersehnte Dame nicht einstellen sollte? Da weiß Otto keinen Rat. Er erwägt übrigens seit einiger Zeit, Kontaktanzeigen aufzugeben. Vielleicht wird es dann doch etwas?...

Das Leben des Paares, das einigermaßen miteinander in Einklang lebt, definiert sich meist nicht nur über ein Stück gemeinsame Vergangenheit, sondern auch über die gemeinsame Zukunft. Natürlich wird sie als friedlich fantasiert. Die beiden Alten aus der Antike – Philemon und Baucis in inniger Gemeinsamkeit vor der Haustüre sitzend – bilden das Vorbild für ein geruhsames und friedliches Alter. Vorher aber will man noch einiges erreichen: beruflichen Aufstieg, ein Eigenheim, eine große Reise oder ein Ferienhaus in der Toskana. Auch die gemeinsamen Kinder füllen die Gedanken des Paares an die Zukunft: Enkelkinder hätscheln, sich mitfreuen an dem, was die Kinder erreicht haben... Die gemeinsame Arbeit, um dies zu erreichen, kann feste Bande schmieden. Bricht eine solche Gemeinsamkeit auseinander, sind der Jammer und die Sorge um die Zukunft groß. Man hat nichts mehr, woran man sich für die Zukunft festhalten könnte. Ungesichert und haltlos schwebt man in der Gegenwart. Das geträumte Glück im Ferienhaus war nur als Zweierglück denkbar, und eine Weltreise können sich auch nur die wenigsten Menschen für sich allein vorstellen.

Das Planen allein macht wenig Spaß. Kein Wunder daher, daß viele Alleinlebende das Planen aufgegeben haben. Sich als dauernde Single-Existenz zu sehen fällt vielen, wenn auch nicht allen, schwer. Die meisten halten sich offen für eine mögliche neue Partnerschaft – wie vage auch immer sie aussehen mag. Und erst mit ihr setzt für viele die Planungsmöglichkeit wieder ein.

Der »andere«, der eine Art Garant für die Zukunft darstellt, ermöglicht auch das Planen. Garant aber wofür? Für eine gedachte Kontinuität der eigenen Person, die in den Gedanken, Fantasien und Erinnerungen des anderen gut aufgehoben scheint. Nur in dieser Kontinuität ist die Gegenwart ohne weiteres in die Zukunft hinein zu verlängern. Wer sagt mir, daß ich auch in zehn Jahren noch Spaß haben werde an der »großen Reise«? Eventuell aber wird mich mein Partner immer wieder daran erinnern, und durch das Reden darüber bleibt dann auch der Plan lebendig.

Beziehe ich dagegen mein zukünftiges Leben nicht auf eine bestimmte Person, dann wird die Zukunft unsicher, unklar. Das kann Angst auslösen, wie bei Sybille, oder auch ein Achselzukken, wie bei Maria.

Gar nicht zu planen wiederum – das fällt den meisten doch sehr schwer. Menschen müssen sich einfach in der einen oder anderen Art ihrer Zukunft versichern, wenngleich sich dies oft genug als Illusion erweist. Mit der Unsicherheit leben zu lernen oder gar – wie Ulla und Eva-Maria – sich selbst ohne Partnerschaftshilfe in einer Kontinuität auf die Zukunft hin zu sehen erfordert innere Kraft, viel Selbstsicherheit und auch ein wenig Unbekümmertheit. Ulla und Eva-Maria haben es immer sehr nötig gehabt, sich von anderen Menschen abzugrenzen, unabhängig zu sein. Nicht für jeden ist das so wichtig, nicht jeder lernt es in einer so positiven Weise, daß das Leben nicht eingeschränkt, sondern konstruktiv gestaltet wird. Ist einer aber bereit, auch für sich alleine zu planen, dann hat er etwas geleistet, was nur selten gelingt.

Der Single im Dialog

Bei den meisten Singles gab es irgendwann einmal einen Partner, der in ihrem Leben real existierte, mit dem man den Alltag teilte. Manchmal gibt es auch einen, der vorwiegend in der Fantasie lebendig war und der hauptsächlich eine innere Existenz hatte.

Seelisches Leben verläuft selten sprachlos, man nutzt fast immer Sätze und Worte, um sich das, was man gerade erlebt, klarzumachen, es zu verankern in dem, was schon zum Schatz bisheriger Erfahrungen gehört. Sprache setzt aber letztlich einen Dialogpartner voraus. Natürlich muß er nicht real, er kann auch als innerer Partner vorhanden sein. Auch sehr geheime Gedanken und Gefühle, die man niemals jemandem anvertrauen würde, möchte man doch, das ist einer der Träume, die fast jeder hegt, mit einem anderen teilen können, ohne daß einem daraus Schaden erwächst. Diese geheimen Gedanken können Bösartigkeiten ebenso wie Sehnsucht und Liebe betreffen.

Die Wichtigkeit und Bedeutung einer Partnerschaft zeigt sich daran, wieviel vom inneren Leben man mit dem anderen teilt, wie oft man das Bedürfnis hat, dem Partner etwas zu erzählen – egal, was es ist: Banalitäten ebenso wie wichtige Begebenheiten. Nicht alles natürlich wird mit dem Lebenspartner geteilt. Die Schimpftiraden gegen den Arbeitskollegen werden innerlich oft direkt an den Adressaten gerichtet oder der Kollegin von nebenan weitergegeben, der Vorgang selbst jedoch dem Lebenspartner, zuerst vielleicht innerlich, beim Nachhausekommen dann auch äußerlich, berichtet. Unabhängig von der Realität laufen auf diese Weise oft ganze Dramen (oder Komödien) auf der inneren Bühne ab. Hat man einen Partner im Alltag, dann wartet man oft schon sehnsüchtig auf ihn, damit man ihn teilhaben lassen kann. Dies ergibt ein Stück Bestätigung für die eigene Person und ihren Lebenskreis.

Aber nicht nur die eigene Person wird vom Partner bestätigt

und aufgebaut, auch eine gemeinsame Weltsicht formt sich im Zusammenleben. Die Gespräche »nach der Party« bestimmen, ob man Katrin als »zickig und verdreht« oder als »erotisch anziehend« einstuft und ob Ludwig ein »ehrlicher, herzensguter Mensch« oder ein »aggressionsgehemmter Langweiler« ist. Ähnlich macht man es beim Fernsehen, wo man miteinander abwägt, ob Kohl »grenzenlos dumm«, »schlau« oder doch ein »echter Staatsmann« ist. Im Zusammenleben bildet sich langsam eine gemeinsame Sicht der Dinge heraus – mal mehr, mal weniger dominiert von einem der Partner, aber letztlich in sich stimmig. So wird ein gemeinsames Panorama aufgebaut – im Miteinander-Sprechen, dem oft ein innerliches Ausprobieren vorangeht (»Wie werde ich das heute abend Melene wohl erzählen?«), dann in der Realität des Dialogs. Nicht zuletzt auch der Verlust der Sicherheit dieser gemeinsamen Wertungen und Beurteilungen von Welt und Menschen macht Trennungen so schmerzhaft.

Vieles wird plötzlich unklar: Hat man wirklich so gerne Jazz gehört? Gehört dieses allerfeinste Kochen wirklich zum kulturellen Fundus eines modernen Menschen? Und hat man Erika nicht bitter unrecht getan, als man ihre überstürzte Liaison mit dem Maler und ihr Verlassen der beiden Kinder so sehr kritisierte? Ihre Motive hat man eigentlich nicht mitbekommen, genaugenommen...

Vor den Singles dagegen liegt eine partnerlose Welt, und sie muß mehr oder weniger selbständig geordnet und gesichtet werden. Wie erleben nun die Alleinlebenden (die für die Interviews ja extra danach ausgesucht wurden, daß sie eben *keinen* Lebenspartner hatten) diesen inneren Monolog? Gibt es ihn überhaupt? Wie sieht er aus? Was bedeutet es, wenn kein realer Partner vorhanden ist, der ihn teilt?

Es zeigte sich schon bei dieser Frage, daß gar nicht jeder genau weiß, ob er einen inneren oder äußeren Ansprechpartner hat; einige mußten sehr scharf überlegen, andere wußten sofort, was gemeint war.

Otto zum Beispiel spricht nur von Angela, wenn er von Partnerschaft und von inneren Dialogen berichtet. Angela war seine Partnerin, zehn Jahre lang – allerdings existierte sie vorwiegend in der Fantasie, da sie nie auch nur das geringste Interesse an einer Partnerschaft zu erkennen gab. Otto aber hat sein Leben mit ihr verbracht, hat ihr alles erzählt, was vorfiel, hat ihr seine Pläne anvertraut, sich mit ihren Meinungen beschäftigt.

»Wann wurde dir klar, daß dies mehr oder weniger Hirngespinste sind?«

Otto wird etwas traurig bei dieser Frage, und ich habe den Eindruck, daß er jetzt, vier Jahre nach dem Abbruch der Beziehung, noch immer an der Sache knabbert. »Na ja, als sie mir mitteilte, sie würde nun heiraten«, sagt er einfach. »Und das hast du vorher nicht gemerkt?« Nun, Otto hat es einfach nicht zur Kenntnis nehmen wollen. Er hat so ausdauernd um Angela geworben und so viele Fantasien in diese »Beziehung« gesteckt, daß er Realität und Fantasie nicht mehr unterscheiden konnte. »Ich hielt sie eben für besonders scheu, kindlich und unaufgeweckt; ich dachte, daß die anderen Männer eben nur platonische Verehrer seien – und dabei hat sie vier Monate nach der Hochzeit ihr erstes Kind bekommen.« Wie war denn die Zeit nach dieser Mitteilung? Otto erzählt von schrecklichen Wochen, in denen er Angela nur noch haßte, obwohl er ehrlicherweise zugeben mußte, daß er sie keiner Untreue zeihen konnte, da sie sich von ihm zwar anschwärmen und bewundern ließ, aber nie etwas versprochen hatte. Im Gegenteil: Einige Male hatte sie erwähnt, daß ihr die Freundschaft mit ihm wichtig sei, daß sie sich aber eine Partnerschaft nicht vorstellen könne. Otto hatte all dies nicht ernst genommen, beziehungsweise es nach einiger Zeit immer so gedreht, daß er darin eine besonders günstige Botschaft für sich selbst entdecken konnte. »Ich dachte, Freundschaft ist doch viel besser als große Liebe, eine solidere Vorbedingung; sie wollte mir damit vielleicht sagen, daß sie gerade bei mir etwas ganz Besonderes suchte ... und ähnlichen Unsinn.« Nun ist er nicht mehr mit ihr in innerer Verbindung. Als er die Geburtsanzeige bekam, ist eine Art Schleier vor ihm aufgerissen. »Es traf mich wie ein Blitzschlag: daß ich imstande bin, mir die Welt zu verdrehen... fast wie Erwin, das hat mich wahnsinnig erschreckt. Ich habe an die Erblichkeit von Psychosen gedacht, das ist ja nicht ganz ausgeschlossen, und dabei wurde mir klar: daß ich ganz besonders aufpassen muß, um die Realität nicht zu verlieren. Nun erschienen mir diese zehn Jahre wie verlorene Jahre, in denen ich versäumt habe, mich um wirkliche Frauen zu kümmern. Ich habe jetzt niemanden, mit dem ich innerlich verbunden bin, Erwin ist ja eher wie ein Kind anzusehen, da komme ich nicht an mit meinen eigenen Problemen. Vielleicht war es doch ganz heilsam, das zu erleben. Ich habe mit Erwins Sozialarbeiter einmal sehr lange darüber gesprochen. Der hat gemeint, man könne eine gewisse Veranlagung zur Realitätsverkennung haben und trotzdem nicht psychotisch sein. Es sei dann eben erhöhte Wachsamkeit am Platze. Das hat mir eingeleuchtet und geholfen.« – »Hast du also niemanden, dem du innerlich etwas erzählst?« Otto hat sich das noch nie so klargemacht; er meint, daß er ab und zu Dinge, die seinen Kollegen gefallen werden, innerlich sozusagen »vor-erzählt«. »Zum Beispiel gibt es bei uns im Geschäft einen, der immer so gute Witze weiß. Ab und zu höre ich einen Witz, den ich ihm gerne weitererzählen möchte, dann versuche ich, den zu behalten, indem ich ihn schon mal innerlich ›probeweise‹ erzähle. Auch bei Erlebnissen, die mit Musik zusammenhängen, da gibt es Dinge, die ich den Chormitgliedern berichten will, und auch schon mal vorher ›probe‹. Aber alles in allem: nein. Was ich alleine erlebe, mache ich auch mit mir selbst ab.«

Ingeborg führt jetzt, drei Jahre nach dem Tod der verehrten Mutter, noch immer fast die gleichen Vokabeln im Mund, wie diese sie vorgab. Sie spricht noch immer mit ihr und fragt sie auch oft um ihre Meinung. Meist »weiß« sie auch, was Mutti zu bestimmten Dingen sagen würde. Auch dies ist ein Grund dafür, daß sie gar so hilflos und orientierungslos wirkt, da eben Mutters Weltsicht einer modernen alleinlebenden Frau wirklich nicht gut zu

Gesicht steht. Diese Art von Loyalität ist es wohl, die es Ingeborg so schwierig macht, ein eigenes Leben, selbstbestimmt, zu führen.

Ingeborg hat über das Thema des inneren oder äußeren Gesprächs so ganz genau noch nicht nachgedacht. Sie kommt von selbst beim zweiten Treffen wieder darauf zu sprechen. Dabei erzählt sie, daß sie sich nun genauer beobachtet habe: Es gebe Situationen, wo ihr die innere Mutterfigur nicht mehr genüge, das seien übrigens oft ganz banale Dinge, die sie loswerden möchte. Da sie eine sehr nette, ältere Nachbarin hat, der sie manchmal beim Einkaufen oder Treppensteigen behilflich ist, läutet sie bei dieser schon mal nach der Arbeit an, um sich nach ihrem Befinden zu erkundigen. Sie hat gemerkt, daß sie das nicht ganz uneigennützig tut. »Häufig habe ich dann das Bedürfnis, jemandem etwas aus meinem Alltag zu erzählen. Frau Schwäbisch ist eine eher einfache Frau, aber sie hat viel Verständnis und Interesse. Ich kann ihr also sehr gut erzählen, wenn der Chef wieder mal verreist ist ohne eine Angabe wohin – weshalb wir dann die Kunden auf die merkwürdigste Art abspeisen müssen –, oder ich erzähle ihr, daß ich mir ein neues Kleid kaufen will. Mich interessiert dann auch z. B., ob sie sich vorstellen kann, daß für meinen Teint ›grün‹ vorteilhaft ist. Da sie Schneiderin war, können wir übrigens öfters über Mode plaudern, das finde ich sogar recht interessant. Sie ist immer noch informiert. Aber bei wirklich wichtigen Dingen – Erlebnissen mit Musik oder mit neuen Filmen –, da habe ich noch sehr viel inneren Kontakt zu meiner Mutter. Übrigens gibt es manchmal dabei (und Ingeborg scheint sich darüber fast zu schämen!) auch Meinungsverschiedenheiten. Ich weiß von einer Reihe moderner Filme, daß Mutti sie schauderhaft gefunden hätte. Ich habe aber inzwischen sehr viel mehr Erfahrung in dieser Kunstgattung, da könnte Mutti eigentlich gar nicht mehr so richtig mitreden. Ich versuche allerdings, ihr klarzumachen, weshalb ich diesen oder jenen ›schauderhaften‹ Film sehr interessant und wichtig finde.«

Dies könnte doch wiederum ein erstes Anzeichen von wirklicher Selbständigkeit sein, hoffe ich.

Natürlich ist es nicht der Partner allein, mit dem gemeinsam man sich eine Weltsicht bastelt, und ebensowenig sind Alleinlebende dazu verdammt, nun *alles* aus sich heraus schöpfen zu müssen.

Anna hat diesen Prozeß sehr bewußt erlebt, ein Prozeß, der für sie eng mit ihrem neuen beruflichen Verständnis zusammenhängt. »Uli hat mich sehr stark beeinflußt – er ist ein ziemlich radikaler Linker, der das Theater immer unter seine politischen Ideen gestellt hat. Ich habe anfangs alles kritiklos übernommen; nach und nach aber wurde es – unter seinem Vorsitz natürlich – unser gemeinsames Werk. Wir haben die ganze künstlerische Welt mit marxistischen Kategorien betrachtet und bewertet. Das war sehr interessant und lange Zeit auch produktiv für mich. Nach der Trennung fiel ich in ein Vakuum, in jeder Hinsicht, auch in weltanschaulicher. Ich habe so sehr gegen Uli gewütet, daß mir plötzlich auch seine Sicht des Theaters suspekt wurde; nachdem er mich persönlich so enttäuscht hatte, konnte ich ihm einfach *nichts* mehr glauben. Mein nächster, verzweifelt geangelter Liebhaber war ein reiner Ästhet, der alles politische Denken roh und brutal fand – ich versuchte krampfhaft, mich in diese l'art-pour-l'art-Welt einzufühlen, und geriet immer mehr in ein geistiges Tief. Mir wurde dabei immer klarer, wie abhängig ich von anderen Menschen in meinen Anschauungen bin, wie wenig ich mir allein erarbeitet hatte.

Nachdem ich dann jenen vergeistigten Liebhaber des Schönen (er hat übrigens auch mich als eine Art Skulptur betrachtet) abgehängt hatte, ging es langsam aufwärts. Ich hatte damals das dringende Bedürfnis, viele Leute zu befragen: über ihre politischen Einschätzungen, ihre Bewertungen von Kunstwerken (vor allem natürlich Theater und Literatur) und auch von Künstlern. Irgendwie ist daraus langsam etwas Neues entstanden, das heißt, es entsteht ja immer wieder neu. Ich brauche das Gespräch mit anderen Menschen dringend, um mich zu vergewissern, was *ich* eigentlich denke und glaube. Aber ich habe eine Art ›Arbeitsteilung‹ bezüglich meiner Gesprächspartner gefunden. Mit meiner Herzensfreundin Ilka rede ich viel über andere Menschen, über psychische Gegebenheiten. Ilka ist Psychologin, ich kenne sie von der Psychodrama-Ausbildung her. Sie ist viel tieferschauend als ich. Ich lasse mich immer wieder von den sozialen Eigenschaften eines Menschen verführen; Ilka aber sieht, was hinter den liebenswürdigen, sanften oder auch betont selbstsicheren Fassaden steckt. Ich lerne viel von ihr.

Im Bereich Politik wiederum gibt es andere Freunde, deren Meinung mir wichtig ist. Und natürlich gilt das auch für das Theater – obwohl ich mich da nun selbst recht sicher fühle. Ich merke, daß ich hier z. B. sowohl Psychologie als auch politisches Denken brauchen kann. Die Realisierung in einer dramatischen Person muß ich natürlich alleine leisten, aber bestimmte Denkmuster kommen von wichtigen Gesprächspartnern. Ich habe das Gefühl, jetzt viel kreativer zu sein als zu Ulis Zeit – da hielt ich mich doch allzu stark an den von ihm gesetzten Rahmen. Manchmal denke ich: Wenn Uli dich sehen könnte, der wäre ganz schön entsetzt – und das freut mich dann eigentlich.«

Auch bei Maria findet sich eine Art Abgrenzung gegenüber dem früheren Ehemann als eine sehr wichtige Vorstufe zu neuen inneren oder äußeren Partnern. »Am Beginn habe ich innerlich noch sehr viel mit Arthur zu tun gehabt, ich habe mit ihm gehadert und geschimpft, aber vor allem habe ich ziemlich bald alles getan, was ihm nicht gepaßt hätte. Das war sicher kindisch, aber ich war ja eigentlich noch immer eine Halbwüchsige geblieben und sehr abhängig von Arthur. Erstaunlich schnell wurde mir jedoch klar, welche Art von Leben ich *nicht* führen wollte und daß ich selbst andere Schwerpunkte setzen mußte. Das aber habe ich noch nicht ganz souverän tun können, ich mußte es sozusagen innerlich immer mit Arthur abmachen, ihm also – kindischerweise – noch immer ein innerliches ›Ätsch‹ zurufen. Das ist jetzt ganz vergangen, jetzt spielt er keine Rolle mehr für mich. Meine jetzigen Gesprächspartner suche ich mir sehr sorgfältig aus – je nach

Themengebiet. Ich habe zwei, drei Freundinnen, mit denen man tratschen und klönen kann, dann einige Fachkollegen, Leute, die für künstlerische Belange zuständig sind – also eine ziemlich gute Arbeitsteilung. Und trotzdem: Obwohl Arthur während der letzten Jahre überhaupt kein idealer Partner mehr war und unsere Interessen sehr kraß auseinandergingen, fehlt dieses Selbstverständliche am Heimkommen und Plaudern. Das habe ich jetzt nicht, das ist eben das Einzigartige an der Partnerschaft.«

Ob ihr Geliebter Jupp nicht eine ähnliche Rolle einnehmen könne? Nein, das sei etwas ganz anderes, sagt Maria, der sei einfach zu wenig selbstverständlich »greifbar«, dazu brauche es den Alltag. »Mit Jupp spreche ich sehr viel, innerlich und real; aber es sind recht ausgewählte Dinge: Gedanken, die ich mir mache, Erlebnisse, die ich habe... Nichts ist so ›unausgelesen‹ wie beim ehelichen Gespräch. Sicher, ich freue mich oft schon auf Jupps Anwesenheit, weil mich seine Meinung zu bestimmten Dingen sehr interessiert. Aber vorher habe ich mir schon sozusagen ›gefilterte‹ Überlegungen dazu gemacht, habe für ihn bestimmte Dinge bereits innerlich vorformuliert. Das macht unsere Gespräche einerseits sehr spannend, andererseits aber auch künstlich. Da wir uns ja nicht so oft sehen, sammle ich schon bestimmte Themen, die ich ihm vorlegen werde. Da ich ihn als einen sehr, sehr gescheiten und gebildeten Menschen erlebe, ist mir das auch enorm wichtig – aber die sorglose Selbstverständlichkeit des ehelichen Alltagsgesprächs hat es nicht.«

Werners Auseinandersetzung mit der Partnerschaft war sehr bewußt und begleitete viele Phasen seines Single-Lebens. Zuerst überwogen innerer und auch äußerer Streit und Auseinandersetzungen, ein wütendes Festhalten an Verena, die er unbedingt »wiederhaben« wollte. War er allzu zornig, dann riß er irgendein von ihr besonders geschätztes Bild von der Wand, um seine »Unabhängigkeit« zu beweisen, und erzählte ihr das. In weichen Phasen bemühte er sich, alles so zu erhalten, wie sie es gewollt hatte, und auch dies teilte er ihr mit.

Tageseinteilung, Wohnungseinrichtung, Eßgewohnheiten – alles blieb gleich und war doch überschattet von Verenas Abwesenheit. »Damals hätte ich nie sagen können, ich lebte ›alleine‹, ich hätte gesagt ›getrennt‹ oder ›vorderhand getrennt‹. Es war ein partnerschaftliches Leben mit einer imaginären Verena.«

»Und was macht den Unterschied aus zur jetzigen Situation?«

»Dieser Unterschied ist vor allem ein innerer: Ich weiß jetzt, daß ich alleine lebe, für mich selbst verantwortlich bin und nicht bei jedem Wehwehchen sofort Verena verantwortlich machen kann – wütend, vorwurfsvoll oder selbstmitleidig. Verena gehört jetzt zu einer anderen Welt, die der unsrigen nicht mehr sehr ähnlich ist. Die meinige ähnelt der früheren noch immer, aber sie gehört jetzt ganz eindeutig *mir*. Ich glaube übrigens, daß ich Verena allzuoft gezwungen habe, sich da einzufügen, das hat unserer Ehe nicht sehr gut getan; Verena schien aber immer sehr bereit, mitzumachen und alles schön zu finden, auch wenn ich mich sicher nicht immer sehr rücksichtsvoll verhalten habe.«

»Du hast ja auch schon einige Jahre vor eurer Ehe alleine gelebt. Kann man denn sagen: Jetzt ist es wieder wie früher?«

Werner überlegt sehr genau. Es ist schwierig, sich über subtile innere Prozesse dieser Art klarzuwerden. »Nein«, meint er schließlich, »es ist doch ganz anders. Erst seit ich weiß, wie ein Leben zu zweit aussieht, kann ich ein bewußtes Single-Leben führen. Vorher habe ich es nur als Übergang betrachtet. Ich bin dauernd unterwegs gewesen oder habe wie verrückt an Dissertation und Habilitation gearbeitet, oder ich habe andere Leute besucht. Alleine ein Leben gestalten: Das kann ich erst, seit ich so viele Jahre gemeinsam mit Verena ein Leben gestaltet habe. Ich lebe mein Single-Leben nun nicht mehr nur als Übergang.«

Und wen betrachtet Werner nunmehr als Partner im Gespräch? Nachdem das innere und äußere Gespräch mit Verena zu Ende ist, hat sich auch bei Werner eine Art »Arbeitsteilung« ergeben. Er hat aber, wie er meint, nicht unbedingt und dauernd das Bedürfnis, alles Erlebte mit anderen Menschen zu teilen.

Dieses Bedürfnis ist natürlich recht ungleich verteilt, erfahrungsgemäß ist es bei Männern etwas geringer ausgeprägt als bei Frauen. Anna erzählt, daß sie, sofern sie nicht in realen Bezügen gesteckt habe, immer Fantasiepartner bemüht habe. »Zuerst war da natürlich mein Analytiker, dem ich alles erzählt habe, real und in der Fantasie; als dann die Analyse nicht mehr so sehr im Vordergrund stand, hatte ich auch Halb-Fantasie-Partner, die allerdings auch real existiert haben.« Wie das? Nun, Anna hat viele Kollegen, auch Verehrer, wie das in Schauspielerkreisen oft üblich ist. Es ergeben sich sehr schnell sehr persönliche und intime Kontakte, das bringt das Metier mit sich. Anna meint selbst, sie trage oft ein recht vages und unrealistisches Bild von solchen Liebhaber-Kollegen in sich; manchmal hätte sie dann für Monate, einmal sogar zwei Jahre lang eine dieser Figuren als inneren Partner mitgeschleppt, obwohl die Beziehung kaum mehr existierte.

»Deshalb würde ich eine wirkliche Partnerschaft nurmehr dann haben wollen, wenn wir auch zusammen wohnen könnten. Meine traumtänzerische, unrealistische Art ist sonst allzusehr im Wege. Ich verbeiße mich in Fantasien und weiß gar nicht mehr, was real und was irreal ist. Diese Fantasiegestalten, mit denen man in Restaurants schwungvolle Gespräche führt, um dann eine zauberhafte Liebesnacht zu verbringen – und dann sieht man sich monatelang nicht mehr: nein, danke! Das hatte ich mehr als genug, und es hat mich viel Zeit und Kraft gekostet, mir klarzumachen, daß diese Figuren im Grunde nichts mit meinem Leben zu tun haben. Ich brauche die harte Realität des Alltags mit Streit darüber, wer den Mülleimer runterträgt, und ob es genügt, wenn wir zu Mittag nur Suppe haben.«

Alle betonen die Wichtigkeit von Gesprächen mit anderen Menschen. Auch Ulla, die etwas Distanzierte, wird dabei recht lebhaft. Mit einigen Kollegen scheint es Diskussionen zu geben, die für sie Bedeutung haben. Sie liest sehr viel, auch viele Buchkritiken (ihr Hobby sind Biografien und Autobiografien: »Da lernt man am leichtesten historisches Denken!«), geht in Lesungen und diskutiert oft eifrig mit. »Ich komme, rein sozial gesehen, aus einer sehr andersgearteten Welt«, sagt sie. »Der deutsche Adel lebt in einem Sozialsystem, das der Durchschnittsmensch nicht kennt und als fremdartig empfindet. Wenn man, wie ich, die Seiten wechselt, gibt das viele interessante Vergleichspunkte. Ich würde irgendwann einmal gerne darüber schreiben. Die Alltagskultur, also: Wohnen, Umgang mit Freunden und Verwandten, der Umgang mit Geschichte – das alles finde ich sehr spannend, und ich lese, was mir in die Finger kommt, über diese Probleme.«

Ob sie gerade für diese doch etwas abgelegenen Interessengebiete auch Gesprächspartner findet? Ja, Ulla kennt durch ihre Arbeit in der Universitätsbibliothek viele Wissenschaftler. Mit einigen Soziologen und Sozialhistorikern hat sie Kontakte geknüpft, besorgt denen öfter ausgefallene Literatur und sitzt oft lange mit ihnen zusammen. Einer der Professoren will ihr demnächst einen Lehrauftrag verschaffen. Ulla zögert noch, weiß nicht, ob sie dem gewachsen ist. Aber schließlich: warum nicht? Gelesen hat sie viel, persönliche Erfahrungen kann sie auch beibringen, ihren adeligen Namen kennt jedes Kind... Ja, Ulla hat noch viel vor und spürt ganz genau, daß auf diesem Weg fachlich-persönliche Kontakte sehr wichtig sind.

»Oft entdecke ich erst im Gespräch, daß einer meiner Gedanken wichtig oder banal ist – man muß immer im Gespräch bleiben«, resümiert sie.

Gerade Sybille, bei der das Gespräch mit dem Partner nicht besonders gut lief, vermißt es sehr, daß ihr mit ihm »einige Stücke Welt« verlorengegangen sind. Zum Beispiel die Welt der Küche. Konrad hat viel vom Kochen gesprochen; meterlange Kochbuchschlangen gab es im Küchenregal (nun stehen zwei, drei jämmerliche Kochbücher herum), und auf dem Gewürzbrett verdorrt nun eine Batterie feiner Küchenkräuter. Obwohl Sybille nicht mitgemacht hat: *daß* es diese Welt in ihrem Haus gab, war befriedigend.

Wer gerade Fußball- oder Handballmeister ist, weiß sie nun

auch nicht mehr. Sie hat sich zwar nie sonderlich dafür interessiert, aber irgendwie gehörte es einfach dazu, von den Meisterschaften irgendwelcher Disziplinen etwas gehört zu haben. »Es vervollständigt die Welt«, meint Sybille. Sie empfindet sich nun als ärmer, obwohl sie auch andere Gesprächspartner hat. »Man muß sie bewußter suchen« – das ist die Meinung vieler Singles.

Wenn, wie bei Nick, eine Art Partner da ist, dann wird gerade dies als besonders angenehm empfunden: daß man weiß, wo man seinen Frust ablassen kann, wo man gleich ein offenes Ohr findet, und daß man die Gewißheit hat, der andere würde für einen Partei ergreifen.

Kann man von Marions Freund Kurt sagen, er sei ihr Partner? In gewisser Weise: ja. Sie erzählt ihm viel über sich und ihren Alltag, und auch er weint sich bei ihr aus, wenn etwas nicht klappt, oder ruft sie freudestrahlend an, wenn er einen schönen neuen Auftrag bekommen hat. Sie telefonieren, wie gesagt, jeden zweiten oder dritten Tag miteinander – meist um Mitternacht. »Das ist meine beste Zeit«, sagt Marion. Natürlich sehen sie sich auch oft, Kurt erfreut sich an Marions feiner Küche, und er besorgt seinerseits wiederum für Marion schlecht auffindbare Literatur oder geht ihre Manuskripte mit ihr durch.

Wie aber schafft man es, sich den realen Partner mit seinen Dialogmöglichkeiten durch innere Gespräche und/oder durch unterschiedliche Partner (die nicht Intimpartner sind) so zu ersetzen, daß man sich trotzdem innerlich reich und belebt fühlt? Wie gelingt es einem, die notwendigerweise entstehenden Lücken nicht ununterbrochen mit Gerede auszufüllen?

Alle ehemals partnerschaftlich Gebundenen berichten von den Anfangsschwierigkeiten. Wenn man heimkommt und plötzlich in jene große Leere fällt, weil keiner da ist, dem man das Neueste aus dem Büro erzählen kann; wenn keiner bereit ist, einen zu bedauern, wenn die Freundin sich schäbig benommen hat oder die Handwerker schon wieder abgesagt haben. All dies muß erst einmal allein durchgestanden werden. Versucht man allzu schnell, sich irgendeinen »Ersatzpartner« (und sei es die wenig geliebte Nachbarin) zu finden, gelingt die Umwandlung eines äußeren Partners in eine innere Stimme nicht. Diese innere Stimme ist vielleicht nicht mehr eindeutig als die eines bestimmten Menschen identifizierbar, sondern ist sozusagen die Summe vieler Stimmen, aus denen eine Auswahl getroffen wird, was aber heißt, daß sie nun zu einer »ganz eigenen« Stimme geworden ist. In vollem Umfang gelingt dies wohl niemandem. Große Künstler, vor allem Literaten, finden in ihren besten Arbeiten eine solche »innere Stimme« als eine ganz eigene, die unverwechselbar erscheint.

Läßt sich einer gar keine Zeit für die Entwicklung dieser inneren Stimme, dann bleibt er allerdings auch in seinen Mitteilungen immer angewiesen auf einen realen Partner. Man muß also imstande sein, ein wenig Stille, Einsamkeit, wohl auch: Trostlosigkeit auszuhalten.

Maria beschreibt diesen Prozeß sehr genau: »Immer, wenn ich mein Mitteilungsbedürfnis einfach wahllos in die Telefonmuschel ergossen habe, fühlte ich mich nachher etwas angespannt, leergeredet. Ich habe mich dann ein wenig genauer beobachtet: Wenn ich – voll mit Spannungen – abends heimkam und *nicht* telefonierte und mich in dieses innere Gewirre hineinbegab, wurde ich ruhiger. Und dann begannen langsam innere Gespräche, die mir sehr viel besser getan haben. Ich fragte mich nach den Ursachen für schlechte Laune, nach den Ereignissen und ihrer Bedeutung, und machte mich selbst ein wenig zum Experimentierfeld. Das hat meine innere Stimme gestärkt.«

»Heißt das aber, daß du jetzt keine Menschen mehr brauchst, eine Eremitin wirst?«

Maria schüttelt energisch den Kopf. »Nein, gar nicht. Aber es gibt mir die Selbstsicherheit, mir meine Gesprächspartner jetzt besser aussuchen zu können. Nicht jeder ist für alle meine Belange zuständig, ich teile auf, wen ich für die eine oder die andere Sache befragen kann. Übrigens sind es ja nicht nur immer Kümmernisse, meist sind es interessante Stories, die ich erlebe, Fragen, die ich habe, und ähnliches. All das habe ich früher mit Arthur geteilt – und ich kann dir sagen, daß es sehr oft mit Streit und Enttäuschung geendet hat. Einfach deshalb, weil er mir sehr oft nicht richtig zugehört hat, an vielem nicht wirklich interessiert war und mich immer wieder frustriert hat. Übrigens muß ich ehrlicherweise sagen, daß das auch wohl oft umgekehrt so war. Mich haben gerade in den letzten Jahren die vielen Geschichten aus dem Musikleben nicht mehr sehr interessiert, meist habe ich höflich hingehört und war dabei mit den Gedanken ganz woanders. Du weißt ja, wie sehr man den anderen ärgert, wenn man an der unpassendsten Stelle eine Frage stellt, die er vor fünf Minuten gerade beantwortet hat.«

Es scheint mir, daß Maria etwas beschreibt, was man in der Psychoanalyse mit »Errichtung eines inneren Objekts« bezeichnen würde. Dieser Prozeß beginnt bei sehr kleinen Kindern dann, wenn sie langsam anfangen, sich über den Verlust der Mutter zu trösten, indem sie sich Fantasien über die Mutter überlassen oder auch, indem sie sich eine Weile mit dem sogenannten »Übergangsobjekt« zufriedengeben. Wird diese Phase nicht richtig durchlebt, dann haben wir es später mit Menschen zu tun, die nie allein sein können, die immerfort einen anderen brauchen, um sich nicht elend und jammervoll verlassen zu fühlen.

Offensichtlich kann das Alleinleben eine Nachschulung in dieser Kunst der »inneren Objektbildung« sein. Hat man aber in der »Vorschule« dieses Stadium ganz übersprungen, dann wird das Alleinleben zur Qual. Kein einziger meiner Befragten bot ein solch jammervolles Bild. Vermutlich würden solch bedürftige Menschen sich nie entschließen können, alleine zu leben, und sich lieber dem nächstbesten Partner an den Hals werfen, nur um dieses Gefühl von Trostlosigkeit nicht erleben zu müssen.

Solche Menschen sind es übrigens auch oft, die nie ein Geheimnis für sich behalten können. Was immer man ihnen erzählt oder was sie selbst erleben, und sei es das Intimste und Vertraulichste: Nach kurzer Zeit muß es ausgeplaudert werden. Es ist, als ob sie immerfort einen Resonanzkasten bräuchten und selbst gar keine innere Stimme besäßen, die von selbst nachtönen könnte. Sie sind nicht imstande, die Welt aus eigener Kraft mit Leben zu erfüllen; immerfort muß ein anderer da sein.

Erstaunliches sagte mir die scheue Ulla dazu, als ich ihr von den Ergebnissen meiner Recherchen berichtete. Meist war sie ja eher zugeknöpft gewesen, wenn es um ihre inneren Belange oder gar um ihre Familie ging. Aber diesmal schien sie bewegt und interessiert. »Meinst du nicht, daß dies eine Voraussetzung für das richtige Beten ist?« sinnierte sie. Das leuchtete mir sofort ein. Natürlich, diesen »inneren Partner« kann man auch »Gott« nennen. »Betest du denn?« fragte ich geradeheraus, und Ulla sagte, als sei dies etwas ganz Normales: »Aber ja, selbstverständlich!«

Das große Problem Einsamkeit

Wann fühlen Alleinlebende sich einsam? Wann sind sie darüber traurig oder verbittert? Wie vermeiden sie dieses Gefühl? Anna: »Ich fühle mich nicht unbedingt dann einsam, wenn ich alleine bin. Eher im Gegenteil – komisch, es ist schwer zu formulieren; ich fühle mich manchmal mitten im Trubel einsam, und ich frage mich, wie das denn in der Uli-Zeit (oder vorher mit Hans-Georg) war? Ich glaube, damals konnten solche Gefühle von Einsamkeit nicht recht entstehen, weil ich mich von Uli immer irgendwie ›getragen‹ fühlte. Auch damals gab es wohl diese inneren Inseln inmitten der Hetzjagd, wo man plötzlich innehält und sich fragt: Wo bist denn *du* eigentlich? Aber die Antwort darauf war auch klar: *Ich* war bei Uli – er hat mich als Person sozusagen ›aufbewahrt‹.«

Dies scheint mir ein wichtiges Stichwort: der Partner (oder auch nur: die Partnerschaft) als ein Aufbewahrungsort für die eigene Identität, ein Bollwerk gegen dieses Gefühl der Verlorenheit, das wir oft mit dem Wort »Einsamkeit« belegen. Ich lasse die besinnliche Maria über das Wort meditieren: »Ich verknüpfe Einsamkeit mit innerer Leere, mit Unlust, mit dem Gefühl, daß ich nur als ein formloses Etwas existiere. Keiner ist da, der sich an mich erinnert, ich könnte sterben, ohne daß einer es merkt. Ich bin für niemanden wichtig und daher auch nicht für mich selbst.«

Die eigene Identität durch den Partner festigen oder sogar erst feststellen zu lassen ist sicher eine der wichtigen Funktionen der Partnerschaft. Man kann sich vorstellen, daß eine ganze Reihe von Menschen auch aus diesem Grunde vor dem Alleinleben zurückschreckt. Instinktiv fürchten sie den Verlust an Identität, wenn keiner mehr da ist, der weiß, daß ich »so und nicht anders« bin. Auch schlechte Partnerschaften werden daher dem Alleinleben oft noch vorgezogen. Selbst wenn der andere keine besonders freundlichen Feststellungen über die eigene Person zu machen hat – es ist doch eine vertraute Identität, die man da hat, ein Gefühl der Geborgenheit auch in der Unzufriedenheit und im Zank. Erst wenn einer (eine) feststellen muß, daß auch innerhalb der Partnerschaft ein Gefühl von Leere und Einsamkeit besteht, wird die Trennung leichter. Es entsteht dann, wenn man merkt, daß der Partner kein wirkliches Interesse mehr hat, daß man selbst mitsamt seinen Lebensentwürfen nicht mehr in die Welt des anderen hineinragt. Dies aber heißt: Man ist nicht mehr der »wichtige andere« für den Partner, sondern einer (eine) unter vielen.

Bei Maria war das jedenfalls so – wenngleich sie erst längere Zeit nach Arthurs überstürztem Auszug all dies reflektieren konnte. »Ich habe mich an unser letztes Jahr erinnert«, erzählt sie. »Oft schon beim Heimkommen packte mich dieses seltsame Gefühl der inneren Leere, das durch die Alltäglichkeiten nicht mehr gefüllt werden konnte. Ich hoffte dann oft, Arthur sei vielleicht nicht zu Hause, weil ich die Fantasie hatte, wenn ich nun wirklich alleine sei, könne ich mich besser finden und sammeln. Trat dieser Zustand aber ein, dann war es doch nicht das Rechte, weil ich unwillkürlich auf Arthurs Rückkehr wartete. Ich war in der letzten Zeit auch in der Partnerschaft einsam – ich weiß nicht genau, woran das lag. Vielleicht an Arthurs so deutlich nachlassendem Interesse an mir? Vielleicht auch, weil ich mich mit ihm überhaupt nicht mehr identifizieren konnte, mit seinem ewigen Trubel aus Musik, TV und Telefonaten?« (Arthur ist Agent von Pop-Konzert-Gruppen.)

Anna erzählt ein wenig aus ihrer Psychoanalyse, in der offensichtlich das Problem der Einsamkeit eine Zeitlang wichtig gewesen war. »Das Gefühl: ›wenn du stirbst, ist keiner untröstlich ...‹, das hat mich oft zu Tränen des Selbstmitleids getrieben. Ich habe meinen Analytiker damit wahrscheinlich genervt, denn eines Tages sagte er in seiner trockenen Art – ganz ohne Mitleid: ›Ja, und vor allem läßt es die 600 Millionen Chinesen völlig kalt.‹ Das war für mich genau der richtige Satz; ich habe mich durch diese etwas grobe Bemerkung herausgeholt gefühlt aus meinem egozentrischen Denken. Das Gefühl, ich hätte vielleicht *doch* eine ganz große Bedeutung, oder zumindest: ich *sollte* sie mir erringen – und sei es auch nur für einen einzigen Menschen... Mir fielen dann viele Beispiele ein, wie schnell Menschen ersetzt und vergessen werden – auch wenn sie sehr geliebt wurden... Eigentlich gibt es nur *eine* Unersetzlichkeit: wenn die Mutter kleiner Kinder stirbt...« Da, wie berichtet, Annas Mutter starb, als Anna neun Jahre alt war, sind ihre Überlegungen sicher von eigenen schmerzlichen Erfahrungen geprägt.

Karin kennt das Gefühl der Einsamkeit nicht. »Ich habe immer etwas zu tun«, meint sie abwehrend und zählt ihre Hobbys auf; außerdem kümmert sie sich um ihre Freunde, ihre Familie. »Also, warum sollte ich mich einsam fühlen?«

Viel weniger kann sich Ingeborg vor dem jammervollen Gefühl schützen, vergessen und ersetzbar zu sein. Als ich sie nach den Stunden der Einsamkeit frage, bekommt sie feuchte Augen. »Es ist schrecklich – ich will mich nicht bemitleiden, ich will auch nicht undankbar sein gegen meine Bekannten. Aber niemand kann mir Mutti ersetzen – immer wieder gibt es Momente von Trostlosigkeit – speziell beim Heimkommen am Abend. Das Wochenende ist besser, ich plane immer irgend etwas, dann kann mich das Einsamkeitsgefühl nicht so überfallen.«

Wenn einem im Gefühl der Einsamkeit bewußt wird, daß jeder ersetzbar ist – eine traurige und kränkende Erfahrung –, dann versteht man, warum so viele Menschen Horror vor der Einsamkeit haben und um nichts in der Welt damit konfrontiert sein möchten. Partnerschaft gewährt oft die schützende Illusion, man sei für alle Zeiten wichtig und gefragt. Das Alleinleben, vor allem wenn kein Dauerfreund vorhanden ist, zeigt radikal, daß all dies nicht stimmt. Irgendwann haben ja fast alle Singles erlebt, daß sie wichtig, ja das »Wichtigste auf der Welt« waren. Das Alleinleben bestätigt den Absturz in die Gewißheit, daß all dies nur kurzfristig gestimmt hat. Nein, man ist nicht »das Wichtigste« und nicht unersetzlich – es sei denn, man ist es für sich selbst. Und darin scheint auch für die meisten der Haken zu liegen: Den wenigsten scheint es zu genügen, sich selbst wichtig zu sein, ohne daß jemand anders dies bestätigt. Ein solches Sich-wichtig-Nehmen hat natürlich nichts mit jener eitlen Gespreiztheit zu tun, die man bei wichtigtuerischen Menschen findet. Diese beziehen sich ja immer auf Zuschauer, auf Beifall, Mitleid oder Mitsorge von anderen. Sich darüber klarzuwerden, daß damit eben nicht zu rechnen ist, und trotzdem nicht in Trübsinn zu verfallen – das ist die Reife derjenigen, die ihren eigenen Wert richtig einschätzen können und von der Einschätzung durch andere nicht abhängig sind: Sich selbst einfach nur deshalb wichtig sein, weil man lebt, weil man einmalig ist: egal, ob andere das merken oder nicht. Eine solche Einstellung zum Leben erreicht vermutlich kaum jemand, aber wenn sie einem auch nur zeitweise gelingt, hat man schon viel gewonnen – nämlich den Kampf gegen die Trostlosigkeit der Einsamkeit.

Das Erlebnis der Einsamkeit kann dann zum Wendepunkt werden, indem man ein neues Gefühl von Realität für die eigene Person in ihrem Verhältnis zu anderen Menschen gewinnt. Daß dies ein schwieriger Weg ist, den Singles da beschreiten müssen (und sie beschreiten ihn sozusagen vertretungsweise für Menschen in der Partnerschaft), beweist der erbitterte Kampf, den viele gegen die Einsamkeit führen, als sei sie ein gefährliches Übel. Immer wieder werden in diesem Kampf untaugliche Mittel eingesetzt, weshalb auch ein echter Sieg – eine zeitweilige Annahme der Einsamkeit und das Gefühl für die Wichtigkeit der eigenen Person – sehr oft ausbleibt.

Karin versperrt sich dem Gefühl ganz und gar. Es darf nicht existieren. Ihre verzweifelte Suche nach einem Partner verrät die Angst vor dem Verlorensein in der Einsamkeit. Die Beschäftigung mit den Familien der Geschwister enthüllt auch dem oberflächlichen Betrachter den Ablenkungscharakter. Familien, die man selbst nicht geschaffen hat, können allenfalls ein behaglicher Aufenthaltsort für den Gast sein – niemals ersetzen sie die Auseinandersetzung mit der eigenen Familienlosigkeit.

Marions Ablenkungsmanöver sind da schon »gekonnter«. Immerhin ist sie wirklich das Zentrum ihres Bekanntenkreises, alle Beziehungen hat sie selbst geschaffen und hält sie auch aufrecht. Eine Kombination aus Vitalität, wendiger Klugheit und flexiblen Interessen sind die Vorbedingung. Marion steht all dies in reichem Maß zur Verfügung, und sie macht klugen Gebrauch davon. Das Gefühl von Einsamkeit hält sie sich damit wirkungsvoll vom Hals. Als ich sie etwas eindringlicher befrage, wird sie allerdings nachdenklich. »Weißt du, diese Konstruktion der Altersehe mit Kurt – das ist vielleicht so ein letztes Bollwerk gegen die Angst vor der Einsamkeit im Alter. Einsamkeit verbinde ich eigentlich nur mit Alter. Gebrechlich sein, angewiesen auf andere, du bist nicht mehr attraktiv... ich will gar nicht daran denken. Ob das mit Kurt wirklich klappen wird? Aber dann denke ich: Vielleicht werde ich gar nicht alt. Und das ist eigentlich ein tröstlicher Gedanke.«

Auch bei der frischen und lebenslustigen Marion gibt es also ein Eckchen, in dem die Angst vor dem Ausgelöschtsein (tot oder lebendig) sitzt. Lieber aber will sie tot sein als vergessen von den anderen. Das Kunstwerk ihres reichen Lebens besteht größtenteils in der Vermeidung dieser Angst vor dem Tod im Leben. Ich werde noch eindringlicher. »Kannst du dir vorstellen, daß du alt und von vielen Freunden vergessen bist – und trotzdem zufrieden?« – »Nein«, antwortet Marion.

Natürlich sehen Maria, Werner, Anna und Nick das Problem etwas anders. Alle haben ihre Strategien gegen das Einsamkeitsgefühl entwickelt: »Nur der geborene Eremit könnte es aushalten, ohne die Bestätigung der anderen zu leben«, sagt Werner. »Wenn man alleine lebt, muß man sich solche Bestätigungen aber aktiver von anderen holen. Ich meine übrigens nicht, daß diese Bestätigungen immer ›Lob‹ bedeuten müssen, auch Kritik ist eine Bestätigung deiner Person, selbst dann, wenn sie wehtut. Seit ich von Verena getrennt lebe, ist mir die ›Natürlichkeit‹ der Bestätigung durch den Partner sehr viel deutlicher geworden – aber auch der illusionäre Charakter. Ich hoffe noch immer auf eine neue Partnerschaft; doch ich glaube nicht, daß ich noch in derselben Weise wie früher mich in *allen* Belangen auf eine neue Partnerin beziehen würde. Ich weiß jetzt ein bißchen besser, was ich selbst wert bin. Aber trotzdem gibt es immer wieder Momente, wo ich nicht anders kann, als willkürlich in meinem Telefonbuch herumzublättern – nur um mit *irgendwem* zu reden. Andererseits ist meine Arbeit eine Art Ersatz für Kontakte, manchmal denke ich: ein besserer als das Original. Ich tausche mich mit bestimmten Büchern aus, ich schreibe für oder gegen bestimmte Leute – wissenschaftliche Arbeit ist überhaupt gar keine einsame Angelegenheit. Sie ist deswegen ein gutes Mittel gegen Einsamkeit. Ganz entkommen aber kann man dieser Einsamkeit wohl nie.«

Maria sieht es vielleicht noch schärfer: »Ich muß mich manchmal gegen das Einsamkeitsgefühl wehren, und dann unternehme ich auch oft Unsinniges, um mich bestätigt zu fühlen. Aber wenn du es aushältst, dieses Gefühl, daß du für die anderen nicht gar so wichtig bist – dann gewinnst du viel. Es ist, wie wenn ein Schleier sich hebt. Er fällt aber sehr leicht immer wieder herunter, und du beginnst von neuem, herumzutoben, um dir deine Bedeutung in der Welt klarzumachen.«

Nick sagt mit bewegter Stimme: »Als Schwuler bist du sowieso immer einsam. Das zu erkennen ist genauso wichtig wie das vielberedete ›Coming-out‹. Die ganze betriebsame Schwulenszene ist eine einzige Theaterveranstaltung gegen das Einsamkeitsgefühl. Eine ziemlich miese, übrigens. Ich mache öfters mit – ich glaube, man darf es sich gestatten, nicht immer dem Tod ins Auge zu schauen, was übrigens in unseren Kreisen ja auch ganz wörtlich zu nehmen ist. Es stimmt aber auch im übertragenen Sinn.«

Anna kennt ihr eigenes Wüten gegen das Gefühl der Nichtigkeit nur allzugut. »In einer Psychoanalyse beschäftigt man sich natürlich sehr dezidiert damit – aber das ganze Arrangement, daß dir drei- bis viermal in der Woche einer zuhört, gibt dir natürlich genau die Bestätigung und Bedeutung, die dir ein Partner sonst vielleicht gibt – eigentlich noch sehr viel mehr. Erst wenn du dich von deinem Analytiker abgenabelt hast, dann merkst du, daß du wirklich alleine bist – jedenfalls war es bei mir so. Das gibt noch mal einen neuen Erkenntnisprozeß... und glaube mir: Ich habe zigmal den Telefonhörer in der Hand gehabt, um ihn anzuflehen, er möge mir noch mal ein, zwei Stunden gewähren. Gott sei Dank habe ich es nicht gemacht, bin nochmal in eine sehr verzweifelte Stimmung gefallen und habe ziemlich rasch alleine herausgefunden. Daß ich wirklich alleine bin, wurde mir erst dann klar. Da helfen keine Bewunderer, Schüler, Liebhaber.«

Das Problem der Einsamkeit ist also für alle Singles zentral – ob sie es nun wahrhaben wollen oder nicht. Man kann natürlich – wie Karin – alle Gedanken daran verscheuchen und leugnen, daß dieses Problem existiert. Man kann auch – und in gewissem Maß tut das fast jeder – umtriebig werden, um nur ja nicht zu oft mit dem Gedanken daran konfrontiert zu werden. Marion versteht es am besten, sich so sehr auf Trab zu halten, daß der Gedanke an Einsamkeit nicht allzuviel Nahrung findet. Läßt man sich allerdings hineinfallen in dieses Gefühl, dann bestehen Chancen zu sehr tiefgreifenden Erkenntnissen über die Bedeutung der eigenen Person. Daß jeder ersetzbar ist, daß man nicht den Nabel der Weltgeschichte darstellt: Solche Gedanken müssen nicht verbittert und resigniert stimmen. Sie können letztlich sogar Erleichterung bringen. »Wenn die Augen der Welt nicht auf mich gerichtet sind, bin ich freier«, sagt Anna. Mut zu Lebensexperimenten, zu »ganz anderen« Möglichkeiten sind die Folge. Wie viele Ehefrauen (-männer) sagen sich tagtäglich voll Betrübnis, wie »ganz anders« sie leben würden, wenn sie nur frei... ganz alleine... ohne Rücksicht auf... leben könnten. Die Voraussetzung für die Verwirklichung solcher Träume ist aber nicht nur das Freisein von Partnern und den aus diesen Beziehungen erwachsenden Verpflichtungen. Noch wichtiger ist eine innere Freiheit, die ihre Kraft auch aus der Erkenntnis bezieht, daß man nicht ganz so wichtig und bedeutend ist, wie man es gerne wäre. »Niemand schaut dir zu, nur du selbst – also zieh die Konsequenz und lebe so, wie es dir entspricht«, so spricht Maria, die von allen meinen Interviewpartnern am längsten als Ehefrau gelebt hat, aber auch innerhalb der Ehe vom Gefühl der eigenen Bedeutungslosigkeit nicht verschont geblieben ist.

Warum aber macht dieses Gefühl, man sei ersetzbar und nicht gar so wichtig, solch große Angst?

Man muß tief in die Kindheit zurückgehen, um die Wurzeln dieser Angst zu finden. Für ein kleines Kind ist es absolut lebensnotwendig, beachtet zu werden – es würde sonst sterben. Dies stimmt einerseits ganz wörtlich, also im physischen Sinne. Es stimmt aber auch auf einer symbolischen Ebene und besitzt eine innere Realität. Ein Kind, das sich nicht genug beachtet fühlt, kann sich selbst als Person nicht wahrnehmen. Jeder kennt die Verzweiflung der Kleinen, wenn etwa im Kaufhaus oder im Strandbad die rettende Hand der Mutter verlorengeht. Sie fallen augenblicklich in jenes tiefe Verzweiflungsloch, worin der Tod droht. Deshalb sind sie auch meist untröstlich. Wenn die Sicherheit der rettenden Hand verlorengeht, schlägt das Kind in uns sofort Alarm. Die Wichtigkeit und Unersetzlichkeit, die die meisten Kinder eines behütenden Elternhauses erfahren, garantieren ihr Überleben; trotzdem fällt es auch dem Erwachsenen immer wieder schwer zu verstehen, daß er für sich selbst sorgen kann.

Einsamkeit heißt also auch, nicht wirklich zu existieren, nicht »lebenswert« zu sein. Dies ist das Überbleibsel der kindlichen Angst, nicht leben zu können, wenn nicht die rettende Hand der Eltern da ist. Die tägliche Ansprache, das Erzählen der kleinen Alltagsbegebenheiten, der innere Dialog mit einem anderen – das alles erhält am Leben, gibt das Gefühl, man sei nicht nur wichtig, sondern überhaupt existent.

Allerdings muß, soll ein Kind wirklich zum selbständigen Menschen heranwachsen, dieses Gefühl sich langsam »abheben« lassen von der Dauerbestätigung durch die Eltern. Immer besser lernt das Kind, mit sich alleine zu spielen, die Welt auf sich einwirken zu lassen, auch ohne die dauernde Präsenz der Erwachsenen. Damit dieser Prozeß in glücklicher Weise vorankommt, muß aber auch von den Eltern eine ganze Menge geleistet werden: Sie müssen in sich selbst ein Empfinden dafür entwickeln, daß dieses ihr vertrautes und von ihnen abhängiges Kind ein ganz Eigenes, etwas ganz Neues ist, nicht nur, wie man zuerst irrtümlicherweise annehmen könnte, eine Art Ebenbild und Anhängsel der Eltern. Natürlich ist den meisten Eltern dies vom Kopf her einsichtig. Gefühlsmäßig aber haben sie große Mühe, diese Erkenntnis nachzuvollziehen. Wenn sie ihr Kind nicht verstehen, reagieren sie so, daß sie es sich einfach »nach eigenem Muster« zurechtrücken. Ein Mensch, der allzusehr als Abklatsch der Eltern erzogen wird, hat später große Mühe, sich als etwas Eigenständiges zu begreifen. Allzu frühe Bindungen (Sybille und Maria fallen in diese Kategorie), ein nie stattfindender Ablösungsprozeß (wie bei Ingeborg) können die Folge sein. Solche Menschen können das Alleinleben auch nur für kurze Zeit schlecht ertragen, eben weil sie ohne die Dauerbestätigung durch einen anderen nicht mehr richtig zu existieren vermeinen. Extreme Anpassungsbereitschaft (wie früher bei Maria und jetzt noch bei Sybille) verdecken das Manko in der eigenen Identitätsfeststellung.

Die Fähigkeit, Einsamkeit ertragen zu können, und Sicherheit in bezug auf die eigene Person hängen also eng zusammen. Hat man in der Kindheit nur ein schwankendes Gefühl für die eigene Identität erworben, dann muß man im Erwachsenenalter viel nachholen. Daß Maria ihr Single-Leben trotz aller eingestandenen Schwierigkeiten als sehr sinnvoll empfindet, hat vermutlich mit dieser Erfahrung zu tun: Jetzt kann sie etwas nachholen, was sie in ihrer kindlichen Entwicklung nicht gut gelernt hat, und strengt sich daher nicht besonders an, um schnell wieder einen Partner zu finden. Es sieht manchmal so aus, als könnte auch bei Ingeborg und Sybille ein solcher Prozeß – unter inneren Mühen – in Gang kommen.

Ist ein selbstverständlicher Partner da, dann ergibt sich die eigene Wichtigkeit ohne große Probleme, es ist sogar oft gleichgültig, ob einem Menschen seine Bedeutung über den Dauerstreit oder über Liebe zugeteilt wird. Aus diesem Grund sind Kinder, denen man zuwenig Aufmerksamkeit schenkt, ganz besonders ungezogen: Die Beachtung im Negativen ist in jedem Fall besser als gar keine Beachtung.

Die Bedeutung, die einem der andere verleiht, ist zwar auch im Erwachsenenleben wichtig, geschieht sie aber auf der Basis des immer noch kindlichen Gefühls, man sei ein Teil des anderen und ohne den anderen Menschen (oder auch: die anderen Menschen) gar nichts wert, dann erweist sich bald an einer Reihe von Partnerschaftsproblemen, daß diese Konstruktion nur dünn ist und nicht wirklich echtes Selbstbewußtsein verleiht.

Ein Single muß um seine Bedeutung immer wieder ganz bewußt ringen; er (sie) muß immer wieder von neuem »erspüren«, wieviel an Bedeutungsverleihung man erringen kann, *ohne* daß ein anderer sie vornimmt, und wieviel man sich durch verschiedene innere und äußere Dialogpartner verschaffen muß. Ganz besonders Begabte brauchen nicht ganz so viel äußere Bestätigung; sie haben ihre innere Welt in einer Weise ausgebaut, die ihnen die Sicherheit verschafft, daß sie wirklich und lebendig als ein ganz besonderer und unwiederholbarer Mensch existieren.

Eine zentrale Dimension: Präzision und Bewußtheit

Natürlich verwenden längst nicht alle Singles das Wort »bewußt« oder »Bewußtheit« explizit. Maria ist diejenige, die es am häufigsten im Munde führt, bei anderen jedoch läßt es sich unschwer erschließen. Es bezeichnet die offensichtlich für Singles ganz besonders wichtige Tatsache, daß sie – mehr als andere – ihr Leben sehr wach anpacken müssen, um nicht unterzugehen. Man kann sich – so die Single-Logik, die einiges für sich hat – auf nichts und niemanden verlassen, nichts geht von alleine: Das ist ein Leitprinzip vieler Singles, wenn sie nicht innerlich oder sogar äußerlich verkommen wollen.

Selbstverständlich hat jeder seine spezielle Dimension, in der er diese Bewußtheit in besonderem Maße realisiert. Für den einen sind Koch- und Eßrituale wichtig, der andere fühlt sich durch seine Wohnung repräsentiert und geschützt, und für viele ist es der sehr bewußte Umgang mit Freunden, der ihrem Leben Bedeutung verleiht.

Was steckt alles drin in diesem von mir gewählten Begriff der »Bewußtheit«, der auf den ersten Blick relativ formal und daher leer scheint?

»Man muß Fantasie haben, wenn man alleine lebt«, sagte mir Maria gleich zu Beginn unserer Gespräche – und dies scheint mir denn auch ein erstes wichtiges Kennzeichen dieser Bewußtheit zu sein. Nun, da man alleine ist, gibt es kaum mehr eine Möglichkeit, sich auf die Lebensgestaltung durch einen anderen zu verlassen – weder werden einem vom Partner Ideen geliefert, noch gibt es jemanden, der sie realisiert.

Anna half mir beim Nachdenken, als sie formulierte, daß das Alleinleben eine »doppelte Beanspruchung der Fantasie« bedeute: Entwurfsfantasie und Organisationsfantasie seien gefragt. Eines ohne das andere funktioniere nicht. Diese, wohl dem Bühnenleben entlehnten Vokabeln, scheinen mir vieles gut zu treffen, was von Singles gefordert wird – sofern sie nicht in fruchtlose Routine absacken wollen, die ohne Partner noch viel schwerer zu ertragen ist als mit einem Gegenüber, das die Ödnis wenigstens teilt – und manchmal wohl auch verhindert.

Entwurfsfantasie bedeutet, sich von eingefahrenen Bahnen zu entfernen. Viele allgemeine Alltagsroutinen sind geprägt von den Vorstellungen familiären oder ehelichen Lebens. Der Entwurf für Singles aber (sofern es ihn gibt) sieht meist kümmerlich aus. »Wer lädt dieses Jahr Tante Irene zu Weihnachten ein?« fragen sich dann gequält einige Familienmitglieder. Diejenigen, die wieder einmal »dran« sind, werden von ihr mit unerwünschten Geschenkpäckchen beglückt – so das Klischee für die ältere Generation.

Was aber macht der moderne Single zu Weihnachten? Fährt er nach Lanzarote oder nach Israel? Veranstaltet er eine lärmende große Party? Oder lädt er zu einer besinnlichen Feier im kleinen Kreis der einsam Daheimgebliebenen ein? Nichts davon hat jenen mattgoldenen Glanz, der von alten Traditionen ausgeht. Also heißt es für die Alleinlebenden, sich etwas einfallen zu lassen, das entweder »ganz anders« ist oder das gekonnt Tradition mit neuartigen Elementen verknüpft.

Und wie kommt man auf neue Ideen? Natürlich am besten, indem man es lernt, die eigenen Bedürfnisse zu erkennen. Dazu braucht es eben wiederum jene innere Sensibilität, das In-sich-Hineinhorchen, das man »Bewußtheit« nennen kann.

Zu begreifen, welche Art von Geselligkeit einem liegt, wieviel Ruhe man abends braucht und wieviel Abwechslung, ob man gerne sorgfältig kocht oder eher aus Büchsen leben möchte: Das alles erfordert vom Single sehr viel mehr Überlegungen und Innenschau als vom partnerschaftlich Lebenden. Zwar hätten viele Paare dieselben Kompetenzen nötig – aber sehr viel eher wird dort der Alltag nach altgewohnten Vorbildern gelebt oder auch einfach nach dem Muster des Dominierenden. Die gemeinsame Routine hält oft jahrelang aufrecht, was einem, lebte man allein, schon längst nicht mehr gefallen würde.

Dann nämlich muß man sorgfältiger überlegen und sich Neues erfühlen. Tut man dies nicht rechtzeitig, dann versackt man leicht in einer Erstarrung, in der nichts Neues mehr geschieht, das Leben keine Faszination mehr hat und einen Gefühle von Verlorenheit packen.

Auf der anderen Seite ist auch *Organisationsfantasie* wichtig! Man kann natürlich noch so gute Ideen haben – versagt man beim Realisieren, dann schweift man ins reine Fantasieren ab. Wenn man ein lustiges Ferienabenteuer sucht, fährt man nicht ins kleinste Nest hoch oben im Oberinntal – das leuchtet wohl jedem ein. Aber auch subtilere Überlegungen sind nötig: Ist die muntere Freundin Eveline wirklich die Geeignete, wenn man Erholungsferien sucht? Wird man nicht zu Sylvester völlig verzweifelt sein, wenn man sich nichts anderes vornimmt, als am frühen Abend Mutter im Seniorenheim zu besuchen, und dann abwartet, »was sich ergibt«?

Organisationsfantasie erfordert freilich auch Aktivität und Realitätssinn. Werner zum Beispiel hat sich – quasi als endgültigen inneren Abschied von Verena – eine Weltreise geleistet, ein Unternehmen, das er sich nur zögernd zugetraut hat, da ja Verena die Organisatorin gewesen war. Vier Monate also nichts als Vorbereiten, Schauen, In-sich-Aufnehmen, auf Kontakte Achten, Planen. Werner wollte weder »ganz wild« drauflosstürmen (»Dazu bin ich zu verwöhnt, im Bahnhofswartesaal möchte ich nicht übernachten müssen, nur, weil ich das Hotel vorher nicht bestellt habe«) noch eine von anderen geplante Reise unternehmen. Also nahm er sich viel Zeit, um jeweils günstige Verbindungen zu suchen, genügend große Zeiträume zu kalkulieren, Abwechslung zu gewährleisten etc. Die Vorbereitung der Reise hat ihm, der gewohnt war, in dieser Beziehung von Verena bedient zu werden, unerwartet sehr viel Freude gemacht und hat ihn ein neues Talent bei sich selbst entdecken lassen. Wenn er demnächst wieder ein »Sabbatical Year« hat, will er eine Afrika-Tour machen – er freut sich schon jetzt auf die vorbereitende Organisation.

Auch eine gesellige Einladung steht bei Alleinlebenden unter dem Druck präziser Planung und bewußter Überlegung. Sehr viel mehr als Paare mit ihrer geteilten Verantwortung empfinden die meisten Singles Gelingen oder Mißlingen als etwas persönlich Bestätigendes oder als etwas Niederschmetterndes. Die eigene Person als Zentrum der Verantwortung steht viel nackter da als im Paarleben – das empfinden die meisten Alleinlebenden sehr genau. Manche reagieren deshalb furchtsam und ziehen sich zurück; manche empfinden es als Herausforderung. Ingeborg und Sybille sind hier die beiden Pole: Nie würde Ingeborg es wagen, mehr als zwei oder drei Bürokolleginnen einzuladen – und auch dies nur zum Nachmittagskaffee. Dabei kann wenig passieren: Das Getratsche im Kollegenkreis ist gut eingeschliffen; Ingeborg weiß, daß man sie dort gerne hat, und der Kuchen vom Bäcker gleich nebenan ist auch vorzüglich. Meist richtet Ingeborg noch ein paar belegte Brötchen für diejenigen, die nicht so gerne Süßes essen. Das alles ist wenig aufregend; Ingeborgs Gefühle nach einem dieser (seltenen) Samstagnachmittagstreffen sind entsprechend flau. Vergleicht man dies mit Ingeborgs kreativer Bali-Reise, dann fragt man sich, ob man es mit derselben Person zu tun hat.

Anders Sybille, deren sorgfältige Überlegungen schon beschrieben wurden (S. 98f.). Sie kann sich noch tagelang über einen gelungenen Abend freuen und plant insgeheim dann oft ein »noch besseres Treffen«. Dabei spielt die sehr bewußte Zusammensetzung der Gäste ebenso eine Rolle wie ihr Bemühen um eine originelle Gestaltung des Abends. Wenn es wirklich spannend werden soll, so ihre Faustregel, muß ein Drittel der Gäste einander fremd sein. Stimmen dann auch noch die Interessengebiete einigermaßen überein, dann genügt meist das Gespräch, um in jene freudig-angeregte Stimmung zu kommen, die manche Abende erst sehr spät enden läßt. Sind die Leute einander aber vertraut, dann sollte man sich – so Sybilles Erfahrung – nicht unbedingt auf das Gespräch verlassen, sondern ein Verblüffungs- und Verfremdungselement hineinbringen. Da Sybille viele Lehrer kennt, fürchtet sie nämlich die ewigen Klagen über den Rektor, die Schulbehörde und die disziplinlosen Jugendlichen.

»Verblüffungselemente« können z. B. Party-Spiele darstellen oder auch einfach Gesellschaftsspiele. Sybille kennt viele Spiele, setzt sie aber sparsam ein. »Spiele sollten eine Art neuer Absatz in der Geselligkeit sein«, meint sie; die Gelegenheit, altvertraute Personen auf neuem Terrain kennenzulernen – dann kann auch das Treffen mit Kollegen spannend werden.

Man sieht, wie gut und detailreich Sybille sich das alles überlegt hat. Im Schlagwort von der »präzisen Fantasie« ließe sich denn auch vieles von dem fassen, was ein gutgeführtes Single-Leben ausmacht.

Bewußtes Leben in diesem Sinne aber ist anstrengend. Die wache Aufmerksamkeit, die in vielen Bereichen nötig ist, kann natürlich nicht immerfort gewährleistet sein. Daß mancher Single daher immer wieder in einen richtigen »Schlamp-Trott« (wie Anna das einmal genannt hat) verfällt, verwundert nicht. Als Single sollte man sich dies ohne allzu schlechtes Gewissen auch gönnen können und aus diesem »Gegen«-Zustand zur Bewußtheit heraus nicht gleich den Schluß ziehen, daß einem nun nurmehr schwarze Depression übrigbleibe.

Was für den zweisam (oder familiär) Lebenden die komplizierte Balance von Nähe und Distanz ist, ist für den Single die nicht weniger schwierige Balance zwischen wacher Bewußtheit und dem Sich-fallen-Lassen in den Dämmerzustand der Regression. Allzuviel Bewußtheit kann zur Verkrampfung und Überspanntheit führen; allzuviel »Dämmern« dagegen führt in die psychische Verwahrlosung, schlimmstenfalls gerät man in die Fallstricke der Depression.

Wie »lernt« man diese Bewußtheit? Oder ist sie einfach eine Begabung, die man gar nicht erwerben kann? Wie das Beispiel Marias am eindrucksvollsten zeigt, gibt es bei solchen Leuten, die es besonders gekonnt beherrschen, bewußt zu leben, meist eine lange Vorgeschichte. Marias geliebte Großmutter war ein wichtiges Vorbild für diese liebevolle und fantasievolle Hinwendung auch zu den Kleinigkeiten des Alltags. Wie Marias Lebensgeschichte beweist, hat sie dieses Element zwar im Laufe ihres turbulenten Ehelebens in den Hintergrund gedrängt – aber es lag doch griffbereit da, als sie sich wieder vermehrt ihrem Innenleben zuwenden konnte. Sie hat dann vieles verfeinert und noch neue Facetten dazugewonnen.

Was andererseits soll man von Eva-Maria sagen, die zwar sehr viel mehr als Maria nach außen lebt, sich aber ihre bewußt genossenen und ausgeschmückten Insel-Stunden immer wieder gönnt und vorbereitet? Eva-Maria hat sicher in ihrem kalten Elternhaus davon kaum etwas mitbekommen (S. 219ff.). Daß es sie daher besondere Mühe kostete, sich auf diese bewußte Hinwendung zum Alltag einzulassen, ist klar. Eigentlich hat erst Jürgens Geburt sie dazu gebracht, ihr Heil statt in allzuviel Remmidemmi »außerhalb« darin zu suchen, daß sie ihr kleines Nest behaglich umgestaltete. Damals wurde ihr klar, wie gut es nicht nur ihr, sondern auch dem Kleinen getan hat, wenn sie sich kleine Feiern im Alltag ausdachte und schon das morgendliche Aufstehen mit fantasievollen Geschichtchen verzierte. Sie hat vieles dabei auch für sich persönlich gelernt und hütet ihre bewußt gestalteten Festlichkeiten.

Einige Personen sehen in den »Übungen« zur bewußten Lebensgestaltung schon so etwas wie eine Vorsorge für das Alter. »Alles kann mir verlorengehen, aber diese Fähigkeit zum genußvollen Planen erlischt ja doch wohl nicht so rasch«, sagt Anna. Und auch Ingeborg, die sich ja noch immer irgendwie »im Wartesaal des Lebens« zu befinden vermeint, ist durch ihre – sie selbst erstaunende – Fähigkeit zum Reisen erstmals auf die Idee gekommen, hier könnte sich für sie etwas Neues auftun, das Bestand hat und in eine bessere Zukunft weist.

Sehnsüchte nach einem Partner, nach dem »wichtigsten anderen«, sind eng gekoppelt an das Gefühl, man könnte diese »Bewußtheitsarbeit« vielleicht einmal einem anderen Menschen überlassen oder sie zumindest teilen. Dies ist sicher nicht ganz unrealistisch. Die vielgepriesene »Autonomie« des modernen Menschen, vor allem des modernen Single, kann leicht überfordert werden. Abstürze drohen. Alleinlebende tragen – sozusagen ungeschützt – dazu bei, daß solch moderne Werte wie »Autonomie« und »Individualität« deutlich werden. In diesem Sinne sind sie wirklich »Trendsetter« einer modernen Welt. Dies ist oft mühsam, gibt aber auch wiederum eine Art von Selbstvertrauen, wie es für Menschen in konventionellen Lebensformen nicht häufig erreichbar ist. Es hat den Anschein, als sei einem die Fähigkeit, »bewußt« zu leben, als wahrhaft großes Geschenk von einer gütigen Fee schon in die Wiege gelegt.

Sicher gibt es eine Art »Begabung« für dieses bewußte Überlegen, Fantasieren, Planen – ein fantasievolles Kind läßt sich schon recht bald erkennen; ob diese Fähigkeit allerdings wirklich *nur* ein Geschenk ist oder ob nicht auch die Atmosphäre im Elternhaus mithilft, diese Fähigkeit zu entwickeln, ist nicht so ganz klar. Sicher ist jedenfalls, daß das mißgestimmte, depressive Kind meist nur sehr wenig Fantasie entwickelt.

Die Kehrseite dieser Bewußtheit ist allerdings oft eine erhöhte Sensibilität auch gegenüber Unangenehmem, Nicht-Stimmigem in menschlichen Beziehungen oder auch im eigenen Seelenhaushalt. Maria, die ein besonders reiches und bewußtes Innenleben hat, vermerkt immer wieder einmal mit Seufzen, daß sie sich das Leben oft »sehr schwermacht«.

»Wenn eine Tätigkeit mir nicht ganz entspricht, wenn ich bei einem Telefonat irgendeine kleine Spitze oder einen falschen Ton gehört habe, dann kann mich das lange beschäftigen. Ich habe dann keine Ruhe, bis ich der Sache auf den Grund gegangen bin – und immer stößt dies nicht auf Gegenliebe. Ich denke, manche Leute leben mit den kleinen Ungereimtheiten besser als ich.«

Psychologen würden sagen, daß Maria zu wenig »Abwehrmanöver« parat hat, die kleinen Tricks also, mit denen wir uns im Alltag oft behelfen: Paßt einem die Meinung der Freundin gerade nicht, dann wertet man diese Freundin rasch ein wenig ab, indem man sich daran erinnert, daß vor einigen Jahren ein Bekannter sie als dümmlich bezeichnet hat. Kommt man mit einer Arbeit nicht zurande, dann schiebt man die Schuld auf die Umstände und nicht auf die eigene Unfähigkeit. Maria, die den Dingen immer wieder von neuem auf den Grund gehen muß, ist manchem Bekannten mit ihrer Unerbittlichkeit auch schon auf die Nerven gegangen und spürt dies auch selbst. »Aber anders geht es offenbar nicht«, seufzt sie. Ihre Fähigkeit, genau das für sie »Richtige« zu planen, ist eben mit dieser »Schwäche« eng gekoppelt. Diese Kehrseite der Bewußtheit im Alltag wiegt aber, wenn man Maria glauben darf, nicht allzu schwer, wenn man an die vielen Freuden denkt, die Maria sich und anderen verschaffen kann.

Jeder Single, den ich befragt habe, kannte das Problem des bewußten Planens und der präzisen Überlegung im Alltag und hatte damit oft seine Schwierigkeiten gehabt. Der schlimmste Feind ist hier die Depression: Wenn nichts mehr im Goldglanz erscheint, jede mögliche Tätigkeit fade wird, dann hilft kein noch so gutes Zureden, daß man sich als Alleinlebender eben nicht hängen lassen dürfe. Haarscharf sieht der Depressive, was er alles machen könnte, aber nichts davon erscheint ihm wirklich erstrebenswert. Sich mit solchen depressiven Stimmungen ohne die Ablenkung durch einen Partner auseinandersetzen zu müssen, erfordert eine gute Portion Kraft. Anna, die diesen Stimmungen in ganz besonderem Maß ausgeliefert war, hat hier nur durch ihre Therapie Abhilfe gefunden. Das hat nicht jeder nötig. Aber eines ist für jeden Single wichtig: sich auch der Gefahr solcher depressiven Abstürze immer wieder bewußt zu sein, damit man nicht völlig verzweifelt in den Sog gerät, aus dem das Auftauchen oft wochenlang nicht mehr gelingt.

Bewußtheit ist deshalb nicht nur für die schönen Dinge des Alltags wichtig; auch die Durststrecken müssen – mehr als beim partnerschaftlich Lebenden – einkalkuliert werden in dem Wissen, daß solche Tiefs durchzustehen sind und durch bewußtes Überlegen und durch innere Kämpfe mit der Zeit auch behoben werden können.

Eine zweite zentrale Dimension: Regression und Progression

Bekanntlich braucht es in jedem Alltag beides: die Herausforderung an die aktiven Kräfte, die Schaffung von Strukturen, die gezielten Bemühungen um ein sinnvoll gestaltetes Leben, und das Sich-gehen-Lassen, das Gefühl, man könne nun alle Viere von sich strecken und das Leben laufen lassen. Wie leicht oder schwer fällt es den Alleinlebenden, sich diese notwendige Balance zu verschaffen? Marions Bericht zeigt am klarsten, daß das Single-Leben sie zum ständigen Hetzen und Jagen »zwingt«. Undenkbar, daß solch ein Mensch in einer Partnerschaft leben könnte – der Partner könnte das sicher nicht aushalten. Nur ganz selten kann die energiegeladene Marion sich ihre faulen Badewannen-Stunden gönnen. Warum sie das nicht öfter tut? Sie sieht das ganz klar: »Ich kann es mir nicht leisten, daheim zu verschimmeln – mich holt da keiner raus, wenn ich mich nicht selbst darum kümmere!« Marion hat also Angst davor, sich gehenzulassen. Das Alleinleben bedeutet für sie täglich neu: sich und ihrer Umwelt zeigen, daß sie *da* ist, daß man mit ihr rechnen muß.

Eva-Maria, obwohl auch sie sehr oft aushäusig ist, sieht das ganz anders: »Ich sehne mich sehr oft nach einem gemütlichen Schlendrian. Alles stehen und liegen lassen, am Wochenende im Bett bleiben und rundherum Teetassen, Bücher, Obst und Kuchenreste ... herrlich! Wenn es nur öfter so wäre!«

Ich erzähle ihr von Marions Befürchtungen. Sie zuckt nur die Achseln. »Ach was, spätestens beim nächsten Stationsappell würden die mich doch suchen. Ich verschimmle noch lange nicht.«

Fast alle meine Interviewpartner wissen sofort, worauf ich hinziele mit meinen Fragen nach dem Sich-gehen-Lassen im Gegensatz zur bewußten Strukturierung des Tages. Fast alle kennen die Angst, man könnte plötzlich völlig alleine sein, verkommen, im Sumpf versinken, wenn man nicht aktiv etwas dagegen tut.

»Mit Arthur gemeinsam bestand diese Gefahr nicht«, sagt Maria. »Da war nach einiger Zeit jeweils der andere das Gegengewicht. Jetzt muß ich das in mir selbst haben. Das erweitert mich, macht aber das Leben doch auch wiederum sehr anstrengend.«

Der Angst vor dem »Verschimmeln«, wie Marion das nennt, versuche ich in anderen Interviews weiter nachzugehen. Offensichtlich hat in vielen Partnerschaften die gegenseitige Kontrolle ohne jedes Problem funktioniert: Einer hat den anderen aus dem »Sumpf« herausgeholt, wenn der allzu tief zu versinken drohte. Und auch das Gegenteil war der Fall: umtriebiges Durchorganisieren wurde gedämpft. Die Rollenverteilung hat dabei jeweils gewechselt, wenn auch manchmal eine leichte Dominanz der einen oder der anderen Seite zu spüren gewesen war.

Werners Erinnerungen an die Sommertage auf der Terrasse mit Verena, Katze und Tee sind ganz offensichtlich auch mit Wehmut gemischt, daß das vorüber ist. Ganz so leicht fällt es ihm nicht, sich das passive Sich-fallen-Lassen zu gestatten. Er kennt das Problem recht gut. »Tief drinnen in mir steckt noch immer eine Restangst, ich würde aus meinem regressiven Sog von alleine nicht mehr herausfinden. Ich habe dann plötzlich Fantasien, in denen ich schwerkrank und gelähmt bin, blind, unfähig auch nur zu telefonieren – und langsam qualvoll verende. Das ist alles unsinnig und irrational – aber ich vermute, daß das Sich-fallen-Lassen immer eine Nähe zum Tod hat.«

Mir scheint, Werner hat recht, wenn er hier Zusammenhänge sieht, die demjenigen klarwerden, der nicht nur das Rationale kennt und erlebt. Todesangst, auch bei 40jährigen – das Alter spielt hier keine Rolle –, ist wohl ein Thema, das beim Alleinlebenden eine ausgeprägtere Rolle spielt als bei Menschen, die sich durch den Partner gegen den Tod ein wenig mehr abgesichert wähnen. Natürlich ist es eine Illusion, sich in der Partnerschaft gegen den Tod gefeit zu fühlen – aber diese Illusion ist oft nötig und erleichtert das Leben.

Der Single jedoch muß in sich selbst einen Damm errichten gegen ein Gefühl von Verlorenheit, das im Prinzip jeder Mensch kennt. Auch wenn kaum einer es so deutlich ausdrückt wie Werner, nährt sich Marions Angst, »unterzugehen«, »bedeutungslos« zu werden, aus derselben Quelle wie Werners Fantasien eines tödlichen Untergangs, ohne daß eine rettende Hand da wäre.

Auch Anna springt sofort auf das Problem »Regression – Progression« an. »Ich finde da nur sehr schwer eine Balance«, gesteht sie. »Wenn ich so mittendrin stecke im beruflich gehetzten Alltag, dann überkommt mich oft plötzlich ein Gefühl der inneren Einsamkeit; so als lebte ich nur noch nach außen hin; ich bräuchte dann jemanden, der mich zur Ruhe bringt...

Ich schaffe das aber seit einigen Jahren auch selbst – vor allem durch mein Pferd. Als Kind bin ich viel geritten, das habe ich wieder aufgenommen. Das Reiten schafft eine Verbindung zur Kindheit, es ist für mich die beste Art der Entspannung. Ich spreche zu meinem Pferd, ich verschmelze mit ihm. Wunderbar ist das Reiten ohne Sattel – ich spüre dann die Weichheit und Wärme des Tieres und weiß, daß ich mich auf meine Balance verlassen kann. Das gibt ungemein viel Sicherheit – auch für andere Situationen.

Auch meine Siam-Katze – du siehst, Tiere sind für mich wichtig – ist ein Entspannungssymbol. Wenn ich mich auf sie einlasse, sie streichle, auf den Schoß nehme und füttere, werde ich ruhig. Wir führen natürlich auch lange Gespräche.

Für mich ist es wichtig, immer wieder in meine Wohnung zurückzufahren – auch, wenn ich auswärts arbeite. Jetzt z. B. arbeite ich gerade ca. 70 km entfernt von hier an einer Aufführung als Beraterin mit, und da werde ich von den Kollegen dauernd aufgefordert, bei ihnen zu übernachten. Das tue ich aber fast nie. Das Aufwachen inmitten meiner altvertrauten Dinge ist mir zu wichtig, auch mein eigenes Frühstücksritual. Das alles gibt innere Ruhe.«

Anna sieht mich plötzlich zweifelnd an: »Meinst du, daß ich schon alt und verschroben werde? Manchmal argwöhne ich das. Ich denke übrigens auch sehr oft an meine Kindheit, aber das hängt wohl nicht mit dem Alter, sondern mit meiner Analyse zusammen. Es sind diese Erinnerungen, wie gesagt, die mir Ruhe vermitteln. Genau kann ich es nicht erklären, aber es ist so etwas wie die ›Entdeckung der Langsamkeit‹.«

Otto nennt sofort seine Musikabende, wenn er an Entspannung denkt. »Nicht das Musizieren, nicht die Chorproben, da fühle ich mich oft angespannt und gefordert. Nein, die Abende, an denen ich ganz alleine bin, Opernmusik höre und vor mich hinträume.« Für Otto gehört auch das Planen neuer Verschönerungen für die Wohnung dazu. »Auch hier: nicht die reale Arbeit nachher – da muß man natürlich ganz schön ranklotzen –, aber die Abende, an denen ich am Schreibtisch sitze, in Einrichtungszeitschriften blättere und mit Bleistift und Papier hantiere, um mir das Ganze plastisch vorstellen zu können.« Otto wird allerdings dann doch wieder unsicher, ob das nicht zur Regression gehört. »Ein Mittelding zwischen Arbeit und Entspannung, gibt es das auch?«

Alles in allem scheint Otto nicht ein Mensch zu sein, der sich sehr viel Entspannung gönnen kann. Immer wieder bricht sein Pflichtbewußtsein durch, seine Arbeitsamkeit oder auch seine Sparsamkeit, die ihn dazu drängt, Dinge möglichst billig selbst zu gestalten.

»Außerdem ist da immer Erwin, der liegt mir eigentlich dauernd auf der Seele«, sagt Otto. »Schon oft, wenn ich gerade so richtig froh und sorgenfrei entspannt war, traf mich das wie ein Blitz: der Gedanke, daß ich diese Bürde *nie* los sein werde, daß ich immer, immer verantwortlich bin. Auch daß mein Bruder vermutlich dauernd unruhig und unglücklich ist. Man hat mir zwar gesagt, daß das nicht stimmt; ich kann es ja auch oft selbst merken, daß Erwin Glücksmomente kennt wie jeder Mensch. Aber wenn er verzweifelt ist, dann ist er untröstlich – und das beeinflußt auch mein Leben.«

Auch Patrick hat Mühe, sich Ruhe und Entspannung zu gönnen. Sein Leben ist ausgefüllt mit Arbeit für die Eltern, der

Pflege von Freundschaften und Handwerksarbeiten in der WG – Patrick ist ein Allround-Genie – und natürlich mit der Suche nach einer Frau. Er sieht dieses hektische Leben als durchaus problematisch und gibt an, daß er sich »immer wieder vornimmt, kürzerzutreten«, aber offenbar gelingt dies nicht so recht.

»Was würde passieren, wenn du dir an einem Wochenende einfach nichts vornimmst?« frage ich in alter Therapeutenmanier, und Patrick kennt diese Art von Fragen natürlich, weshalb er gleich spöttisch den Mund verzieht. »Natürlich willst du jetzt wissen, welche Art von Angst ich dabei empfinde?« forscht er, »sorry, aber damit kann ich nicht dienen. Ich empfinde keine Angst, wenn ich ruhig alleine bin, sondern ... ja, eher Langeweile, Ärger über verpaßte Gelegenheiten und ähnliches. Also sehr banale Gefühle.«

Bei Patrick darf man nicht locker lassen, wie ich schon öfters erfahren habe. »Und warum findest du es dann doch problematisch, wie du gerade gesagt hast?« Patrick stutzt. »Vielleicht deshalb, weil Langeweile ja nur ein anderer Ausdruck von Angst ist?« Dann sagt er rasch und wie automatisch – und ich denke, es trifft den Nagel auf den Kopf –: »Ich habe immer Angst, etwas zu versäumen; das Leben ist so kurz, alles kann sich ganz schnell ändern, zu Ende sein – man sollte nicht zu viel Zeit verlieren.« Auch hier also spüre ich jene Angst vor dem Tod, der alles ganz schnell »zu Ende« bringen kann. Ich frage Patrick, ob dies wohl mit dem Schicksal seiner schwergeprüften jüdischen Familie zusammenhängen könne? Patrick hat das in solcher Weise noch nicht überlegt, wird aber nachdenklich. Natürlich hat – vor seiner Geburt allerdings – der Tod auch in seine Familie mörderisch eingegriffen. Die schauerlichen Erzählungen, aber auch viel bedrücktes Schweigen darüber hat er nicht vergessen.

Patrick erzählt dann von einem für ihn überraschenden Erlebnis, bei dem er einige Tage tatsächlich in voller Ruhe ohne Hektik verbracht habe. »Ich hatte eine Radtour mit Monika, einer damals sehr wichtigen Freundin, ausgemacht. Wir wollten zehn Tage durch Oberbayern fahren, ziemlich anstrengend sollte es werden, aber Monika war eine enorm sportliche Frau, da konnte eigentlich nichts passieren. Na, wie es eben manchmal geht: Monika wollte plötzlich nicht mehr. Sie hatte sich Knall auf Fall verliebt, und der andere hätte, wie sie meinte, zu sehr gelitten. Ich war gekränkt, wütend, tobte – aber was half es? Natürlich nichts. Also zottelte ich alleine und mißmutig los. Der erste Tag war eine Qual; nicht nur wegen der Anstrengung. Aber am zweiten oder dritten Tag – ich hatte mir eine ziemlich menschenleere Route ausgedacht – wurde fast schlagartig alles anders. Auf einmal umfing mich eine solche Ruhe, wie ich sie noch nie erlebt hatte; ich nahm viel mehr wahr als sonst, z. B. das Rauschen der Bäume, Vogelgezwitscher, aber auch meinen eigenen Atem und sogar das Rinnen der Schweißtropfen. Es war fast wie ein Einsamkeitsrausch, an Monika habe ich nur noch mit Mitleid gedacht, ihr dauerndes Gerede hätte mich sehr gestört. Ich weiß nicht, wieso das damals so war: Vielleicht gab es einen Zusammenhang mit meinem sehr hartnäkkigen Werben um diese Monika und damit, daß ich insgeheim wußte, sie wäre doch nicht die Richtige gewesen? Ich weiß es nicht, aber jedenfalls war das eine der schönsten Radtouren meines Lebens.« Ich wundere mich darüber, daß Patrick sich solche Erlebnisse nicht öfter gönnt. Er aber meint, so etwas wäre ihm nie wieder gelungen. »Es war damals fast wie Zauberei – ich traue mir das nicht ein zweites Mal zu.«

Es scheint fast, als ob Singles an diesem Punkt wirklich empfindlicher, ängstlicher und hellhöriger sind als andere Menschen. Wenn Patrick eine solche Fülle des Erlebens, wie sie vielleicht für ihn wirklich nur alleine möglich ist, nicht nochmals sucht, dann muß auch dabei Angst eine große Rolle spielen. Sich fallenzulassen, ohne in Lähmung und Langeweile oder Depression zu verfallen, ist eine Kunst, die tatsächlich nicht vielen Menschen geschenkt wird. Singles haben vielleicht mehr Momente, in denen dies überhaupt möglich ist. Partnerschaftlich Lebende aber hören die Signale, die dorthin führen können, oft nicht einmal – sie kommen nicht in jene inneren Bezirke, in denen man lernt, dem Tod gleichsam nahe zu sein und ihm trotzdem nicht zu verfallen.

Nick berichtet, auf seine »stillen« Momente hin befragt, von seinen einsamen Touren bei der Mineraliensuche. Nie würde er jemanden dabeihaben wollen; das Gejammere über Hitze und Strapazen (»nur wegen solcher fader Steinbrocken«, hatte Wolfram es einmal, als er ihn, das erste und letzte Mal, mitgenommen hatte, ausgedrückt) ginge ihm ganz fürchterlich auf die Nerven. Er hat in jenem Sommer natürlich auch gar nichts Interessantes gefunden.

»Das ist wie auf der Jagd«, meint er, »man muß viel, viel Zeit und innere Muße haben, immer wieder schauen, prüfen, sogar die Lupe nehmen: Erst dann wird der Fels oder der Strand lebendig und gibt einem Hinweise.« Und Nick gerät ins Schwärmen über die verschiedenen Farbschattierungen, die man bei näherem Zusehen und natürlich bei entsprechenden Kenntnissen unterscheiden lernt und die er auch als ästhetisch sehr befriedigend beschreibt. Nick, der Literaturbeflissene, hat also mit seinem Hobby eine ganz neue Art des Schauens und Denkens entwickelt. Auch er, ähnlich wie Patrick, der sein soziales Leben straff durchorganisiert hat, spürt also, daß er etwas »ganz anderes« braucht, eine neue Art des Erlebens, die ihn hellhörig macht und ihm Nuancen der Umwelt erschließt, die ihm sonst sicher verborgen geblieben wären.

Sich fallenzulassen ist für viele Menschen gefährlich, weshalb ihr Jammern über die »ewige Hetzjagd« oft nicht bedeutet, daß sie es wirklich anders haben könnten, wenn nur die äußeren Umstände sich änderten! Das Jagen und Rennen, die ewige Angst, man könne etwas versäumen oder es passiere etwas, ohne daß man sich eingemischt hat, verrät sehr viel mehr als nur einfach »Überlastung«. Es verrät sehr oft, daß jemand Angst hat vor einem Gefühl innerer Leere, vor einer Art von psychischem Erstickungstod – vor einem Ertrinken, das ihn endlos hinunterzieht in eine Tiefe, wo nur mehr die Ödnis der Depression lauert.

Natürlich ist der (die) Alleinlebende in dieser Hinsicht noch gefährdeter als jemand in einer Zweierbeziehung. Der Partner bietet Schutz nicht nur vor dem Gefühl der Einsamkeit, sondern auch vor dem Gefühl, man überschritte in jenem Sich-Fallenlassen eine Grenze, über die man nicht mehr zurückkäme.

Fast jeder aber, den ich darüber genauer befragt habe, sehnt sich andererseits nach dieser Stille, dem Versinken in Träume oder in einfach gar nichts. Die Seele braucht offenbar beides. Damit eine solche Passivität auch wirklich fruchtbar werden kann, sollte sie aber nicht nur Ergebnis totaler Erschöpfung sein (wie bei Marion). Gelingt es jemandem (für Maria gibt es solche Zeiten), diese Phasen ganz bewußt und freudig in das Leben einzubauen, dann sind gerade sie es, die dafür sorgen, daß auch die aktiven Teile des Alltags wieder frisch und lebendig werden. »Kreativität«, ein mißbrauchtes Modewort, gehört dann auch zum schlichten Alltag, wenn er sich aus den Quellen dieser inneren Ruhe und Entspannung speisen kann.

Nur wenige Menschen beherrschen diese Kunst des regelmäßigen Ein- und Ausatmens wirklich. Der Single hat die Chance, sich der Unregelmäßigkeiten bewußt zu werden und mit Überlegung in das psychische Geschehen regulierend einzugreifen.

Allzuleicht macht man für diese Daueraktivität vieler Menschen die moderne »Hetze« des Alltagslebens verantwortlich. Sicher ist auch daran etwas wahr. Wichtiger als die äußeren Faktoren aber erscheinen die inneren. Nimmt man die Ergebnisse der neuesten Baby-Forschung, so scheint es eines sehr frühen und subtil ausbalancierten Mutter-Kind-Verhältnisses zu bedürfen, damit ein Mensch wirklich ohne Angst vor Leere und innerer Ödnis Stille und Ruhe ertragen kann. Schon das winzigste Baby muß seine Ruhezeit haben, damit es sich selbst entdecken kann. Indem es in heiterer Versunkenheit seine Rassel oder seinen Daumen entdeckt und Vergnügen daran findet, daß es selbst Bewegung und »Sinneskitzel« hervorrufen kann, erlebt es mehr und mehr, daß es kein leerer Behälter ist, in den nur die Mutter etwas »hineintun« kann. Zwar muß die Mutter in Sicht- oder Hörweite »greifbar« sein, aber in solchen Momenten ist das Baby autonom und seiner selbst gewiß. Wie leicht jedoch kann ein solches Gefühl gestört werden! Mütter, die immer wieder intervenieren, helfen, mitmachen, sind ebensowenig förderlich wie solche, die sich überhaupt nicht interessieren. In beiden Fällen kann sich das stolze Gefühl: »Ich kann für mich selbst sorgen, ich kann selbst ohne äußere Hilfe Zeit ausfüllen«, nicht entwickeln.

Später dann bleibt das Gefühl: Nur wenn von außen etwas kommt, wenn etwas »passiert«, ist Leben in mir. Und man sucht verzweifelt nach Tätigkeiten, bis man vor Müdigkeit fast umfällt. Leben sie in einer Partnerschaft, dann können solche Menschen sich die Situation des dauernden »Gestörtwerdens« gut selbst herstellen. Es gibt immer irgend etwas zu erledigen, zu besprechen, zu versorgen. Wenn gar nichts mehr zu tun bleibt, kann man noch immer streiten – und schon ist wieder Leben in der Bude. Alle diese Entlastungsmechanismen stehen den Singles nicht zur Verfügung. Also müssen sie – sofern sie vor der Regression, der Entspannung Angst haben – den Tag mit Plänen und daraus folgender Hektik beginnen, um nicht in das schreckliche Gefühl der Leere zu fallen.

Diese Hektik, die Singles oft um sich verbreiten, muß übrigens nicht immer direkt mit menschlicher Kommunikation zu tun haben. Sie kann auch in einsamer Arbeitsüberlastung bestehen, in einer inneren Anspannung – so wie zum Beispiel Werner dies beschreibt, wenn er sich viel zu viele und zu knappe Termine für Vorträge und wissenschaftliche Artikel hat aufhalsen lassen. Er sitzt dann tage- und nächtelang vor dem Schreibtisch und fühlt sich innerlich gejagt. »Aber wenn ich gut drauf bin, dann ist das Arbeiten an sich eine Ruhequelle«, erklärt er. »Von außen würdest du nicht erkennen, ob ich gehetzt oder ruhig bin. Ich sitze immer in der gleichen krummen Haltung am Schreibtisch.«

Oft allerdings tut auch die Umwelt ganz bewußt das ihrige, um den Single durch die Welt zu jagen. Er hat ja nicht für Familie zu sorgen, es wartet ja keiner auf ihn: Also kann er (sie) ruhig Überstunden machen (Ingeborg), alle Weihnachtsgeschenke für die Kinder besorgen (Karin) oder auch zwischen Weihnachten und Neujahr Dienst tun (Eva-Maria). Auch hier bedarf es eines klaren Gefühls für die eigenen inneren Bedürfnisse, damit auch Alleinlebende sich ihrer Ruhe-Ansprüche ohne schlechtes Gewissen vergewissern und danach handeln können.

Phasen und Krisen

In Partnerschaften gibt es typische »Phasen«: von der Verliebtheit über die ersten Diskursversuche * bis zur Installierung des gemeinsamen Alltags mit seiner Routine und seiner Anfälligkeit für Krisen.

Können wir für Singles ähnliches feststellen? Gibt es »typische« Verläufe eines Single-Lebens, vielleicht auch typische Krisen? Sicherlich ist nicht zu erwarten, daß wir hier Parallelen zum Partnerschaftsleben finden – allzu ungleich sind Beginn und Kontext des Alleinlebens: Der eine plant es ganz bewußt bis in sein Alter hinein, der andere nimmt es einfach in Kauf, der dritte schliddert hinein, ohne es so recht zu wollen.

Meist gibt es keinen allgemeingültigen bewußt eingerichteten Beginn des Alleinlebens, vergleichbar etwa dem Akt beim Standesamt oder dem Zusammenziehen in die gemeinsame Wohnung.

Für eine Reihe von Singles allerdings fängt ihr Single-Leben beim Abschied vom Partner an. Dies könnte man als erste Phase des Alleinlebens bezeichnen, sofern der Single den ganz *bewußten* Entschluß faßt, es nun allein zu versuchen.

Wodurch ist diese *erste* Phase gekennzeichnet? Natürlich zuerst einmal immer wieder vom Schmerz um die verlorengegangene Partnerschaft. Der »andere« lebt noch eine Zeitlang mit; die Alltagsroutine bezieht sich auf ihn, und auch die Gedanken kreisen – mehr oder weniger in Trauer oder Wut – um ihn (sie). Der (die) andere ist meist noch immer Gesprächspartner – in Wut und Haß oder sehnsüchtigem Verlangen. Dieses Stadium überwindet man langsam und zögernd. Fast nie gibt es den radikalen »Bruch« mit dem innerlich noch immer anwesenden anderen. Er (sie) wird einfach blasser und ungreifbarer, verliert an Prägnanz. Er wird nicht mehr so oft befragt, redet nicht mehr in so vieles hinein. Ein wich-

---

* Siehe E. Jaeggi und W. Hollstein, »Wenn Ehen älter werden«, München 1985.

tiger Markstein in dieser *zweiten* Phase sind neue Freunde und Bekannte, also Menschen, die den (die) Alleinlebende(n) nicht mehr als Teil eines Paares betrachten. Man lernt, sich mit den Augen dieser anderen zu sehen.

»Als ich bei einem großen Geburtstagsfest eingeladen war und niemand mich fragte, ob Konrad auch da sei, und ich außerdem auch bei niemandem das Gefühl hatte, er verschlucke diese Frage – da wurde mir plötzlich klar, daß ich wirklich allein lebe und allein meinetwegen hier eingeladen wurde. Das war ein ganz aufregend neues Gefühl.«

Dies ist allerdings fast immer nur über Krisen zu erreichen. Wieder und wieder stellt sich das Gefühl ein, man sei nun weniger wert, habe nur als Paar Existenzberechtigung. Die zunächst gefühlte Überzeugung, man werde nun nicht mehr zum »Paarteil der Menschheit« gerechnet, ist für alle, die diese Stufe erlebt haben, befreiend. Sie ist verknüpft mit dem Gefühl der eigenen Bedeutungserhöhung.

Daran schließt sich eine *dritte* Stufe an: Es ist diejenige, in der ganz bewußt Selbstverantwortung übernommen wird. Kennzeichen dafür ist die Ausgestaltung eines eigenen Alltags. Dies betrifft – je nach Wertorientierung – das Wohnen, das Essen, die Ferien oder einen neuen Umgang mit Freunden – oder all dies zusammen.

In dieser dritten Phase aber häufen sich die Krisen, dann nämlich, wenn es einem zu schwierig erscheint, sich dauernd Entscheidungsproblemen gegenüberzusehen – Entscheidungsprobleme, für die es nun keinen Partner mehr gibt. Hier besteht die Gefahr, daß man überhastet eine neue Partnerschaft eingeht. Hat man diese Gefahr überwunden, ist mit dem Einsetzen der *vierten* Phase zu rechnen, in der man selektiv Partner sucht (und fast immer findet). Am anschaulichsten beschreibt dies Anna, die sich vor allem ihre berufliche Neugestaltung angelegen sein ließ: Hier holte sie sich politische Orientierung, dort erfuhr sie mehr über Innerseelisches, und wiederum andere Gesprächspartner halfen ihr bei der

Entwicklung künstlerischer Konzepte. Auch in dieser Phase gibt es ganz spezifische Krisen. Allgemeine Unsicherheit, ob man sich nun eigentlich in der »richtigen Gesellschaft« befinde, können abwechseln mit der Fixierung auf eine bestimmte Person oder Personengruppe, von der man nun wiederum »alles« erwartet. So hat Maria, wie sie verschämt gesteht, eine Zeitlang eine esoterische Freundin gehabt, von der sie plötzlich alles lernen wollte: meditieren, Kräuterheilkunde, Tai-Chi etc. Sie ist zeitweise ganz und gar in deren Erlebniswelt versunken und hat sich als Jüngerin irgendeines Zen-Meisters dann doch recht merkwürdig gefühlt. Erst nach diesem Ausflug ins Esoterische – eine Welt, die ihrem Sinn für das Konkrete und Reale offenbar doch wenig entspricht – hat sie die *fünfte* Phase der Selbstfindung erreicht, in der sie selbstbewußt und selbstverantwortlich ihren Single-Status vertritt.

Als ich meinen InterviewpartnerInnen diese Beschreibung ihres Weges, so wie er sich mir zeigte, vorlegte, waren sie allerdings nur halb zufrieden. Zwar erkannten sie diese Phasen und Krisen wieder, aber »nicht so schnurgerade nacheinander«, wie Anna sagt. Phasenmodelle sind eben nur idealtypisch zu sehen und nicht als eine exakte Beschreibung der jeweiligen realen Lebensverläufe. Diejenigen, die nie partnerschaftlich gelebt haben, können sich in diesem Modell ohnehin nicht ganz wiedererkennen. Natürlich gibt es auch bei ihnen Phasen – diese sind jedoch nicht so klar abgrenzbar wie bei denjenigen, die das Partnerleben schmerzlich und oft auch plötzlich abgebrochen haben.

Bei den »Immer-schon-Singles« geht es eher darum, langsam Illusionen aufzugeben. Nicht ein realer Partner geistert ihnen im Kopf herum, sondern das Phantom eines »wichtigen anderen«, der aber natürlich nicht unbedingt reale Züge hat, der immer wieder verschwindet und daher auch für die Alltagsbewältigung nicht recht zu gebrauchen ist. Eher erträumt man ihn sich für romantische, unirdische Stunden – übrigens oft in der vagen Vorstellung, mit einem solchen Phantom sei auch der Alltag ein einziges Fest. Zumindest Karin und Otto erwecken manchmal den Eindruck, als gehe ihnen das Realitätsbewußtsein in diesen Bereichen recht schnell verloren.

Das langsame Begreifen, daß man sich auf das Alleinleben einzustellen hat – übrigens im Bewußtsein, dies tun zu müssen, um sich ganz andersgeartete Entwicklungen nicht zu verbauen –, dieser Prozeß ist als ein recht schwieriger Balance-Akt zu begreifen, was voraussetzt, daß man widersprüchliche Empfindungen erträgt. Bereit zu sein, in einem solchen Spannungsfeld von Sich-Abfinden und Offen-Sein für Neues kreativ zu leben, erfordert ein stabiles Selbstwertgefühl – natürlich auch von denjenigen Singles, die Partnerschaften kennen. In gewisser Weise haben diese es aber leichter. Sie kennen die Schwierigkeiten des Partnerlebens sehr genau und verfallen der Illusion einer möglichen neuen romantischen Beziehung weniger leicht. Die Lebensaufgabe des (der) Alleinlebenden ohne vergangene Partnerschaft besteht also wesentlich darin, immer klarer zu erkennen und zu akzeptieren, daß man sich nicht im »Wartesaal des Lebens« befindet, sondern schon mittendrin sitzt im Zug – und daß das Ziel unklar ist. Vielleicht gibt es einmal eine partnerschaftliche Gemeinsamkeit, vielleicht auch nicht: Jedenfalls ist die Gegenwart zu gestalten und nicht irgendeine nebulöse Zukunft.

Es gibt Menschen (wie Ulla), für die all dies kein Problem ist (oder zu sein scheint). Sie wissen offenbar von Jugend auf, daß sie nur auf sich selbst gestellt leben können. Es sind meist extreme Kindheitsschicksale, die dieses Wissen hervorbringen: eine besondere Art von Ungeborgenheit und Verzweiflung, verbunden mit einer kräftigen Natur, die ein solches Schicksal bewältigt, indem sie Stärke entwickelt. Auf der Strecke bleibt dabei vielleicht die Fähigkeit, sich im Intimleben auf andere einzustellen, weil man sich damit in die Gefahr begeben würde, wieder in dieselben Abgründe von Verzweiflung zu stürzen, in denen man als Kind gelebt hat. Natürlich suchen und finden auch solche Menschen immer wieder kurzfristig eine Partnerschaft (wie Eva-Maria), aber meist sehen sie selbst bald, daß das nichts für sie ist. Die

»Phasen« im Leben dieser Menschen sehen wiederum ein wenig anders aus, als die der beiden anderen Gruppen von Singles: Sie müssen Abschied nehmen von der Vorstellung, sie hätten dieselbe Wahlfreiheit bei der Suche nach ihrer Lebensform wie andere Menschen auch. So realitätstüchtig, kräftig und sogar lebensfroh – Eva-Maria wirkt durchaus strahlend – sie sein mögen: Es gibt eine Art Defizit in ihren Lebensmöglichkeiten, eine Beschränkung, der sie sich stellen müssen – und das tut weh, wie die endgültige Erkenntnis eines eigenen Defizits eben immer weh tut.

3. Gibt es »den« Single wirklich?

Gibt es den geborenen Single? Einige Lebensgeschichten

Da das Alleinleben als neue Sozialform einen starken gesellschaftlichen Unterbau hat und außerdem offensichtlich sehr variabel gehandhabt wird, ist nicht zu erwarten, daß man besonders prägnante Kindheitsmuster ausfindig machen könnte für den Hang, vorübergehend oder ständig alleine zu leben, daß also etwa das Vorbild der elterlichen Ehe oder die erlittenen Kindheitstraumen in eindeutiger Weise zur Single-Existenz »prädisponieren« könnten. Ausschlaggebender ist sicher die geographische und die soziale Lage – dies zeigen uns auch die Statistiken. Es ist leicht, in Berlin, Hamburg oder München ein befriedigendes Single-Leben zu führen. In Kirchberg/Wald oder auch nur in Krefeld ist es schwieriger. Soziale Kontrolle und Vorurteile erschweren dort demjenigen, der gängige Normen nicht erfüllt, das Leben. Also wird man – auch wenn die Partnerschaft nicht als das Nonplusultra des Lebens erscheint – in solchen Orten eher bemüht sein, zweisam zu leben, als in einer Großstadt. Aus diesen Gründen ist es wenig wahrscheinlich, daß man klar erkennbare psychologische Muster der Singles findet. Solche gelten sicher nur für Ausnahmefälle; beim Durchschnitt der Singles sind die Lebensgeschichten eher bunt gemischt. Trotzdem lassen sich aus den Erfahrungen, die einer in früher Kindheit macht, gewisse Linien herausfinden, die uns begreiflich machen, warum der eine sein Single-Leben mit sehr viel innerer Lebendigkeit füllen kann und der andere nur nach konventionellen Normen schielt und immer wieder mutlos wird ob der inneren Arbeit an sich selbst. Nicht *daß* einer alleine lebt, scheint ihm »vorgezeichnet« zu sein; allzu viele Zufälle des Lebens stehen hierbei Pate. *Wie* aber einer diese Lebensform meistert – das allerdings ist offensichtlich nicht ganz unabhängig von seiner Biographie zu sehen.

Maria: Die drei Mütter

Maria kommt aus eher engen (kleinbürgerlichen, wie sie es nennt) Verhältnissen. Vater-Mutter-Sohn und Tochter: Otto Normalfamilie. Marias Bild der elterlichen Ehe ist das einer etwas langweiligen Durchschnittsfamilie: Vater als Finanzbeamter, alleinverdienend; Mutter emsig sparend, um einen gewissen behaglichen Lebensstil bemüht – ergeben Vaters Meinungen nachplappernd. »Vater sagt immer ...«, das war Marias Kindheitsmusik gewesen. »Wir sind der statistische Durchschnitt.« Die Ehe ihrer Eltern wollte sie nie nachleben, sie erschien ihr leer und langweilig. Trotzdem: »Als wir Kinder aus dem Haus waren, gab es einen gewissen Aufschwung mit den beiden. Sie reisen jetzt sehr bewußt in der Welt herum und haben sogar neue Freunde gefunden, mit denen sie eine ›Graue-Panther-Gruppe‹ gegründet haben. Das hätte ich ihnen, ehrlich gesagt, nicht zugetraut.«

Schon als Kind hatte die lebhafte und wißbegierige Maria – zwei Jahre älter als ihr Bruder Manfred – ein dunkles Gefühl gehabt, in ihrer eigenen Familie nur schlecht gefördert und verstanden zu werden. Sie fand zwei Auswege. Der eine hieß »Oma« und der andere »Tante Lisa«. Oma, eine liebevolle und einfache Frau, war offensichtlich für das Emotionale zuständig. In ihrer Wohnküche brutzelte es immerfort vor sich hin, roch es nach frisch eingemachter Marmelade, Streuselkuchen oder Gemüsesuppe, und Omas größtes Vergnügen bedeutete es, wenn Maria nach dem Sonntagsessen zur Eisdiele lief, um zwei Portionen Eis – für Oma: Vanille und Haselnuß – zu kaufen. »Überhaupt spielte sich bei ihr viel über das Essen ab«, berichtet Maria, und noch jetzt kann sie darüber in Entzücken geraten und lange, ausführliche Geschichten über bestimmte Arten, Marmelade zu bereiten, zum besten geben. »Essen plus Liebe plus Wärme plus Einschlafgeschichten – das war Oma.«

»Tante Lisa« holte Maria sich für ihr geistiges Leben. Tante Lisa wohnte im gleichen Haus wie Maria und ihre Eltern. Sie galt als etwas anrüchig, denn sie war Fotomodell (»Wer weiß, was sie in Wirklichkeit ist« – so Marias Vater) und studierte Philosophie (»angeblich«). Erstaunlicherweise ließ man die kleine Maria trotzdem in Tante Lisas Dachwohnung hinaufgehen. Maria hatte dort ihr »Versteck«: Alles, was wertvoll für sie war, lag dort oben in einem schönbemalten Karton – kleine Püppchen, Illustriertenfotos, Bindfäden, Büroklammern und ihre schönsten Zeichnungen. Später gesellten sich kleine Geschichten dazu, die Maria selbst verfaßt hatte – immer handelten sie von ausgesetzten Kindern, die adoptiert wurden. »Da braucht man wohl kein großer Psychologe zu sein, um das deuten zu können«, meint Maria. Mit Tante Lisa konnte man reden, reden, reden. »Diskutieren«, das Wort und die Sache, lernte Maria dort oben.

Als sie studieren wollte und Vaters eiserner Wille sich dagegen stemmte (sie sollte kaufmännische Angestellte werden oder sonst was Vernünftiges), war es Tante Lisa, die einen Kompromiß erzielte: Lehrerin. Das war zwar nicht Marias Wunschberuf, aber besser als Bankbeamtin erschien es ihr immerhin; später wechselte sie dann zur Logopädie über.

Tante Lisa war geistiges Vorbild, Lehrerin, Vertraute. Obwohl sie nur wenige Jahre jünger war als Marias Mutter, repräsentierte sie doch einen ganz anderen, viel faszinierenderen Frauentyp: selbständig, überlegen, klug. Daß sie einige Male den »Verlobten« wechselte, wurde von Marias Eltern heftig kritisiert, aber Maria fand das schick und wurde auch eingeweiht in die jeweiligen Kümmernisse von Tante Lisas Liebesleben.

Erst mit etwa zwanzig Jahren löste Maria sich von Tante Lisa, die – inzwischen einfach »Lisa« geworden – nunmehr an einem Gymnasium Philosophie- und Geschichtsunterricht gab, also ganz und gar »bürgerlich« geworden war, für die damalige Lebensphase Marias allzu bürgerlich.

Das fand vor allem auch Arthur, der damals in Marias Leben trat. Arthur konnte und war alles: Musiker, Manager, Tontechniker, Schauspieler, Journalist... die ganze Welt der Medien lag plötzlich der kleinbürgerlichen Maria zu Füßen, und diese Welt verlangte ungeheuer viel Anpassungsvermögen.

Maria wußte von Kindheit an, daß es verschiedene Welten gibt, die man auf unterschiedliche Weise bewältigen kann – die Anpassung an das Neue gelang also. Maria färbte sich die Haare, trug hautenge Jeans und Röcke, rasselte mit kiloschweren Ketten und Ohrgehängen und rauchte Marihuana – je nachdem. Arthur bedeutete den endgültigen Ausbruch aus dem Kleinbürgertum.

Wirklich? Wie sie nach einigen Jahren feststellen mußte (langsam natürlich!), war es damit gar nicht so weit her. Das Management diverser Musikgruppen erwies sich als sehr gewinnträchtig, Arthurs Vielseitigkeit wurde rasch auf die eine, äußerst wichtige Sache reduziert: Geldverdienen. War er mit »seinen Leuten« zusammen, verhandelte er mit Saalvermietern und Theaterdirektoren, dann blühte sein Charme aus alten Zeiten wieder auf. Daheim aber wurde er fade und langweilig und setzte auf »trautes Familienglück«, was er mit TV, lauter Musik und einer bemutternden Ehefrau gleichsetzte. Natürlich wollten die beiden auch gerne Kinder, bekamen aber keine. Dadurch wurde für Maria das Leben immer leerer – oft fühlte sie sich an die öden Abende im elterlichen Wohnzimmer erinnert.

Arthur schien das nicht zu merken. »Was hätte ich auch dagegenzusetzen gehabt?« sagt Maria heute. »Irgendwie hat das Mutterbild in mir wieder Oberhand gewonnen und ›Tante Lisa‹ ist verblaßt. Ich war konfus-deprimiert und wußte nicht, wieso. Als Arthur fast ohne Übergang und Diskussion auszog, um mit der sehr geistreichen, witzigen und dabei im üblichen Sinn potthäßlichen Elena zu leben, fielen mir viele ›Sünden‹ in meiner Ehe ein. Nun aber war es zu spät, die resolute und bewegliche Elena schien mir unbesiegbar. Vielleicht habe ich auch zu früh aufgegeben? In meiner damaligen faden Angepaßtheit nahm ich die meinen Interessen entgegenstehenden Wünsche der anderen einfach als ›Schicksalsschlag‹ auf mich und versuchte, mich ›tapfer zu bewähren‹, indem ich niemanden von meinen Freunden mit meinen Problemen behelligte.

Einige Monate habe ich in einer Therapiegruppe versucht, mit mir ins reine zu kommen. Das war damals für mich sehr wichtig, der Donnerstagabend wurde ein Rettungsanker für mich. Damals wurde mir mit Hilfe der Gruppe auch klar, daß in mir drei Mutterbilder nebeneinander bestanden und daß es mir anscheinend nicht gelungen war, aus jedem der drei (Mutter, Oma, Tante Lisa) das für mich ›passende‹ Element herauszusuchen. Ich hatte alle drei verwirklichen wollen und war in dieser Konfusion nie ich selbst gewesen. Arthur war im Grunde und in gewisser Hinsicht durchaus der ›Nachfolger‹ meines Vaters: Er forderte Unterwerfung, und er bekam sie. Das heißt, wenn ich dagegen Elena betrachte, dann kann ich vielleicht gar nicht einseitig ihm die Schuld zuschieben. Ich habe ihm meine Unterwerfung wohl zu schnell angeboten und ihn dadurch in eine Vater-Rolle gedrängt, die ihm letztlich doch nicht gepaßt hat?! Ich glaube, ich brauche viel Zeit, um mich mit den ›drei Müttern in mir‹ zu arrangieren. Ich denke, daß Oma vorherrschend ist. Ihre bedächtige und freundliche Zuwendung zur Welt ist mir sehr nahe. Aber natürlich will ich auch emanzipiert sein wie Lisa. Und meine Mutter?« Maria seufzt und blickt etwas schuldbewußt. »Ich fürchte, mein Freund Jupp (das ist der verheiratete, du weißt) kriegt viel von der anpassungsbereiten Maria ab – sonst hätte ich ihn wohl längst vor die Türe gesetzt – oder?«

Werner: Der Liebling

Werner ist der erste und einzige. Obwohl sein Vater lange gelebt hat, ist er doch für seine Mutter teilweise das, was sonst Witwen-Söhne sind: Partnerersatz, bewundertes Objekt, liebevoll verhätscheltes Kind. Vater war oft abwesend – äußerlich, aber noch mehr innerlich. So sind Mutter und Sohn sehr innig zusammengewachsen, Werner hat Mutters Bedürfnisse sicher besser gekannt, als Vater das tat.

Werner ist nicht nur erster und einziger, Werner ist auch noch begabt und sehr hübsch. Werner wird also auch von den drei sehr jungen Tanten verwöhnt und geliebt, und sogar die Dienstmädchen schwärmen von diesem sanften und sensiblen Jungen.

Wie konnte Werner überhaupt zum Mann heranwachsen? Seine Talente entfalten? Sich von Mutter lösen?

Nun, Werner hat es ganz offensichtlich geschafft – aber sein Lebensweg scheint mir trotz der glänzenden äußeren Umstände sehr beschwerlich, von ungemein heftigen Kämpfen und Krisen gesäumt. Immer wieder droht der Rückfall in das Gefühl der totalen Verlassenheit, in Selbstmitleid oder in psychosomatische Symptome. Werners Beziehung zu Verena war noch geprägt von der elterlichen Welt. Nicht nur mußten (wollten?) sie ganz real oft mit Werners Eltern zusammen sein – so verbrachten sie z. B. immer einen Großteil der Ferien gemeinsam mit Werners Eltern –, auch der innere Haushalt war noch auf das verwöhnte Bübchen eingestellt. Verena war ein schöner und sanfter, sehr geliebter Mutter-Ersatz. Daß sie ein Eigenleben hatte – abseits von Werners Bedürfnissen –, kam ihm überhaupt nicht in den Sinn. Erst als dieses Eigenleben einen (Männer)namen bekam, brach für Werner die Welt zusammen. Der Kampf um Verena, um die Lösung von ihr, war äußerst schmerzlich: War es doch gleichzeitig auch der in der Pubertät nie wirklich durchgestandene Kampf um die Lösung von der Mutter.

Noch jahrelang erschien Verena in schwierigen Zeiten in Werners Träumen: unheilbringend oder glückverheißend, gräßlich entstellt oder als nackte, lockende Fee – jedenfalls immer verbunden mit vielen, meist schmerzlichen Gefühlen.

Werners Sehnsucht nach einer neuen, innigen Gemeinschaft ist nach wie vor vorhanden. Er weiß aber sehr viel besser als früher, wo bei ihm der Haken ist: in seiner allzu großen Symbiose-Sehnsucht, die den anderen nicht mehr atmen läßt; in seiner Selbstbezogenheit, die er als Single ohne weiteres ausleben kann, die aber jede Partnerschaft gefährdet.

Werners Konzentration auf die Arbeit war nach dem Bruch mit Verena eine wichtige Rückzugsinsel, die Erfolge waren lindernde Salbe für sein verwundetes Selbstwertgefühl.

Wie könnte eine neue Partnerschaft aussehen? Werner schwankt in seiner Meinung darüber. Natürlich will er eine selbständige, beruflich engagierte Frau. Wird sie aber wirklich zurechtkommen können mit seinen Ansprüchen? Allzu schnell erscheinen ihm seine diversen Freundinnen als klammernd, egoistisch, dumm oder kleinkariert. Wird er seine Sehnsucht nach einer bewundernden Mutter wirklich ganz aufgeben können?

Daß Werner sich trotz vielfältiger Angebote nicht hat festlegen mögen, spricht allerdings nicht unbedingt für eine Bindungsunfähigkeit (schließlich hat er mit Verena zwölf Jahre gelebt), sondern für seine gewachsene Vorsicht gegenüber sich selbst und damit auch für eine Art »Fürsorge« gegenüber seinen möglichen Partnerinnen.

Sybille: Ein weiter Weg, und noch nicht angekommen

Sybilles Leben begann in einer kuscheligen Zwei-Zimmer-Wohnung mit sehr jungen Eltern. Sie erinnert sich noch an Zeiten, als Vater seine letzten Examen als Mediziner machte und Mutter eifrig anderer Leute Dissertationen tippte. Sybille war ein kleiner Goldschatz: Vaters große Liebe, Mutters Stolz, der Großeltern ganzes Glück. Sie wurde herumgereicht wie ein kleines Püppchen, alle waren hell entzückt, wenn sie den Mund auftat und so herzig in Babysprache daherplapperte. Es wäre wohl unvernünftig gewesen, diese Babysprache allzu früh aufzugeben, die Familie kultivierte sie ja auch für sich selbst. Daß Sybille »Ille« hieß und auch heute noch so heißt, wäre weiter nicht auffällig. Daß man aber auch jetzt noch von »Leitsche« spricht, wenn man sich ein Kleid anzieht, und ein Kuchen als »Uke« verballhornt wird – das finden familienferne Menschen denn doch etwas albern.

Sybille hat erst mühsam und bewußt lernen müssen, auf Babysprache zu verzichten. Auch sonst fiel es ihr schwer, sich außerhalb der Familie zu bewegen. Ältliche Lehrerinnen in der Grundschule waren ja durch Sybilles »Herzigkeit« noch manchmal zu entzücken – eine von ihnen lud sie immer wieder zu Kakao und Kuchen ein, um ihr dann »Nachhilfe« im Rechnen zu erteilen – ein Unterricht, den die intelligente Sybille nicht gebraucht hätte. Sybille erinnert sich daran, wie diese Lehrerin sie ganze Nachmittage lang gestreichelt hat, für sie Pullover strickte und den Eltern anbot, sie in die Ferien mitzunehmen. Die Eltern haben dieses ungesunde Verhältnis dann wohl irgendwann unterbunden, die Mitschülerinnen aber fanden Sybille natürlich überhaupt nicht »herzig«, sondern »doof« und »ranschmeißerisch«, wie das damals hieß. Ihre Kontakte zu Gleichaltrigen blieben fast die ganze Schulzeit hindurch distanziert und gehemmt, erst knapp vor dem Abitur konnte sie sich durch ihre provozierenden Diskussionsbeiträge im Deutsch- und im Geschichtsunterricht respektvolle Bewunderung verschaffen.

Aber damals gab es schon Konrad, den Schulkameraden aus der Parallelklasse, der in seiner arroganten Art beim Schulball von Sybille Besitz ergriffen hatte und sie von da an nicht mehr losließ.

Die Eltern, nunmehr in einer eleganten Innenstadtwohnung residierend (Vaters Praxis ging hervorragend), sahen dies nur ungern. »Ille« war doch noch ein Kind.

Also lud man Konrad – wohl um das Schlimmste zu verhüten –

eifrig ein. Er saß mit der klein gebliebenen Familie um den sonntäglichen Kaffeetisch (nachher durfte er »Ille« ins Kino ausführen – das Geld dazu steckte ihm Sybilles Vater heimlich zu), abends saßen die beiden dann noch lange in Sybilles Zimmer, in das die Mutter fürsorglich Tee und belegte Brötchen gebracht hatte.

Konrad kam aus sehr beengten Verhältnissen, und die großzügige Lebensweise von Sybilles Eltern imponierte ihm anfangs wohl. Nie hätte er sonst so früh die Seychellen kennengelernt (man fuhr nun zu viert dorthin) oder in Palermo das berühmte Schaumgebäck geknabbert; daß Cashmere mit Seide sich angenehmer trägt als ein Pullover von Woolworths Wühltisch, wurde ihm auch erst durch den täglichen Kontakt mit Sybilles Eltern klar.

Die Wohnung war groß genug: Nach dem Abitur zog Konrad ein und lebte mit Sybille im großen Mansardenzimmer – wohlversorgt von Sybilles Mutter, freundschaftlich unterstützt von ihrem Vater, der im jungen Medizinstudenten den idealen Schwiegersohn und »Kollegen« sah.

Und Sybille? Sie besuchte etwas lustlos die Pädagogische Hochschule (hatte auch keinen spezifischen Berufswunsch entwickelt), himmelte Konrad ebenso an, wie ihre Mutter das tat, und zog sich weiterhin ein feines »Leitsche« an, wenn sie zu viert das Theater besuchten.

Sybille spricht heute mit einer Mischung von Selbstverachtung, Kopfschütteln und Wut von dieser Zeit. »Wie konnte ich nur?« und: »Meine schönste Jugendzeit habe ich vertan!«

Das Idyll ging natürlich nicht so weiter. Konrad ließ sich nicht ewig weiter bestechen, er wurde ein Mann. Daß er das Medizinstudium hinschmiß, um Sportlehrer zu werden, mochte noch hingehen. Sybilles Vater empfand dies zwar als »hellen Wahnsinn«, aber er konnte sich damit abfinden. Schlimmer war, daß Konrad nicht nur immer mürrischer wurde – er fing an, davon zu reden, daß man in eine WG ziehen solle. Und schließlich fand er eine.

Sybille war verzweifelt, aber willenlos. Die Eltern verlieren? Undenkbar. Aber von Konrad konnte sie sich auch nicht trennen. Also zog sie weinend aus.

Mutter stand blaß und verweint am Fenster, als der kleine Kastenwagen vorfuhr, in den sie Betten und einige andere Möbelstücke verluden. Sie drehte sich nicht einmal um, als Sybille hereinkam, um sich zu verabschieden. Vater war sowieso in der Praxis verschwunden.

Monatelang quälte Sybille sich. Nur durch Großmutter gab es Nachrichten über die Eltern, die sich offensichtlich benahmen, als sei Sybille eines frühen und tragischen Todes gestorben. Sybille träumte von Mutters Sterben, von schweren Krankheiten. Sie sah Vater schon als frühergrauten, gebückten Greis vor sich. Damals sah Sybille selbst ganz bleich und verhärmt aus.

Sie klammerte sich an Konrad. Dieser aber blühte auf. Sybilles Eltern empfand er nun als »repressiv«, ihre Freundlichkeit war, dem damaligen Sprachgebrauch folgend, »repressive Toleranz« gewesen (endlich einmal stimmte dieser Begriff!), und Sybille mußte sich »emanzipieren«. Natürlich tat sie – auf Konrads Geheiß – auch das, denn seine Liebe konnte sie nicht auch noch riskieren.

So besuchte sie Selbsterfahrungsgruppen der feministischen Bewegung, trug dieselben verknautschten Jeans wie alle anderen, ging auf Demos und hatte bald dasselbe Vokabular wie ihre WG-Genossen. Einmal schlief sie sogar mit Konrads Freund – ein etwas verqueres Abenteuer, zu dem Konrad sie zwar unverhüllt ermuntert hatte, das er ihr aber dann wochenlang übelnahm. War der andere »besser« gewesen? Guten Gewissens konnte Sybille das verneinen. Allerdings meint sie heute: »Ich habe überhaupt nichts von Sex verstanden, das mit Konrad... das waren eigentlich eher Doktorspielchen für Erwachsene.«

Das Verhältnis zu den Eltern wurde wieder geflickt, wenngleich es nie mehr so herzlich wurde wie früher. Sybille sah, mit Konrads Hilfe, die Eltern nun wesentlich kritischer. Sie hielt Abstand und wiederholte mit Konrad dieselbe Abhängigkeit, die sie zuvor mit den Eltern gehabt hatte.

Konrad kochte, Konrad fand eine eigene Wohnung, Konrads Lebensstil wurde dominierend. Die Politik verblaßte, der Sport wurde nun Konrads Lebensinhalt. Lief er beim Volksmarathon mit, stand Sybille am Straßenrand und steckte ihm Erfrischungsbonbons in den Mund. Langsam aber wurde sie doch etwas erwachsener. Sie fand Gefallen an historischen Studien, las viel, besuchte politische Vorträge und entwickelte sich weg von Konrad, aber dies betraf wohl vor allem ihre Intellektualität. In der Alltagsintimität ließ sie sich von ihm noch immer bemuttern und war beim Einkauf einer elektrischen Zahnbürste hilflos wie eine Achtjährige. Sollte sie die Vorteile eines teuren Modells ausnützen? Oder war bei einer Zahnbürste das einfachste Modell nicht das beste? Sybille ließ Konrad entscheiden. Dieser war ein geduldiger Papa und beließ Sybille ganz gerne in ihrer Kinderrolle. Allerdings suchte er sich, zumindest im Bereich der Erotik, »erwachsene« Frauen, und das in relativ großer Zahl. Als Sybille dies – ziemlich spät – bemerkte, stürzte für sie der Himmel ein. Sie konnte sich nicht fassen vor Kummer, aber selbst ein etwas hilfloser Selbstmordversuch konnte Konrad nicht »heilen« von seinen Jagdgelüsten nach attraktiven Frauen.

Es gab viel Zank, viele Vorwürfe, viel Verzweiflung. Irgendwann aber gab Sybille dem langjährigen Drängen eines Arbeitskollegen nach und erlebte mit ihm erstmals eine wirklich schöne und genußvolle Sexualität. Sie konnte nun Konrad besser verstehen – aber gleichzeitig wurde ihr damit klar, daß für ein gemeinsames Leben die Basis fehlte. Sie kamen aus dem Vater-Tochter-Spiel nicht heraus; auch die Tatsache, daß Sybille offensichtlich intellektuell begabter war, war da nicht hilfreich.

Das Ende war traurig, aber undramatisch. Die beiden sind nach wie vor gute Freunde und haben sich gerne. Ein Außenstehender könnte sie für ein beneidenswert zärtlich-verliebtes Paar halten, wenn er sieht, wie liebevoll sie miteinander umgehen.

Sybille vermißt Konrad. Ihre Beziehungen zu anderen Männern

sind kurzlebig – meist werden sie von ihr beendet. Sie fühlt sich nicht wohl mit anderen. Nochmals mit Konrad neu anfangen? Sybille ahnt, daß dies nur auf einer »erwachsenen« Ebene möglich wäre. »Oft fühle ich mich noch immer wie die Abiturientin«, sagt sie ehrlich. »Aber ich weiß ja, wohin das geführt hat.«

Karin: Tapfer, tapfer...

Karin kommt aus einer Akademikerfamilie, die in der Kleinstadt gesellschaftlich eine wichtige Rolle spielte. Das Rechtsanwalts- und Notarsbüro (auch Mutter war promovierte Juristin) ging lange Zeit sehr gut. Nach Vaters plötzlichem Herzinfarkt-Tod erwies es sich aber, daß er die Seele des Ganzen gewesen war. Mutter stand nun, Ende Vierzig, mit drei heranwachsenden Kindern (Karin und ihren beiden jüngeren Brüdern) alleine da und versuchte mehr verbissen als erfolgreich, das Familienunternehmen hochzuhalten. Ein – natürlich ungetreuer – Sozius schien viel mehr Geld herauszuholen – mit einem Wort: Für Karin reichte das Geld nicht für ein Studium. Sie ging nach dem Abitur ins Büro eines befreundeten Anwalts, um dort als Rechtsanwaltsgehilfin ausgebildet zu werden. Ob das wirklich nötig gewesen war? Für die Brüder reichte das Geld einige Jahre später schließlich doch auch. Karin wirft solche Fragen zwar selbst auf, beeilt sich aber immer wieder, die Mutter zu verteidigen.

Nun, da sie seit fünf Jahren tot ist, um so mehr; auf Mutter soll kein schiefes Licht fallen. Das war schon immer so gewesen. Karin war es auch, die der geliebten Mutter den Anblick des häufig alkoholisierten Vaters ersparte, indem sie ihm ins Bett half, Alka-Seltzer bereithielt und vor der übrigen Familie die Unordnung im Bad vertuschte. Hatte Mutter dies der damals fünfzehn-, sechzehnjährigen Tochter wirklich zugemutet? Nun ja, Mutter war wahnsinnig überlastet gewesen, Mutter war auch noch für die uralte Oma zuständig gewesen; Karin mußte da einfach einspringen.

Karin beißt sich überall durch; Karin ist tüchtig, weiß sich zu helfen, ist die »rechte Hand des Chefs« – wo immer man sie braucht. Wenn sie krank ist, beißt sie die Zähne zusammen.

So war, nach Karins Bild zumindest, auch Mutter gewesen – immer einsatzbereit, bis zur Erschöpfung tätig.

Und das innere Leben der Familie? Der Alkoholismus des Vaters? Nun, der sei eher »anfallsartig« aufgetreten, sonst hätte Vater beruflich nicht so tüchtig sein können. Bei soviel Arbeit der Eltern (schließlich hatten die Familien im Krieg alles verloren) war natürlich das Familienleben reduziert gewesen. »Aber Mutter hielt immer den Kopf hoch« – das ist Karins Credo. Spricht man längere Zeit mit Karin, bemerkt man plötzlich, wie müde man selbst wird: Karin wirkt so angespannt, so offensichtlich bemüht, daß ich fühle, wie mein eigener Unterkiefer sich verspannt und leichte Rückenschmerzen einsetzen. Auch Karins Gesicht wirkt verspannt; etwas Unkörperliches geht von ihr aus – so, als hätte sie Mühe, sich auch körperlich auf die Welt einzulassen.

Karins »Tüchtigkeit« macht es sich und den anderen bestimmt nicht leicht. Man leidet mit, man empfindet in Karins Gegenwart die Last des Lebens. Es ist wohl kein Zufall, daß viele Menschen sich eher distanziert ihr gegenüber verhalten. Das ist zumindest mein Eindruck, als sie von ihren Freunden erzählt.

Karin tut viel für die Familien ihrer Brüder. Die Schwägerinnen werden durch Babysitting entlastet, Geburtstags- und Weihnachtsgeschenke werden meist von Karin besorgt – schließlich hat sie ja Zeit!

Karin hat ein »Lieblingskind« – es ist die kleine Judith, Älteste des jüngeren Bruders, nunmehr zehn Jahre alt. Diese kleine Judith wurde von Karin seit ihrer Geburt gehegt und gepflegt, liebevoll beobachtet, mit Geschenken versorgt; sie gilt im Familienkreis schon fast als »ihr« Kind. Die richtige Mutter ist davon nicht immer begeistert gewesen, da aber Judith soviel Wesen von »Tante Karin« macht, wollte sie wohl Unfrieden vermeiden. Allerdings erzählt Karin von einer geplatzten Ferienreise und darauffolgender wochenlanger Verstimmung, von den vielen und langanhaltenden Depressionen der Schwägerin. Ob das für Judith so bekömmlich ist? Aber schließlich kommt so was in jeder Familie mal vor. »Alles in allem ist es bei uns doch wirklich schön und harmonisch.« Karin lebt also in einem »geborgten Leben«, immer in Stellvertretung, so wie sie einst Mutter in vielen wichtigen Belangen vertreten hat.

Wie sich das auf Karins Beziehungen zum anderen Geschlecht ausgewirkt hat? Es scheint, als habe Karin ein großes Talent, sich diese Beziehungen vorwiegend in der Fantasie auszumalen. Zwei, drei eher kurzfristige Geschichten (hat sie diese Männer wirklich geliebt? Ihre Berichte klingen recht abwesend!) hat es gegeben, mit einem davon, einem jüngeren Lehrer, war wohl auch eine längere Partnerschaft geplant gewesen. Karin hat aber diese Beziehung von sich aus aufgegeben, weil sie sich so sehr in den Junior-Chef verliebt hatte. Um diesen ranken sich jetzt noch Karins Gedanken, obwohl er letztes Jahr seine schwangere Freundin geheiratet hat und nun stolzer Vater eines drei Monate alten Sohnes ist. Karin »gönnt« ihm das; aber die junge Ehefrau ist, ihrer Meinung nach, eindeutig »nicht die richtige« – so dumm und oberflächlich, wie sie daherredet. Man merkt es ihm übrigens nun auch schon an, daß er nicht mehr der alte ist. »Kein bißchen lustig, kein bißchen locker, ganz anders als früher...«

Karin wird bald kündigen. Sie hat übrigens den Eindruck, daß nun »der Alte« ihr schöne Augen macht. »Das könnte ihm so passen, er ist jetzt 65, ich bin doch keine Krankenpflegerin.« Da der »Alte« aber daheim eine noch keineswegs greisenhafte Ehefrau hat, ist dies – sofern das ganze überhaupt stimmt – wohl auch nicht so gedacht.

Karin weiß vieles besser als die Chefs – »das liegt mir im Blut, die Juristerei...« –, aber dies schlägt sich weder in erhöhtem Gehalt noch in besonders viel Prestige nieder. Karin ist und bleibt Angestellte und jammert dauernd darüber, wie sehr sie ausgenutzt wird. Bei näherem Zusehen stellt sich heraus, daß sie freiwillig ständig Überstunden macht und natürlich den jüngeren Kolleginnen gar nichts überlassen kann. »Oft schrecke ich mitten in der Nacht hoch, weil mir einfällt, daß ich die Kollegin nicht nochmals an den Termin erinnert habe ...«

Natürlich hätte ein nachträgliches Jura-Studium »drin« sein müssen, aber Karin hat wohl schlecht gelernt, für sich selbst zu sorgen. »Mutter um Geld anpumpen, wo sie sich doch im Alter endlich ein bißchen was hat leisten können? Nein! Ein Stipendium? Das ist doch nur für wirklich Bedürftige da. Ein Darlehen? Wer weiß, ob ich das durchhalte ...«

Karin kann vor allem »für andere« tüchtig sein, bei sich selbst versagt sie. Ihr jetziges Leben ist geprägt von dieser lange geübten Fürsorge für andere, dem Zurücktreten und dem daraus notwendigerweise entstehenden Ressentiment.

Daß sie »eigentlich« lieber als Hausmütterchen leben will und es doch nie zustandegebracht hat, diese Lebensform für sich aufzubauen, zeigt die tiefe Unsicherheit, die sie in bezug auf ihre eigene Person hat. Wo sie kräftig drauflosshandeln sollte, verfällt sie in Fantasien – wie damals, als es soweit war, mit dem Lehrerfreund gemeinsam ein Leben aufzubauen. Es sieht nicht so aus, als könnte sie sich von dieser masochistisch-angestrengten Lebensform trennen. Vielleicht ist es jetzt auch wirklich zu spät.

Eva-Maria: Distanz als Schutz

Es dauert lange, bis Eva-Maria über ihre Eltern spricht; noch länger, bis sie mir die Erlaubnis gibt, darüber zu schreiben. Trostlose Ödnis breitet sich vor meinem inneren Auge aus: eine lieblos ausgestattete Wohnung im Reihenhaus, geleckt, sauber, kalt. Auch im Kinderzimmer durfte nichts herumliegen, sonst gab es Schläge. Der Vater: Facharbeiter in der Gießerei eines Ruhrgebietsstädtchens, die Mutter half zeitweise in der Bäckerei als Verkäuferin aus. Oft war sie um sieben Uhr, wenn die Kinder (Eva-Maria und ihre kleinere Schwester Annelise) aufstanden, schon aus dem Haus. Eva-Maria, sieben, acht, neun Jahre alt, hatte dann die Pflicht, die kleine Schwester zu versorgen: beim Anziehen helfen, frühstücken (immerhin, es stand schon auf dem Tisch), Annelise in den Kindergarten bringen. Vater hatte oft Schichtarbeit und mußte häufig am Morgen schlafen.

Wie oft war sie zu spät in der Schule erschienen – aber nie hatte sie verraten, weshalb dies immer wieder passierte. Also gab es auch in der Schule Ermahnungen und böse Worte. Sie machte allerdings alles wett durch ihre guten Leistungen – da konnte ihr keiner etwas anhaben.

Man lebte einsam im Reihenhaus. In der Familie gab es wenig Herzlichkeit, kaum Zärtlichkeit. Eva-Maria erinnert sich an ihre Mutter nur als mürrische, ewig wienernde Putzfrau. Der Vater: oft alkoholisiert, prügelnd wegen jeder Kleinigkeit, auch die Mutter wurde nicht verschont.

Sonntage? Feste? Ferien? Eva-Maria zuckt nur die Achseln. »Ein Weihnachtsfest ragt besonders heraus. Vater kam wieder einmal angetrunken nach Hause. Mutter zündete die Christbaumkerzen an und versuchte, eine Art Weihnachtsstimmung zu erzeugen, indem sie ›Stille Nacht‹ anstimmte. Als Vater fragte, wo der Sekt ›zum Anstoßen‹ sei, meinte sie: ›Du hast genug gehabt.‹ Daraufhin stürzte Vater zum Weihnachtsbaum und schmiß ihn mitsamt den brennenden Kerzen zum Fenster hinaus, warf die Türe hinter sich zu und war für diese Nacht verschwunden.«

Eva-Maria übernahm sehr früh viele Pflichten. Mutter war nur dann ein Lächeln zu entlocken, wenn man Staub wischte, Geschirr wusch oder für die Kleine sorgte. Annelise aber war ein merkwürdiges Kind: gehemmt und scheu, erst mit drei Jahren sprach sie die ersten Worte. Zeitweise dachte man, sie sei geistig behindert. Überall wurde sie gehänselt und ausgestoßen, auch in der Schule, obwohl ihre Leistungen in Ordnung waren. Annelise wirkte seltsam: klein und mickrig, mit einem etwas verquer proportionierten Gesicht – mit einem Wort: häßlich. Für Eva-Maria aber war sie das beileibe nicht. Sie liebte die Kleine zärtlich und wurde zur Löwin, wenn sie die Schwester gegen ihre Angreifer verteidigte. »Durch Annelise bin ich kräftig geworden«, meint sie heute und sieht – wohl zu Recht – hier einen Zusammenhang mit ihrem gewerkschaftlichen Engagement für die Belange ihrer Mitschwestern. Eva-Maria gewann in ihrer Altersgruppe Respekt durch diese frühe Selbständigkeit. Sie biß sich durchs Leben und hatte immer das Gefühl, für zwei sorgen zu müssen. Sie war klug und vernünftig, ihr Rat war gefragt. Als Eva-Maria Abitur machte (Vaters einziger Kommentar: »Na, da kannst du dich ja über mich erheben«), war sie innerlich schon weit weg von ihrer Familie und zog in eine WG. Die »Kleine« sollte möglichst bald nachkommen, Eva-Maria hielt zärtlichen Kontakt.

Als die fünfzehnjährige Annelise, einer verpatzten Mathe-Arbeit wegen, von der Eisenbahnbrücke sprang, bekam Eva-Marias Leben einen tiefen Riß. Auch jetzt noch, nach so vielen Jahren, bekommt sie feuchte Augen. Mit den Eltern, denen nichts anderes einfiel, als dem Mathe-Lehrer alle Schuld zuzuschieben, hat sie kurz nach der Beerdigung gebrochen. Von der Scheidung hörte sie erst viel später; ab und zu kommt von Mutter eine Geburtstags- oder Weihnachtskarte, die Eva-Maria kurz und knapp erwidert. Gesehen hat sie die Mutter nur drei- oder viermal seither.

Selbstvorwürfe und Schuldgefühle haben die Jugendjahre Eva-Marias überschattet. Ihre Berufswahl – Krankenschwester – war vielleicht eine Art »Wiedergutmachung«. Eva-Maria vermutet das selbst. Ihre Tüchtigkeit war nicht zu übersehen; Eva-Maria liebte ihre Arbeit, liebte ihre Patienten. Sie hatte guten Kontakt zu Ärzten und Kolleginnen, aber diese Kontakte gediehen selten zu wirklich innigen Freundschaften. Eva-Maria braucht viel Zeit für sich, allzu enge Verbindungen wurden ihr immer rasch lästig. Das betraf Männer wie Frauen.

Ein paar Monate lang hoffte sie, mit Heinz sei dies vielleicht doch etwas anderes. Zwar konnte sie sich nie entschließen, mit ihm zusammenzuziehen, aber eine Art Partnerschaft entstand doch. Als das Kind sich anmeldete, wurde sogar an Heirat gedacht. Knapp vor der Hochzeit aber wurde es Eva-Maria angst und bange. *Für immer* an eine andere Person gebunden sein? *Nie* mehr ein Wochenende ganz für sich alleine verbringen? Eva-Maria ist sich dessen bewußt, daß sie den Bruch mit Heinz provozierte, indem sie mit einem jungen Assistenzarzt für ein Wochenende verreiste. Sie blickt mich kokett-schuldbewußt an: »Und das mit dem fünf Monate alten Embryo im Bauch.«

Nach der Geburt fühlte sich Eva-Maria rundum glücklich. Wie gerne sie für den Kleinen sorgte! Und wie froh sie war, daß niemand hineinredete. Sie verzichtete auf Alimente; Heinz sollte keine Rechte haben. Anfangs versuchte er noch, sie umzustimmen, wollte das Kind besuchen (was sie nicht verwehrte), aber nach seiner Heirat schwand natürlich auch das Interesse. Eva-Maria war das recht. Sie empfand ihre Mutterschaft als etwas »rundum Schönes«, trotz der vielen Mühen, die eine Alleinerziehende auf sich nehmen muß. Erst in der letzten Zeit vor dem Abitur fing sie an, Jürgens Gegenwart oft als ein wenig lästig zu empfinden (Jürgen, so meint sie, ist allzu egoistisch!), weshalb sie froh ist, daß er nun auswärts studiert. »Das ändert nichts an meiner Liebe zu ihm«, sagt sie. Sie weiß inzwischen, daß sie allzu große Nähe nicht ertragen kann. Obwohl sie lebhaft und auch gesellig ist – alles wird ihr schnell zuviel, und sie muß sich wieder in ihr Schneckenhaus zurückziehen. »Wenn ich das nicht früh genug gelernt hätte, wäre mir vielleicht nur Annelises Weg geblieben«, sagt sie.

Marion: Oh, mein Papa ...

Marions Beginn in dieser Welt ist von einem großen Durcheinander gekennzeichnet, wie man ihr später oft erzählte. Ihre Mutter, eine wunderhübsche Siebzehnjährige aus bestem bürgerlichem Haus (der Vater war Besitzer einer kleinen Fabrik im Osten gewesen), wurde vom jungen Pfarrer der Gemeinde geschwängert. Kennengelernt hatten sie sich beim Konfirmandenunterricht. Marions Mutter war so unaufgeklärt gewesen, wie es sich damals für eine siebzehnjährige Jungfrau gehörte. Was der Herr Pastor – außer Bibelversen – noch von ihr verlangte, stürzte sie in tiefe Zweifel und Gewissensbisse. Natürlich war sie heiß verliebt gewesen in den feschen jungen Mann, den alle ihre Teenager-Freundinnen anhimmelten. Aber »dieses«...? Marion erzählt spöttisch lachend, wie sehr ihre Mutter, eigenen Berichten zufolge, versucht hatte, »dies« zu idealisieren und zu stilisieren. So hätten sie und ihr Geliebter sich gegenseitig immer wieder versichert, daß Gott sie längst füreinander bestimmt habe, daß ihre Hochzeit im Himmel nicht nur beschlossene, sondern auch schon irgendwie vollzogene Sache sei. Es wäre fast Ungehorsam gegen den göttlichen Ratschluß gewesen, diese übernatürliche Hochzeit nicht auch in menschlich-natürlicher Weise nachzuvollziehen. Seltsam nur, daß der junge Pfarrer sich nicht anschickte, bei den Eltern der immerhin bald Achtzehnjährigen um ihre Hand zu bitten? »Nach dem Abitur«, hieß es recht unbestimmt. Nun, die Sache beschleunigte sich durch Marions – lange geheimgehaltene – Existenz. Man heiratete, als Mutter im 6. Monat war – alles mit der damals üblichen Scham, Verzweiflung, Bitterkeit.

Was gibt es über die darauf folgende, zehn Jahre währende Ehe, die mit drei Kindern gesegnet wurde, zu sagen? Marion seufzt mit verdrehten Augen. »Bei meiner Taufe hat Mutter meinen Vater zum erstenmal im Bett mit einer noch jüngeren Frau (auch eine Konfirmandin) erwischt. Und so ging es weiter – es scheint eine Art Sucht gewesen zu sein. Mein Vater schlief mit jeder erreichbaren Frau – wenn sie nur jung war, fast noch ein Kind. Mutter versuchte alles: bettelte, drohte mit Selbstmord, verzieh, hoffte von neuem, resignierte... Nun ja, zehn Jahre hielt sie durch. Es gab dann einen Skandal mit der Kirchenleitung, Vater wurde in ein kirchliches Archiv versetzt, und die Ehe wurde geschieden.«

Welche Beziehung hat Marion zu ihrem Vater? Als Kind, etwa ab dem 6. Lebensjahr stand sie völlig auf Mutters Seite und verabscheute ihn. Zu Hause war er auch immer irgendwie abwesend, geduckt, mürrisch. Der Kontakt brach dann jahrelang ab, Marion wollte ihn nicht sehen. Als junge Frau – hinter dem Rücken ihrer Mutter – besuchte sie ihn aber öfters. Ihre Gefühle änderten sich. »Er war ungemein liebevoll und respektvoll zu mir, voller Schuldbewußtsein, wie mir schien, irgendwie gebrochen...« Vater starb vor zehn Jahren. Marion war in völligem Frieden von ihm geschieden. »Er konnte nichts für diese unselige Erotomanie, ich bin sicher, daß er krank war.«

Einem Psychoanalytiker würde es nicht schwerfallen, Marions Geschichte als eine »ödipale Problematik« zu sehen: die Enttäuschung der Kleinen am vermutlich zunächst geliebten und bewunderten Frauenheld-Vater, der Umschlag in Haß und Verachtung ob seines Betruges auch an ihrer eigenen Liebe zu ihm und dann vielleicht die nie endenwollende Sehnsucht, ihn (stellvertretend für die Mutter?) doch noch für sich zu gewinnen. Eine Sehnsucht, die sich in milderer Form am Ende seines Lebens ein wenig stillen ließ.

Wohl kein Zufall, daß Marion als ganz junge Studentin (sie war damals kaum zwanzig), heftig verliebt, mit einem sehr viel älteren spanischen Wissenschaftler aus »bester adeliger Familie« aus Deutschland wegging (Carlos nannte Marion seine »Verlobte«), um mit ihm in einer Madrider Stadtwohnung zu leben. Marions Berichten zufolge war Carlos so heißblütig und eifersüchtig, wie man es von einem Spanier erwartet – und ebenso untreu. Das merkte sie erst nach und nach. Auch der Titel »Verlobte« besagte natürlich nichts anderes, als daß er jederzeit mit ihr schlafen konnte – allerdings in feinstem Satin, auf adeliger Bettstatt. Finanziell ging es ihr hervorragend, aber »menschlich bin ich total verelendet, ich war nur mehr ein Wrack aus Eifersucht, Fixierung auf ihn, Langeweile und Trostlosigkeit«.

Als sie merkte, daß sie schwanger war, heckte sie einen richtigen Fluchtplan aus – aus Panik, er würde sie einholen und ermorden. In Deutschland angekommen, half ihre Mutter weiter – »nein, auf keinen Fall ein Kind aus einer solchen Verbindung...«

Marion war in der Folge zwar dauernd verliebt – aber meist waren es »unpassende« (also oft verheiratete) Männer, und wenn doch einmal alles klar schien, dann erlosch Marions Begeisterungsflamme fast augenblicklich. Marion hatte offensichtlich den doppelten Enttäuschungsschock – Vater und Carlos – nicht verwunden, und dies bis zum heutigen Tag nicht. Immer wieder fühlt sie sich angezogen von Männern – aber die Angst läßt sie zurückschrecken. In früheren Zeiten wäre sie auf dieser psychischen Basis wohl eine bewunderte und begehrte Kurtisane geworden; in unserem emanzipierten Zeitalter hat die begabte Marion sublimiertere und differenziertere Möglichkeiten gefunden, ihre Sehnsucht nach Männern zu stillen, ohne daß sie sich ihnen »völlig ergeben« muß.

Ihre vielfältigen Beziehungen reichen vom unschuldigen Flirt über One-night-stands bis zu heftigen erotischen Beziehungen. Alles aber ist eingebettet in faszinierende menschliche Kontakte, Interesse an Leben und Arbeit anderer (auch Frauen) und sehr viel Wärme und Herzlichkeit. Marion »tut alles« für ihre Freunde, sie läßt dauernd ihre vielfältigen Beziehungen spielen, um ihnen Aufträge und Kontakte zu verschaffen. Marions Konstruktion der »Altersehe« mit ihrem schwulen Freund Kurt zeigt, daß die zaghafte Neigung zu einer beständigen Partnerschaft immer noch vorhanden ist – abgesichert nach allen Seiten allerdings.

Auf dieser Basis meistert sie ihr Leben im beschriebenen hektischen Stil hervorragend. Die quirlige Betriebsamkeit, vielfältige Interessen, erotische Abenteuer – das alles scheint zu Marions Innenleben mit seiner ausgeprägten Scheu vor Bindungen (»um nicht Mutters Leben nachzuleben«) so gut zu passen, daß Marion ihren vielen Freunden eine wichtige Partnerin ist und selbst meist auch gutgelaunt und fröhlich wirkt. Natürlich gibt es auch Menschen, die sie als »hysterisch« abtun – aber »man muß ja nicht jedem gefallen«, wie sie selbstkritisch bemerkt. Abstürze in Depression und Leere kennt sie natürlich auch – »vor allem, wenn eine Liebe zu Ende geht« –, aber wer kennt das schließlich nicht?

»Den« Single gibt es nicht – aber vielleicht gibt es »Typen«?

Wie im ersten Kapitel aufgezeigt, ist das Leben als Single eine ziemlich neue Lebensform, die durch bestimmte gesellschaftliche Bedingungen erst ermöglicht wird. Solche neuen Lebensformen kristallisieren sich langsam, bedingt durch ökonomische, technologische und soziale Voraussetzungen, heraus; erst im Laufe von Jahrzehnten werden sie zu allgemein bekannten und schließlich allgemein anerkannten Weisen, das Leben zu gestalten.

Natürlich prägt eine solche Lebensform nicht nur das allgemeine Bewußtsein, sondern auch denjenigen, der sich – vielleicht *nolens volens* – in einer solchen Lebensform vorfindet. Was noch vor zwanzig Jahren Anlaß zu Scham und Versteckspiel (Ehering am Finger, wenn man verreiste!) bot, wird jetzt locker kommentiert und damit auch für den Single selbst aus dem Dunstkreis der Heimlichkeit befreit. Übrigens geht das natürlich nicht nur den Singles so: Man denke an die vielen unverheirateten Paare, die noch vor zwanzig bis dreißig Jahren nur unter Zuhilfenahme von Tricks und einigermaßen verschämt ein gemeinsames Zimmer im Hotel bestellen konnten.

Seit ca. drei bis vier Jahren jedoch ist der Single ins Rampenlicht getreten und wird als Lebensform seither untersucht, kommentiert, gedeutet. Wie im Kapitel »Singles in den Augen der anderen« gezeigt wird, sind diese Deutungen im allgemeinen recht heterogen, oft skurril; ein Zeichen dafür, daß man dieser Art, sein Leben zu gestalten, noch ein wenig fremd und unsicher gegenübertritt.

Alleinlebende selbst, die dies alles »von innen her« sehen, haben meist vollkommen andere Probleme, als man sich dies herkömmlicherweise so denkt. Aber dennoch bleiben sie nicht ganz unbeeinflußt von den Kommentaren und Deutungen ihrer Umwelt.

Wenn ich diejenigen, mit denen ich gesprochen habe, in gewisse »Typen« unterteile, dann geschieht dies mit all der Vorsicht, mit der man jede Typologie benutzen sollte. Sie ist ein mögliches Ordnungsschema, das auf den Einzelfall niemals hundertprozentig paßt und diesen einzelnen daher auch vergewaltigt. Meine Typologie orientiert sich an den Umständen, die jemanden zum Alleinleben gebracht haben, an der Phase, in der dies geschieht, und an der Art und Weise, wie jemand innerlich damit umgeht. Folgende drei Typen also ließen sich – auf dieser Basis und mit einiger Vorsicht – unterscheiden:

1. Die Vorsichtigen

Dazu gehören diejenigen, die Partnerschaft über längere Zeit kennengelernt haben und wissen, was sie durch das Alleinleben verloren bzw. gewonnen haben. Nachdem der erste Trennungsschmerz vorbei ist, können sie ihre Situation mit Distanz begutachten, können abwägen, welche Vor- und Nachteile ihnen persönlich das Zusammenleben mit einem anderen Menschen gebracht hat, und drängen auf keinen Fall sofort in eine neue Partnerschaft. Sie sind vorsichtig, überlassen es mehr oder weniger (auch innerlich) dem Zufall, ob sie sich noch einmal binden. Innerlich haben sie also von allzu drängenden Partnerschaftsgedanken Abschied genommen, haben sich von der Vorstellung befreit, nur dort blühe das »eigentliche« Leben, wo es in herkömmlicher Weise und der Tradition entsprechend zugehe. Unter meinen Gesprächspartnern entsprechen diesem Typus am ehesten Maria, Werner und Anna. Sybille könnte irgendwann vielleicht auch dazugehören, zumindest gibt es bei ihr manchmal Anklänge, die das vermuten lassen. Das Leben dieser Menschen ist ganz und gar darauf eingerichtet, daß sie allein für sich verantwortlich sind, daß sie keinen Anspruch an ihre Umwelt stellen, daß sie keinerlei Anspruch auf Hilfe anmelden, der über vorübergehende Beziehungen hinausgeht. Das gibt ihnen große Sicherheit, eine ganz besonders gekonnte Art, mit ihrem Alleinleben umzugehen und daraus Kapital zu schlagen. Sie sind zufrieden, leben recht kreativ und weisen in ganz besonders hohem Maß das schon oftmals zitierte Merkmal der »Präzision und Bewußtheit« auf.

2. Die Hoffenden

Dies sind Singles, die – meist nur kurz oder gar nicht durch Partnerschaftserfahrungen geprägt – trotz gelingenden Umgangs mit ihrem Leben eine Art »Wartesaal«-Position beziehen. Irgendwann wird und soll es anders kommen: mit einem Partner, in irgendeiner schöneren Welt, in der sie sich endlich, endlich nicht mehr auf sich selbst verlassen müssen. Das heißt nicht, daß sie ihr gegenwärtiges Leben nicht gut organisierten, es heißt auch nicht, daß sie besonders unzufrieden wären. Aber es nagt eine leise Sehnsucht an ihnen, eine – vielleicht illusionäre – Vorstellung, daß man die Bürde der Verantwortung irgendwann loswerden könnte. Ihre Lebensgestaltung unterscheidet sich von der anderer Singles nicht unbedingt; es ist nur die Einstellung dazu, eine träumerische Hoffnung auf die Zukunft hin. Karin, Ingeborg, Patrick und Otto gehören zur Gruppe derjenigen, die diese Hoffnung noch immer hegen und deren Leben – wiewohl gut gestaltet – noch unter dem Vorzeichen einer zukünftigen Partnerschaft steht.

3. Die Zufriedenen

Dies sind Singles, die Partnerschaft nie kennengelernt haben und dies auch nicht bedauern. Sie sind ganz offensichtlich zu scheu, allzusehr mit sich selbst beschäftigt, als daß sie große Sehnsucht nach einem anderen haben könnten. Es sind diejenigen unter den Singles, die man am schnellsten als die »typischen« kennzeichnen würde – solche also, denen nicht der Zufall der Lebensumstände dieses Schicksal aufgezwungen hat, sondern solche, die eine Lebensform gewählt haben, die zu ihrer seelischen Struktur so gut paßt, daß man sich vorstellen kann, sie hätten sie auch zu anderen Zeiten – vielleicht gegen alle Gepflogenheiten – gewählt. Eva-Maria und Ulla sind hier die ausgeprägtesten Typen. Ob man Nick auch dazu zählen sollte, ist nicht ganz klar. Bei diesen Singles ist die Idee der Partnerschaft schwach ausgeprägt, ihr Leben ist in sich stimmig, ohne daß man allzuviel daran heruminterpretieren könnte. Natürlich kann man dies – in bezug auf eine mögliche Zweisamkeit – auch als Beziehungsschwäche definieren; aber da diese Menschen sich eben nicht überfordern, sondern aus ihrer »Schwäche« eine Tugend machen und sehr kreativ damit umgehen (man denke nur daran, wieviel Ulla und Eva-Maria aus ihren Berufen herausholen!), ist ihnen daraus sicher kein Vorwurf zu machen. Auch partnerschaftsunwillige Menschen muß es schließlich geben – in unserer Gesellschaft der multiplen Lebensformen eine wichtige Facette.

Warum eigentlich lebe ich alleine? – Selbstdeutungen

Da in einigen der im 1. Kapitel zitierten empirischen Untersuchungen immer wieder festgestellt wurde, es gäbe die »freiwilligen« und die »unfreiwilligen« Singles, habe ich mich mit diesem Thema gesondert befaßt und habe meine Gesprächspartner darüber befragt, ob sie selbst Erklärungen dafür haben, warum sie so lange alleine geblieben sind, und vor allem: ob sie sich als »freiwillige« Alleinlebende bezeichnen oder nicht.

Dabei habe ich sehr viele unterschiedliche Einstellungen gefunden, auch: einander Widersprechendes, wie es bei einem solch schwierigen Thema nicht anders zu erwarten ist.

Gruppiert man die Antworten auf die Frage, warum einer sich als Single installiert hat, dann kann man grob unterscheiden zwischen solchen, die meinen, »der (die) Richtige sei noch nicht gekommen«, solchen, die sich als besonders vorsichtig ansehen, und solche, die das Alleinleben als die ihnen gemäße Lebensform ansehen.

Dies hat mir als Antwort aber noch nicht genügt; ich wollte gerne wissen, worauf sie es denn zurückführen, daß sie »vorsichtig« sind oder »den Richtigen« noch nicht gefunden haben.

Karin ist am klarsten davon überzeugt, daß sie »Pech« gehabt hat, vor allem durch ihre unglückselige Neigung zum Junior-Chef. Ich bohre ein wenig weiter: »Aber worauf führst du es denn zurück, daß du dich solch lange Zeit da hineinverbissen hast, ohne genau darauf zu achten, ob dir Gegenliebe entgegengebracht wird?«

Karin seufzt, bezeichnet sich als unverbesserliche Romantikerin – und dies ist sie wohl auch. Aus ihrem Bericht wird deutlich, daß dieser junge Mann ihr anfangs zwar wirklich ein wenig den Hof gemacht hat – so hat er sie ein paarmal zum Abendessen eingeladen –, daß aber nie etwas »vorgefallen« ist, was einer gesunden, jungen und nett aussehenden Frau als Anhaltspunkt hätte dienen können, daß sie nun »auserkoren« sei. Im Gegenteil: Man munkelte recht häufig im Büro über amouröse Abenteuer des Chefs. Karin hat sich lange Zeit eingeredet, daß dies irgendwelche »unernsten« Affären seien, daß er aber sie – eben wegen seiner Korrektheit ihr gegenüber – als etwas »ganz anderes« betrachte, sozusagen als die zukünftige »reine Ehefrau«. Ich bin überrascht darüber, daß eine moderne, selbständige und auch recht lebenstüchtige Frau mit solch verblasenen Ideen über das Verhältnis der Geschlechter durch die Welt gehen kann.

»Karin, hast du wirklich geglaubt, daß es das heutzutage noch gibt: diese Einteilung der Frauen in ›leichte Mädchen‹ und ›ehrbare Frauen‹? Du selbst wärest in dieser Einteilung ja doch auch nicht ganz unbeschadet weggekommen?«

Karin lacht nun doch. »Ich fürchte, das habe ich mir wirklich erträumt...« Karin hat sicher eine Reihe von Möglichkeiten, die real vorhanden waren, unbeachtet gelassen, so viel scheint klar. Daß sie ihren Jugendfreund hat sitzen lassen, erklärt sich wohl ebenfalls aus ihrer »Romantik«. Sie erzählt, er sei ihr doch ein wenig zu blaß und bieder vorgekommen, nachdem die weltmännischen Allüren des Chefs ihr solchen Eindruck gemacht hatten. Ist Karin also ein »unfreiwilliger« Single? Natürlich kann man das sagen, wenn man ihre Sehnsucht nach schöner Häuslichkeit und nach dem Traumprinzen wörtlich nimmt. Doch vielleicht hat sie diesen unerfüllbaren Wunsch gebraucht, um sich gerade *nicht* in die Niederungen des Alltags begeben zu müssen? Die Seele macht eben manchmal sehr merkwürdige Sprünge, um ein innerseelisches »Sperrgebiet« zu schützen. Bei Karin könnte es die zwar irreale, aber für ihr Innenleben wichtige Traumebene der »heilen Welt« sein, gegen die sich die ganz reale Begegnung mit einem Ehemann vermutlich eher schäbig ausnehmen würde.

Ingeborg wiederum, die ebenfalls von sich selbst sagt, sie wäre lieber »geborgen« bei einem Mann, als daß sie alleine lebte, hat sich auf andere Art als Karin die Erfüllung dieses Wunsches verbaut. Natürlich kann man die selbstsüchtige Mutter dafür verantwortlich machen – aber immerhin: Ingeborg hat deren Eingriffe zugelassen. Daß sie ihre einzige »große Liebe« so freiwillig mit der Mutter geteilt hat (woraufhin der junge Mann sehr bald das Weite suchte), zeigt ihre Schwierigkeiten, erwachsen zu werden. Denn dazu gehört immer auch ein Gutteil Aggressivität. Trennung von den Eltern ist zwar längst nicht die einzige, aber sicher eine sehr wichtige Voraussetzung für die Möglichkeit zur Partnerschaft. Und diese Trennung tut weh, wird meist auf beiden Seiten von Schmerz und Wut begleitet und braucht daher Mut. Ingeborg mit ihrer starken Bindung an die verwitwete Mutter hatte es dabei sicher besonders schwer, weshalb sie die nötigen Schritte auch nicht geschafft hat. Die Beziehung zur Mutter zu riskieren war schwieriger, als Mutters kleine Tochter zu bleiben; daß sie jetzt langsam begreift, was ihr dabei genommen wurde, könnte zu einem Neuanfang führen – allerdings ist es reichlich spät. Ingeborg befindet sich bereits in einem Alter, in dem Frauen nicht mehr leicht einen Partner finden; da helfen möglicherweise Ingeborgs noch jugendliches Gesicht und ihr liebenswertes Wesen auch nicht viel. Mit Ingeborg darüber zu reden, warum dies alles so gekommen ist, ist – meiner Erfahrung nach – nicht allzu ergiebig. Ingeborg geht noch immer sehr schonungsvoll und pietätvoll mit dem Andenken von »Mutti« um; Mutti sei eben so einsam gewesen, Mutti habe soviel für sie getan, Mutti hätte ohne Kind sicher noch mal heiraten können etc. Alle diese Rationalisierungen klingen stereotyp, hundertmal durchgekaut. Allerdings habe ich schon einige Male erfahren, daß bei Ingeborg manches von dem, was man ihr zu bedenken gibt, dann »ankommt«, wenn man es gar nicht erwartet – drei Monate später oder bei irgendeiner besonderen Gelegenheit.

Sind Ingeborg und Karin also »unfreiwillige« Singles? Selbst hier, wo die bewußte Einstellung eindeutig ist, wird man als genauer Beobachter unschlüssig.

Aber auch der umgekehrte Fall ist eher kompliziert. Die Aussagen von Ulla und Eva-Maria sind ziemlich klar: Beide wollen keinen Partner, sie fühlen sich als Alleinlebende wohl, sie haben Möglichkeiten, die sich ihnen geboten haben, ausgeschlagen. Kann man also davon ausgehen, daß es sich hier wirklich um »freiwillige« Singles handelt?

Ulla gibt von ihrem Privatleben nicht viel preis. Immerhin erzählt sie, daß sie schon als Halbwüchsige irgendeiner passenden Partie »versprochen« war, was aber durch ihren Bruch mit dem Elternhaus natürlich hinfällig wurde. Sie schüttelt sich fast, als ich sie frage, ob eine solche Bindung für sie nie eine Versuchung war? »Oh, nein, auf irgendwelchen Schlössern oder Gutshäusern rumsitzen, sechs Kinder haben und auf die nächste Jagdgesellschaft warten – das wäre tödlich.« Und der Versprochene? Ihr mißvergnügtes Gesicht spricht eine deutliche Sprache. Aber hätte Ulla sich nicht einen »Bürgerlichen« selbst aussuchen können? »Betrachte es doch mal so«, sagte sie nachdenklich, »das ist, als ob man jemanden aus einem anderen Kulturkreis ehelicht, mit all den Schwierigkeiten, die das bringt... Da zerbrechen Beziehungen doch auch manchmal an Dingen, die einem absolut absurd vorkommen.« Mehr will sie nicht sagen, und ich denke, daß damit sowohl Abgrenzung als auch Sehnsucht ausgedrückt sind. Es klingt, als hätte auch Ulla den Versuch zur Bindung unternommen, die Realisierung dann aber wohl zu schwierig gefunden. Daß sie dies auf ihre Herkunft zurückführt, mag Rationalisierung sein: Jedenfalls gibt es auch in Ulla die »andere Seite«. Als ich sie nach ihren Bindungswünschen direkt befrage, bleibt sie vage: »Mal sehen... eher nein...«

Ähnlich scheint mir auch Eva-Maria konstruiert. Sie hat die Beziehung zum Vater ihres Sohnes ganz bewußt abgebrochen und dies auch nie bereut. Aber ob nicht doch ein anderer in Frage gekommen wäre? Eva-Maria verneint das, zögert aber dann doch. Nun ja, vielleicht jener Arzt, den sie sehr geliebt hat, als Jürgen noch ein Kleinkind war? Er war zwar verheiratet, und seine Frau erwartete gerade ihr erstes Kind, also waren die Bedingungen äußerst erschwert – aber Eva-Maria denkt doch noch manchmal daran zurück. »Würdest du sagen, daß du ein ›freiwilliger‹ Single bist?« frage ich.

Eva-Maria denkt nach. »In gewisser Weise ja, in gewisser Weise nein. Ich habe natürlich einige Möglichkeiten zur Bindung ausgeschlagen, aber daß ich dies gemacht habe, hängt mit meiner ganz speziellen Persönlichkeit zusammen, und die habe ich mir nicht ausgesucht.« In diesem Punkt bestehen also keine allzu großen Unterschiede zu Ingeborg oder Karin, die sich ihre Persönlichkeiten schließlich auch nicht »ausgesucht« haben. Worin liegt der Unterschied? Oder gibt es gar keinen?

Offensichtlich ist die Einstellung, mit der einer sein Single-Leben meistert, viel entscheidender als die Frage, ob er das freiwillig tut oder gezwungenermaßen – eine Frage, die sich, wie gesagt, nicht gut beantworten läßt.

Vollends untauglich wird der Begriff der »Freiwilligkeit«, wenn wir Menschen betrachten, die selbst nicht recht wissen, wie lange sie noch Singles sein werden und ob sie das wollen oder nicht. Zu ihnen gehören Werner oder Maria, Sybille oder Otto, und auch Marion mit ihrer etwas skurrilen Idee von der »Altersehe« ist sich über ihren Standpunkt wohl nicht ganz klar.

Werner hat viele Gelegenheiten zur Partnerschaft versäumt: zuerst, weil er noch immer allzusehr an seiner Frau hing, später, weil irgendwie »die Richtige« noch nicht erschienen war. Jetzt sieht er das nicht mehr ganz so naiv. »Wenn man älter ist, bindet man sich nicht mehr so ohne Überlegung, nur weil man verliebt ist. Ich habe das Leben, das ich mir seit Verenas Auszug eingerichtet habe, eigentlich sehr gerne; eine Frau könnte da leicht vieles durcheinanderbringen, das will ich nicht so ohne weiteres riskieren. Ich muß oft verreisen, aus beruflichen Gründen, und ich tue das gerne. Ich weiß jetzt, wieviel Zeit ich für mich brauche, wieviel an kleinen Macken ich auch schon entwickelt habe. Nimm zum Beispiel meine letzte ›Flamme‹: Sie war klug und hübsch, großzügig und gebildet und hatte auch einen interessanten Beruf. Als sie zum erstenmal über Nacht bei mir blieb, sprang meine Katze auf das Bett, und sie schrie laut auf – vor Schreck und auch weil sie Katzen nicht mag. Damit war für mich die Sache eigentlich gelaufen. Ich habe mehrmals ihre Reaktionen auf die Katze beobachtet, ich bildete mir ein, daß ihr Verhalten der Katze gegenüber Ausdruck einer persönlichen Kälte auch mir gegenüber werden könnte, und habe vor allem eine Erzählung über die Vertreibung einer Katze in einer Winternacht mit großem Mißvergnügen angehört: Und damit war Schluß. Eigentlich schade, denke ich manchmal, denn diese Frau war wirklich absolut Spitze. Aber solche Überlegungen, die möglicherweise wirklich nicht sehr realistisch sind, können mich ziemlich unvermutet überfallen und aus dem Gleis werfen.«

Otto ist sich klar, daß sein Single-Leben ein Übergangsstadium ist. Er will sehr gerne eine Familie gründen, aber es ist offensichtlich, daß Otto da wohl unrealistische Vorstellungen hat, denn er will seinen jetzigen Lebensstandard beibehalten. Das aber wird mit ziemlicher Sicherheit nicht möglich sein, wenn er wirklich mit zwei bis drei Kindern rechnet. Er tut daher wenig, um eine mögliche Partnerin näher kennenzulernen, obwohl es einige Möglichkeiten gegeben hätte. Aber Otto wartet: auf ein höheres Einkommen, auf irgendeine ganz besondere Frau.

Ich frage ihn, wie er sich dieses Arrangement denn vorstellt: Frau ohne Beruf, Kinder, und den gleichen Lebensstandard wie jetzt? Nun, es scheint, daß Otto zum einen leicht überzogene Vorstellungen von seinem späteren Einkommen hat und zum anderen wohl auf eine »reiche« Frau spekuliert. Bei den Schilderungen, die er von Angela, seiner »großen Liebe« gibt, fällt mir außerdem auf, wie sehr er immer deren Schönheit betont. Ich frage ihn, ob er sich auch eine Durchschnittsfrau als Partnerin vorstellen könne. Da wird Otto richtig lebendig: Nein, schön müsse sie schon sein, aber wirklich auffallend, eben wie Angela. Nun weiß ich natürlich nicht, wie schön Angela in Wirklichkeit gewesen ist, vielleicht findet Otto ja jede Frau, die er liebt, herzerwärmend schön? Doch bei aller Sympathie für Otto: Wenn er eine schöne und reiche Frau sucht, dann wird er wohl noch große Schwierigkeiten bekommen, denn, wie es auf der Welt nun einmal zugeht: Welche atemberaubenden Verlockungen kann Otto dieser reichen Schönheit bieten, daß sie unbedingt in seine Ikea-Wohnung ziehen wollte?

Oder auch Maria: Sie ist ganz besonders vorsichtig beim Gedanken an einen möglichen neuen Partner, da sie seit ihrer Trennung von Arthur viele Erkenntnisse über ihre allzu schnelle Anpassungsbereitschaft gewonnen hat. Auf keinen Fall will sie sich in dieser Weise noch einmal binden. Sie lebt recht gerne und, wie schon mehrmals dargelegt, auch sehr gut und fantasievoll alleine. Ein neuer Partner müßte nicht nur zu ihr passen – besser als Arthur –, sie selbst müßte vor allem die Sicherheit haben, daß sie mit ihm leben kann, ohne eine Einbuße an Souveränität zu spüren. Ihr Verhältnis mit Jupp, dem verheirateten Freund, schützt vielleicht auch vor allzu eifriger Suche nach einem Nachfolger von Arthur?

Maria weiß das alles selbst nicht so ganz genau. Sie ist aber durchaus bereit, darüber nachzudenken, und hält meine Deutung für nicht ganz unwahrscheinlich. »In gewisser Weise genieße ich das Unverbindliche der ganzen Situation auch, selbst wenn ich mich ab und zu darüber beklage. Aber es gibt mir noch immer ein Gefühl von großen Möglichkeiten, von jugendlicher Unbekümmertheit. Manchmal bedauere ich Paare, deren Leben anscheinend schon völlig festliegt.« Sie hält sich in vielen Dingen trotz ihres Alters für eine »Spätentwicklerin« und führt dies auf ihre (s. S. 206ff.) vielfältigen Identifikationen mit ihren drei Müttern zurück.

Ähnlich empfindet wohl auch Anna, die ihr Leben sowieso erst im Verlauf ihrer Analyse neu zu ordnen und zu interpretieren gelernt hat. »Daß ich noch immer keine etablierte Ehe mit zwei Kindern führe, ist eben nicht nur Zufall, da spielt mein ganz spezielles Schicksal schon eine große Rolle«, meint sie und fügt erläuternd hinzu: »Ich habe sehr früh lernen müssen, meine emotionalen Bedürfnisse alleine in den Griff zu bekommen. Eine Zehnjährige ohne Mutter muß sehr viel Einsamkeit ertragen, auch wenn der

Vater alles recht zu machen versucht. Natürlich kann man das als Kind nicht wirklich, es bleibt dauernd ein unausgefüllter Rest, und den habe ich dann meinem jeweiligen Partner aufgebürdet. Da war ich sicher oft zu anspruchsvoll. Und es kommt noch etwas hinzu: Natürlich gibt es unzählige Frauen, die noch viel abhängiger von ihren Partnern sind, als ich es je war, die dennoch eine zufriedenstellende Ehe führen. Bei mir aber regt sich nach einiger Zeit immer wieder der Wunsch nach Unabhängigkeit, das macht mich dann in der Partnerschaft unzufrieden, und so finde ich sehr schlecht eine Balance.

Allerdings glaube ich nicht, daß all dies notwendigerweise zum Single-Leben führt, da spielen auch viele äußere Faktoren und Zufälle eine Rolle. Ausschlaggebend bei mir ist sicher die Tatsache, daß ich meinen Beruf liebe und sehr viel Interesse da hineinstecken kann. Ich suche daher auch nicht dauernd nach einem Partner, sondern wäge vorsichtig ab, ob sich ein Engagement auch wirklich lohnt. Wäre ich eine unzufriedene Sachbearbeiterin in irgendeiner Behörde, dann würde ich das Problem sicher anders angehen, das scheint mir klar. Ich kann es mir aber leisten, allein zu bleiben, weil es so viele Möglichkeiten gibt, das Leben interessant zu gestalten. Trotzdem: In mir sitzt natürlich auch noch immer die kleine Zehnjährige, die sich Geborgenheit wünscht, also gebe ich die Hoffnung nicht auf, daß ich irgendwann einmal diejenige Beziehung finde, in der wir beide zufrieden sein können. Es steht aber kein Zwang dahinter – das hat mir meine Therapie gebracht.«

Patrick findet, er sei »freiwillig-unfreiwillig« ein Single. Wie er das meine? Nun, er sei sicher recht anspruchsvoll, könne schlecht Kompromisse machen; eine Frau müsse bestimmt viel Geduld mit ihm haben. »Aber du hast doch ziemlich viel Auswahl!« werfe ich ein, »da gab es doch sicher schon sehr ernsthafte Anwärterinnen, die bereit waren, dich zu ertragen.« Patrick schmunzelt: »Ja, aber das waren immer wieder die falschen, die haben mich dann oft gelangweilt, ich wurde gehässig zu denen, unausstehlich, und diejenigen wiederum, die mir wirklich gefallen haben – die haben es mit mir nicht gut ausgehalten.«

»Warum denn nicht?« Patrick tut sich schwer mit seiner Antwort. Ganz genau weiß er es nicht. Er meint aber, daß es, wie ich ja auch schon vermutet habe, durchaus mit seiner Familie zu tun haben könne. Einige der Frauen, die in Frage gekommen wären, haben sich nur ungern mit seiner Familie arrangiert. Da gab es dann Streit. Bei anderen weiß er es selbst nicht so genau. »In meiner Männergruppe hat man auch schon behauptet, ich sei schizoid und könne zuviel Nähe nicht ertragen. Das ist zwar so eine Allerweltserklärung, aber vielleicht ist ja doch was dran.« Ich kenne Patrick nicht gut genug, um das so genau beurteilen zu können.

Marion erklärt, sie sei zu beschäftigt, um sich mit dem Thema zu befassen. Sie wirble in der Welt herum und könne bei dieser Art Terminkalender sicher zumindest einem Kind keine Geborgenheit bieten. Und ob ein Ehemann damit zufrieden wäre? Sollte er aus derselben Branche sein, dann wäre dies wohl möglich, aber Marion meint, eigentlich brauchte man ja nicht partnerschaftlich zu leben, wenn man sich sowieso nur selten zu Gesicht bekommt. Ihr Refugium ist, wie gesagt, die »Altersehe«. Da will sie dann mit Kurt in Ruhe und Muße reisen, gemütliche Geselligkeit pflegen und die vielen liegengebliebenen Bücher aufarbeiten.

Jeder Mensch hat das Bedürfnis, ab und zu Erklärungen für seine spezielle Lebenslage zu finden: Warum dic Älteste so große Schulschwierigkeiten hat, warum man immer wieder an die falschen Männer (Frauen) gerät und weshalb der Chef in letzter Zeit so komisch ist: Erklärungen, die in der heutigen psychologiefreundlichen Zeit eben oft »psychologisch« ausfallen. In früheren Zeiten erklärte man sich den eigenen Lebenslauf vielleicht eher vom Religiösen (»Gott hat Besonderes mit mir vor«) oder auch vom Naturwissenschaftlichen her (»Das ist in der Familie erblich«), bzw. auch als blinden Zufall und als »Geschick«. Meine Gesprächspartner waren alle mehr oder minder stark von der modernen Psychologie beeinflußt, weshalb Erklärungen, die eigene Situation beruhe auf »Zufall«, ihnen selbst nicht sehr glaubhaft erschienen und sie, vor allem wenn ich nachfragte, immer wieder psychologische Gründe bemühten oder sich mit den von mir gelieferten auseinandersetzten.

Es ist schwer zu sagen, wie stichhaltig, wie »wahr« solche Begründungen sind; erfahrungsgemäß kann man natürlich jede Lebenslage durch die eigene Geschichte und Persönlichkeitsstruktur erklären. Lebte Maria (was recht gut denkbar wäre) noch mit Arthur zusammen, dann könnte man sicher mit vielen guten psychologischen Gründen erklären, weshalb sie eine solch beständige Ehefrau ist. Und warum sollte Sybille sich nicht wieder binden – vielleicht in ähnlich kindlicher Form wie beim erstenmal, wenngleich sicher nicht ganz so kraß? Ob sie es schafft, sich wirklich zu emanzipieren und ihr Alleinsein eigenständig zu gestalten, ist natürlich nicht vorherzusagen, doch wird man für jeden Fall einen guten psychologischen Grund finden können.

Ingeborg hingegen wäre, lebte sie in einer anderen Zeit, wahrscheinlich schon längst glückliche Ehefrau und Mutter. Im 19. Jahrhundert hätten sicher viele Männer ihre große Anhänglichkeit an die verwitwete Mutter honoriert und als besonders gute Vorbedingung für einen glücklichen Ehestand gewertet. Leider war Achim, ihr »Verflossener«, eben ein moderner Mann, dem das ewige Getue um »Mutti« vermutlich auf die Nerven fiel, weil moderne Menschen eine allzu enge Beziehung zur Ursprungsfamilie nicht mehr als sonderlich wertvoll ansehen.

Man soll, und dies könnte ein Fazit aus diesen verschiedenen Deutungsmustern sein, gar nicht allzu beharrlich nach der »Wahrheit« solcher Erklärungen fragen. Da solche Selbstdeutungen vorhanden sind, sind sie integraler Bestandteil jedes Lebenslaufs und bestimmen ihrerseits wiederum das Leben in ganz spezifischer Weise. Ob einer sich selbst als »leider noch immer allzu masochistisch« begreift oder als »opferbereit, wie Gott es von mir will«, macht für die Gestaltung des Lebens – zum Beispiel, was das Setzen von Grenzen gegenüber den Anforderungen durch andere Menschen angeht – einen großen Unterschied. Daß Sybille sich zum Beispiel so sehr als »auf dem Weg« definiert, wird ihre Möglichkeiten sicher anders gestalten, als wenn sie sich »Gottes Ratschluß« fügt. All diese Selbstdeutungen sind natürlich immer wieder mitbestimmt von ganz persönlichen Eigenschaften ebenso wie von gesellschaftlichen Meinungen und Interpretationen. Wie oft solche gesellschaftlichen Interpretationen den Singles recht unangenehm in die Quere kommen – das wird aus dem nächsten Kapitel recht klar erkennbar.

4. Singles in den Augen der anderen

Was denken andere Menschen über die Singles?

Ich wollte wissen, in welchem »Geruch« Alleinlebende bei denjenigen stehen, die sich in traditionelleren Bindungen befinden, also verheiratet oder verwitwet sind oder einfach mit einem(r) festen Partner(in) leben oder dies für die Zukunft vorhaben. Also startete ich eine Umfrage, diesmal ein wenig breiter gestreut, nicht weiter in die Tiefe gehend und darauf bedacht, nur die ersten spontanen Meinungen zu erfassen.

»Wenn man die Statistiken anguckt, sieht man, daß es immer mehr Menschen gibt, die alleine leben«, fing ich meist an. »Was denken Sie, warum dies so ist und welche Art von Menschen sich zum Alleinleben entschließen?«

Ich fragte flüchtige Bekannte, Jugendliche, Menschen beim Einkaufen, Ladenbesitzer, Teilnehmer an Seminaren. Manchmal hatte ich ein Tonbandgerät, manchmal fragte ich »unbewaffnet«, oder ich machte mir Notizen.

Und dies sind einige der besonders »typischen« Antworten: »Wenn Sie mich fragen«, antwortete ein älterer Handwerker, der bei mir einen Teppich legte, »das sind oft sehr egoistische Menschen. Die wollen nicht teilen, die haben nichts für Kinder übrig; und meine Kinder müssen deren Rente zahlen.« Als sein jüngerer Kollege (auch verheiratet) ihm widersprach und zu bedenken gab, daß einige Menschen doch vermutlich einfach keinen passenden Partner fänden, lenkte der erste ein wenig ein: »Na ja, manche Frauen sind aber auch einfach häßlich oder verkrüppelt, oder sonst vielleicht psychisch nicht gut drauf: Die tun mir natürlich leid...«

Die Besitzerin eines kleinen Ladens in einem ländlichen Ort sah die Sache schon differenzierter, wenngleich im Grundtenor nicht völlig anders: »Da ist viel Egoismus dahinter, in der heutigen Zeit denken viele Menschen nur an das Materielle. Die wollen sich nicht einschränken, die wollen auch nicht verantwortlich sein für einen Ehemann; aber es gibt natürlich auch solche Berufe, wo das alles sehr schlecht geht, zum Beispiel, wenn einer von seiner Firma immer wieder versetzt wird, und die Frau hat einen guten Beruf – da kann man sich vorstellen, daß die sich scheiden lassen.« Ob sie solche Fälle kenne? Nein, das nicht.

Auf den Egoismus der Singles kommt eine ganze Reihe von Menschen zu sprechen. »Wir haben eben das Zeitalter des Narzißmus«, sagt ein Soziologe. »Die Menschen sind nicht mehr so kontaktfähig, nicht mehr so bereit, von sich abzusehen; natürlich ist das nicht dem einzelnen anzulasten, es ist eben eine Zeiterscheinung. Was ich aber daran so verdreht finde, ist die Ideologisierung des Single-Lebens. Manchmal kommt es mir so vor, als müsse man sich fast entschuldigen, wenn man schon lange in fester und guter Partnerschaft lebt. So, als ob man ein ›Symbiose-Typ‹ sei, einer, der irgendwie unerwachsen ist – das hasse ich.«

Und immer wieder finden Menschen, die in Partnerschaft oder mit Kindern leben, daß Singles eine unzumutbare ökonomische Belastung sind: »Was das an Wohnfläche kostet, und kinderreiche Familien leben in Zwei-Zimmer-Wohnungen oder noch schlimmer.«

Oder: »Energie sparen kann man dabei nicht, wenn jeder seine Waschmaschine und den Geschirrspüler andreht und Elektrizität zum Kochen braucht!«

Es gibt aber auch ganz andere Stimmen, viele davon Frauen. Eine, Mutter von zwei Töchtern und seit über zwanzig Jahren Ehefrau, seufzt direkt sehnsuchtsvoll: »Wie ich diese Frauen beneide, die sich ihr Leben ganz alleine einteilen können! Und dann noch ein interessanter Beruf...« Ob sie denn so jemanden kenne? Ja, ziemlich gut sogar, eine ältere Frau, die schon seit vielen Jahren geschieden ist und als Ärztin recht gut verdient, nette Bekannte hat und meist gut gelaunt ist. »Was habe ich schon gehabt von diesem Familienleben? Beruflich habe ich es nicht weit gebracht (sie arbeitet halbtags als Sekretärin), die Kinder laufen davon, und mein Mann ist auch nicht mehr das Schnuckelchen, das er einmal war.« Ob sie sich ein Leben alleine gut vorstellen könne? »Na ja, da muß man schon ehrlich sein; als Ehefrau ist man doch viel gesicherter; aber im Beruf hätte ich bestimmt mehr erreicht als nur Tipse, ich hätte gut eine Zweitausbildung machen können, Computer zum Beispiel haben mich schon immer brennend interessiert...«

Immer wieder wird »Single« mit »Frau« gleichgesetzt, ungeachtet der Tatsache, daß es rein statistisch gesehen sogar mehr alleinlebende Männer als Frauen gibt. Aber das Klischee von der armen, alleinlebenden (häßlichen, verkrüppelten) Frau oder dasjenige von der smarten Topverdienerin, die in Saus und Braus lebt, scheint unausrottbar.

Daß Singles »arme Menschen« sind, ist für viele selbstverständlich. Ein Buchhändler aus meiner Bekanntschaft sagt dazu: »Ich denke, bei allem Glamour, den manche Singles um sich verbreiten – guter Verdienst, schöne Wohnung, flexible Freizeit –, in ihrem Herzen sind sie doch unglücklich und einsam.«

Dies ist auch die Meinung einer ungefähr dreißigjährigen Frau, die sich gerade im Mutterschaftsurlaub befindet. »Natürlich ist man froh, wenn man mehr freie Zeit hat; aber diese Verpflichtungen, die ich mit Mann und zwei Kindern habe, sind doch auch sehr beglückend. Eine alleinlebende Frau stelle ich mir letztlich als ›Zu-kurz-Gekommene‹ vor.«

»Und wenn sie ihre Pflichten als Hausfrau und Mutter schon hinter sich hat?« frage ich.

»Na ja, dann ist das Leben sicher sehr leer...«

Auch hier wird eher die »arme Frau« bemitleidet.

Ich frage daher recht gezielt nach den Männern, wo selbstverständlich das Klischee von den flotten Junggesellen vorherrscht.

»So ein Mann, der alleine lebt, der ist nicht zu bedauern; der findet an jeder Ecke sein Püppchen, so einer kann mir nicht leid tun«, sagt eine jüngere Dame im Modegeschäft, und ein Ton von Bitterkeit ist nicht zu überhören. Aber ihre persönliche Geschichte will sie mir nicht verraten.

Eine hübsche und gepflegte Frau in mittleren Jahren, Bankangestellte, ruft aus: »Ein Mann, der alleine lebt? *Das* möchte ich sehen! Da hat doch jeder im Hintergrund irgendeine eifrige Verehrerin oder auch mehrere, die ihn bekochen und betüteln und dann auch noch zu ihm ins Bett schlüpfen.«

»Und die alleinlebenden Frauen?«

»Die haben es doch viel schwerer; ich kenne einige, die sind hübsch und gescheit und haben alle Talente – aber irgendwie findet sich da nie der Richtige; und sie sind alle auch unglücklich darüber. Freiwillig nimmt das Alleinleben keine Frau auf sich, höchstens Politikerinnen, aber bei denen ist ja sowieso alles ganz anders.«

Manchmal stellt man auch den älteren, hilflosen Mann heraus, vielleicht einen Witwer oder einen dieser unverstandenen großen Geister, den keine Frau so richtig verstehen kann. »Manche sind schon recht arm, so hilflos wie die sind.« Dasselbe in anderer Tonart: »Manche dieser Männer sind wirklich das Letzte, diese Hilflosigkeit, die sie sich da angewöhnt haben – nur, damit eine Frau als rettender Engel auftaucht und die Socken wäscht.«

Wenn ich alle diese Klischees von Singles mit den realen Existenzen vergleiche, die ich kennengelernt habe, dann wird mir wieder einmal klar, wie wenig präzise und differenziert die meisten Menschen ihre Mitwelt betrachten.

Wer würde in dieser ausbeuterischen Männlichkeit Werner, Otto oder Nick wiedererkennen? Niemand! Und auch Marion, Ulla und Eva-Maria sind, weiß Gott, nicht mit diesen etwas armseligen Figuren aus dem Stereotypen-Kabinett zu vergleichen.

In meiner Umfrage gab es andererseits auch differenziertere Überlegungen, allerdings waren sie wesentlich seltener als die erstgenannten. So sagte eine jüngere Mutter, die ich in der langen Warteschlange beim Samstagseinkauf ansprach, ganz spontan:

»Ich denke, das hängt wohl auch mit der Emanzipation der Frau zusammen; manche wollen sich mehr Möglichkeiten für ihren Beruf offenlassen – im Grunde müssen wir denen dankbar sein, das sind doch Pionierinnen. Und die Männer haben eben auch nicht mehr sofort das brave Hausfrauchen zur Hand, das immer mitgeht, wenn sie ihren Job wechseln.«

Ein Lehrer aus meinem Bekanntenkreis hatte das Buch von Beck und Beck-Gernsheim * gelesen und entwickelte mir die dort vertretenen Thesen. »Das hat nichts mit Egoismus und Narzißmus zu tun, das ist einfach gesellschaftlich bedingt«, sagte er und fügte hinzu, daß er sich selbst oft mit einem Kollegen unterhalten habe (einem Single nach fünfzehnjähriger Ehe), dessen Art, das Leben zu gestalten er schon manchmal beneidet und bewundert habe. »Der fühlt sich schon mal einsam, aber irgendwie hat er es geschafft, einen schönen Bekanntenkreis aufzubauen, und auch beruflich macht er viel. Manchmal denke ich, daß wir Ehekrüppel da immer ins Hintertreffen geraten.« Trotzdem möchte er nicht tauschen. »Es ist eben doch nicht gut, wenn der Mensch alleine ist«, meinte er abschließend.

Einigen meiner Interviewpartner habe ich dieses Sammelsurium an Meinungen über das Single-Leben vorgelegt und sie um ihre Meinung gebeten. Gott sei Dank war niemand verletzt und empört; die meisten haben gelacht oder den Kopf geschüttelt.

Ingeborg hat mir einen langen Brief dazu geschrieben (sie wohnt am weitesten entfernt). Ich zitiere einige Stellen aus diesem sehr persönlichen und bewegenden Schreiben:

»Wenn ich mir einige dieser Stellungnahmen durchlese, dann wird mir erst klar, daß ich zu einer ›Gruppe‹ gehöre; das hat mich zunächst überrascht, dann gefreut und zuletzt geärgert. Und das

---

* »Das ganz normale Chaos der Liebe«, Frankfurt 1990.

entwickelte sich so: Die Überraschung stellt sich wohl dann ein, wenn man, ohne daß man es wollte, eine Art ›Typ‹ darstellt oder dazu gerechnet wird. Die Freude bestand darin, daß ich mich ernstgenommen fühlte, vor allem, als ich das mit den Pionierinnen gelesen habe, auch daß ich sozusagen eine Art fortgeschrittene Person bin, die mit der Zeit geht. Der Ärger schließlich betraf die unglaubliche Dummheit, mit der mancher über andere urteilt. Ich habe mir dann aber gesagt, daß man ein solches ›gesellschaftliches Schicksal‹ eben sehr unterschiedlich und persönlich ausgestalten kann, darin lag wiederum eine ganze Menge Stärke für mich.«

Maria hat sehr gelacht, als sie die oben angeführten (und noch viele weitere) Meinungen durchsah. Sie fühlte sich nicht im geringsten betroffen, lachte über den »Egoismus«, der ihr bescheinigt wurde, und meinte: »Gott sei Dank, daß alle diese Ehefrauen und Ehemänner solch tadellos altruistische Wesen sind. Wenn sie Kinder haben, sind sie offensichtlich ganz und gar auf der Höhe der moralischen Vollkommenheit!«, und die hübsche Sybille meinte nur grinsend: »Jetzt weiß ich wenigstens, warum ich noch immer unbemannt bin: häßlich und verkrüppelt – das wird es sein.«

Otto schüttelte den Kopf. »Was bin ich doch mickrig, daß bei mir nicht gleich drei oder vier Verehrerinnen dastehen, um mir die Socken zu waschen – irgendwie kenne ich wohl die falschen Frauen; die sind vielleicht alle zu emanzipiert.«

Patrick fühlte sich da schon eher betroffen, war aber auch ein wenig als Macho geschmeichelt: »Na ja, mehrere sind es ja meistens nicht, aber wenn eine mir ab und zu einen Knopf annäht oder Hemden bügelt – da sag ich nicht nein!« Ob er sich durch die Definition »egoistisch-narzißtisch« getroffen fühle? Na ja, ein wenig schon, aber: Wer ist das nicht?

Mir aber wurde klar, daß dieses Buch wichtiger und notwendiger ist, als ich vorher gedacht habe. Was halte ich denn selbst von den Alleinlebenden, nachdem ich so viele so genau kennengelernt habe? Habe ich das Gefühl, daß es hier überhaupt irgendeinen

»roten Faden« gibt bei so viel unterschiedlichen Persönlichkeiten und Schicksalen?

Der »rote Faden«, der sich durch fast alle Single-Leben hindurchzieht, besteht darin, daß diese Singles ein besonders ausgeprägtes Bewußtsein davon haben, daß ihre Lebensgestaltung allein in ihrer Hand liegt, daß das Leben sich nicht von selbst lebt. Ein Bewußtsein, daß jeder für sich alleine verantwortlich ist, daß ihm nichts geschenkt wird. Dies ist die ergänzende Gegenseite der von mir so benannten »Präzision und Bewußtheit«. Darin liegt vielleicht ein Gran Resignation, ein Abrücken von allzu kindlichen Wünschen nach Umsorgtwerden und Verwöhnung, auch ein Abrücken davon, daß man sein Leben immer in Hinblick auf einen anderen Menschen definiert. Sich verwöhnen lassen oder selbst verwöhnen wollen: Bei beiden ist immer der andere mitgedacht; ebenso bei den Paaren, bei denen es zum Beispiel um Bewunderung geht. Wenn ich den anderen bewundere oder wenn ich bewundert werden will, beziehe ich mich immer auf einen Partner und mache ihn in gewisser Weise zu einem Teil des eigenen Ichs.

Dies ist nichts Schlechtes, es kann – wenn die Rollen flexibel gehandhabt werden – sogar etwas sehr Befriedigendes haben.

Alleinlebende ohne Partner aber müssen ihr inneres Leben anders strukturieren. Um sich im Erschrecken vor der Tatsache des Alleinseins nicht völlig vernichtet zu fühlen, muß man innere Ressourcen zur Verfügung haben – Ressourcen, die, oft erst nach und nach entdeckt, einem ein fundiertes Selbstbewußtsein, begleitet von einem Gefühl innerer Freiheit, verschaffen können.

Viele partnerschaftlich Gebundene leben emotional auf Sparflamme. Sie überlassen es dem anderen, für den Ausgleich ihrer Defizite zu sorgen. Wie wir wissen, entsteht daraus häufig Streit und Kummer. Singles dagegen, auch wenn sie sehr oft Krisen durchleben, machen die Erfahrung, daß letztlich jeder alleine für sich verantwortlich ist, in einem sehr viel krasseren Ausmaß.

Pointiert könnte man formulieren: Der Single hat die Chance, ein klein wenig erwachsener zu werden als derjenige, der nur die Partnerschaft kennt.

Im folgenden soll darüber noch grundsätzlicher nachgedacht werden.

Der Single und der Rest der Welt

Nicht alle Personen, die ich befragt habe, sind in bezug auf ihren Familienstand ganz unbeschwert. Zu den Problemen, die das Alleinleben (auch wenn man es bewußt wählt) mit sich bringt, kommen für viele die sozialen Etikettierungen, mit denen sie sich auseinandersetzen müssen. Auch wenn der (die) verheiratete Gesprächspartner(in) eingestandenermaßen nicht unbedingt das große Los gezogen hat, wenn dessen Partner regelmäßig mit Scheidung droht und er/sie sich immer von neuem fragt, warum um Himmels willen er/sie denn gerade diesen unerträglichen Partner gewählt hat – im entscheidenden Vergleich mit dem Alleinleben scheint für viele die Lebensform des Singles doch noch sehr viel schwieriger als die eheliche.

Unter solchen Einschätzungen wiederum leiden die Singles, vor allem, wenn sie selbst gerade nicht »gut drauf« sind. Sie fragen sich dann natürlich auch selbst, ob denn mit ihnen wirklich alles »stimmt«, wenn sie den Zustand des Alleinlebens nicht sofort um jeden Preis verändern wollen.

Es schien mir allerdings, daß man vor allem denjenigen eine gewisse »Anrüchigkeit« des Alleinlebens einreden konnte, die selbst mit ihrer Lebensform nicht zufrieden sind.

Ulla zum Beispiel wird offensichtlich von niemandem darauf angesprochen, ob sie nicht einmal Sehnsucht nach Zweisamkeit habe, ob sie denn nie an Kinder denke und ähnliches mehr. Ulla berichtet denn auch sehr unbefangen von ihren Erlebnissen als Alleinreisende, wo sie, je nach Kultur, immer wieder nach Ehemann oder Liebhaber gefragt wird. Natürlich bleibt auch die Frage nach »bambini«, »enfants« oder »kids« nicht aus. All dies ist für Ulla kein Problem. Gleichmütig erklärt sie dann, daß bei ihr zu Hause nicht jede junge Frau in einer Familie lebe und daß sie noch nicht wisse, wie sie sich eines Tages entscheiden werde. Da sie für die meisten Menschen in fremden Ländern ihrer Grazilität wegen sehr jung wirkt, nimmt man dies denn auch hin. Allerdings fordert man öfters, ihr Vater möge sie doch beschützen, was Ulla natürlich erheitert.

Auch bei Eva-Maria scheint die »Sehnsucht nach Zweisamkeit« kein Gesprächsthema ihrer Bekannten. Man weiß, wie sie lebt, sie wirkt nie unsicher, wenn sie ihre Lebensform vertritt, und niemand käme auf die Idee, ihr Ressentiments anzudichten. »Als ich noch jünger war, gab es allerdings diese Vorstellung, ich sei ein ›leichtes Mädchen‹, das haben ältere Kolleginnen immer wieder einmal zum Ausdruck gebracht. Als sie dann sahen, daß ich eine ganz normale junge Mutter war und mein Kind versorgte wie andere Mütter auch, ist dieses Gerede verstummt. Ich habe mich aber auch nie versteckt oder geschämt, daß ich für mein Kind keinen Vater aufzuweisen hatte, obwohl das damals noch nicht ganz so selbstverständlich war wie heute.«

Beide betrachten daher die »anderen«, das heißt in diesem Fall: die Paare, nicht als Angreifer, denen man immer bewehrt und gewappnet entgegentreten müßte. Sie fühlen sich in ihrer Lebensweise akzeptiert und werden auch darauf kaum angesprochen.

Ganz anders ist dies bei Karin und Ingeborg, bei Sybille und Patrick. Patrick vor allem kann die anzüglichen Bemerkungen seiner vielen Freunde und vor allem Freundinnen schon nicht mehr hören. Auch die diversen Kuppelmanöver sind ihm zutiefst verhaßt. »Warum läßt man mich nicht so leben, wie ich will? Ich frage die Leute doch auch nicht dauernd, warum sie das Schlafzimmer nicht schöner einrichten und warum sie statt zwei Kindern nicht fünf haben. Mich nervt das.« Was Patrick dabei nicht bedenkt, ist, daß seine offensichtlichen »Suchbewegungen« hin zu Frauen auffallen und natürlich sofort zu entsprechenden Fragen reizen. Wenn ein 44jähriger immer den Party-Löwen spielt und dann auch noch bei jedem Fest mit viel Energie eine andere Frau anpeilt, dann muß etwas dahinterstecken, was jeder Neugierige gern erführe. Und da Patrick nicht wie ein »Zu-kurz-Gekommener« wirkt, fragt man eben recht frei heraus.

Das ist bei Karin und Ingeborg ein wenig anders. Die beiden werden nie in demselben offen-frotzelnden Ton gefragt, warum sie denn alleine sind: Allzusehr merkt man ihnen an, daß dies nicht unbedingt eine bewußt und frei gewählte Lebensform ist, daß sie eine Reihe von persönlichen Schwierigkeiten überwinden müßten, um ihren Zustand zu verändern, und daß sie sich vieles im Leben nicht zutrauen. Zwar ist auch Patrick nicht »freiwillig« alleine, aber seine Schwierigkeiten liegen weniger offen zutage, man wähnt ihn souverän und frei für jede Wahl. Karin berichtet von schmerzlichen Erfahrungen mit den »anderen«, den Paaren: »Zeitweise bin ich mir wie behindert vorgekommen, immer mußte ich mich verteidigen, immer diese blöden Antworten formulieren, daß eben der ›Richtige‹ noch nicht gekommen sei – furchtbar!« Ingeborg empfindet ähnlich: »Wenn mir jemand in diesem widerlichen Ton sagt, daß eine solch hübsche und nette Frau wie ich doch ganz sicher keine Probleme hätte, einen Mann zu finden, dann könnte ich den Leuten glatt ins Gesicht springen.«

Sybille reagiert offensiver auf die interessierten Fragen ihrer Freunde und Freundinnen. »Wenn mich einer fragt, ob ich verheiratet sei oder mit einem Mann zusammenlebe, dann frage ich oft ganz naiv-erstaunt zurück: ›Wieso, muß man das?‹ Oder ich sage, daß ich mir dieses Leben zu zweit schon zu lange angetan hätte, das müßten wirklich besondere Bedingungen sein, die mich dazu bringen könnten, ein solches Leben ›ohne‹ wieder aufzugeben.«

Auch Maria und Anna hören ähnliche Fragen und sind Gegenstand von Vermutungen. Anna erzählt, sie sei sogar schon für lesbisch gehalten worden – aber beide tragen es mit Gleichmut. Ich vermute, daß die meisten Bekannten gleich spüren, daß die beiden sich nicht als defizitär empfinden und daß sie ihr Leben sehr bewußt als eine Art Kunstwerk gestalten, das man gar nicht groß hinterfragen muß. Konventionelle Maßstäbe sind für die beiden einfach inadäquat, so daß die Frager bald verstummen. Beide geben übrigens immer wieder klar zu verstehen, daß sie einem Paarleben im Prinzip nicht abgeneigt sind.

Die konventionelle Vorstellung, daß nur das Paarleben »eigentlich« Lebensglück gewähre, läßt sich ganz offensichtlich auch von einer andersgearteten Realität nicht vertreiben. Diese Vorstellung ist es, die den Singles das Leben oft schwerer als nötig macht, weil sie sich immer wieder selbst fragen müssen, ob denn mit ihnen irgend etwas »nicht stimmt«, ob sie vielleicht kontaktunfähig, partnerschaftsunfähig, egoistisch oder gar narzißtisch sind. Solche Fragen müssen Paare sich nicht unbedingt stellen, obwohl das auch bei ihnen häufig angebracht wäre. Da es selten Menschen gibt, die sich, ohne zu zögern und ohne Einschränkung, gut bindungsfähig, zugewandt und unnarzißtisch fühlen, sind die meisten Singles nur zu schnell bereit, Defizite in dieser Hinsicht einzuräumen. Denn nur ein Größenwahnsinniger könnte sich all die in der Psycholiteratur beschriebenen sozialen Kompetenzen zuschreiben. Wer kann von sich sagen, er sei allzeit kompromißbereit, tolerant, Nähe und Distanz ausbalancierend, und dazu noch liebevoll und warmherzig? Nicht einmal die Anbieter ähnlich klingender Kontaktanzeigen können all dies wirklich von sich glauben.

Also ist jeder, der noch nicht einmal das konventionelle Kriterium für Bindungsfähigkeit, die »Ehe«, erreicht hat, in seinem Selbstwertgefühl besonders gefährdet. Das aber wird immer wieder von neuem angekratzt durch die ewige Fragerei, wann denn Freund X »endlich« sich binden werde und warum Freundin Y nicht ein wenig besser Ausschau gehalten habe, damals, als es noch genügend unverheiratete Männer gab. Noch immer gibt es Bücher, in denen vom Leben der Nicht-Verheirateten (oder: nicht partnerschaftlich Lebenden) so gesprochen wird, als handle es sich dabei um ein wenig absonderliche, neurotische Einzelgänger: so z. B. in dem Buch von R. Zenhäuser und J. vom Scheidt.* Die Autoren können nicht oft genug darauf hinweisen, daß Single-

* vom Scheidt, J./Zenhäuser, R., »Alleinsein als Chance. Wege aus der Einsamkeit«, München 1990.

Sein nur ein Übergangsstadium sein sollte. Sie räumen allerdings ein, daß es auch unter den Verheirateten die sogenannten »Krypto-Singles« gebe, also solche, die bindungsunwillig und narzißtisch ihr Leben leben. Dies ist eindeutig *nicht* mein Eindruck von Singles, nachdem ich so viele Gespräche mit ihnen geführt habe.

Wenn früher böse Zungen immer wieder – ohne Gründe dafür anzugeben – davon gesprochen haben, daß eine Unverheiratete eben »sitzengeblieben« sei oder daß der »Hagestolz« (als er noch so hieß) eben »keine abgekriegt« habe, so sind die modernen Etikettierungen eher auf der psychologischen Ebene angesiedelt. Nicht mehr der Mangel an Attraktivität und Charme wird angeführt (zu viele Frauen und Männer der Single-Gruppe sind einfach in jeder Hinsicht attraktiv) – vielmehr lastet man ihnen eine verdächtige psychische Konstitution an. Irgendein »geheimes« Defizit, vermutlich jene schwer zu ergründende »narzißtische Neurose«, ist wohl schuld daran, wenn sie sich nicht binden wollen. Oder ist es gar Frigidität? Latente Homosexualität? Der Diagnostikkategorien gibt es viele, auf diesem Klavier kann man beliebig herumklimpern.

Wenn Alleinlebende sich ihrer Position sicher sind, dann kann ihnen das natürlich gar nichts anhaben. Aber wie viele Menschen haben schon ein solch stabiles Selbstwertgefühl? Und wie viele können dieses auch in schwierigen Zeiten aufrechterhalten? Singles bieten also dem »Rest der Welt« immer wieder Angriffsflächen, jenem »Rest«, der eine noch immer wirksame Konvention erfüllt und sich darauf beruhigt ausruhen kann.

Fazit: Singles haben bessere Chancen, erwachsen zu werden

»Nur wenn man alleine ist, ist man frei«, sagt Schopenhauer, der notorisch menschenscheue und als Frauenfeind bekannte Philosoph. Ist dieser stolze Satz wirklich noch zu vertreten, wenn man die innere Realität von Menschen ansieht, die alleine leben? Ist ein gesellschaftliches »Schicksal« geeignet, jemandem innere Ressourcen an Freiheit zu verschaffen? Oder sind solche Ressourcen nicht *immer* eine Voraussetzung für ein sinnvoll gestaltetes Leben – ganz gleich, welche gesellschaftliche Position, als Verheirateter oder als Single, einer erfüllt?

Wenn, wie im 1. Kapitel ausgeführt, eine moderne Gesellschaft mit ihren typischen Notwendigkeiten an Flexibilität und Mobilität eine Art »Sog« hin zur Single-Gesellschaft ausübt, dann ist die Frage, mit welchen psychischen Mitteln der einzelne (die einzelne) diesen »Sog« beantwortet, was er/sie daraus innerlich »macht« und welche Bedeutung dieser neuen Lebensform verliehen wird, noch längst nicht beantwortet.

Die Vorstellung vom Leben als einer Abfolge von Stadien, die vorformuliert und in schöner Reihenfolge als eine gesellschaftliche »Aufgabe« zu erfüllen sind, ist schon seit einiger Zeit überholt. Schule, Beruf, Partnersuche, Verloben, Heirat, Kinderkriegen, Altersehe: Dieses Denken in Stadien ist längst chaotisch durcheinandergewirbelt, die Reihenfolge gilt nicht mehr. Manch einer beginnt mit dem Kinderkriegen, heiratet, läßt sich schnell danach scheiden und fängt eine Berufsausbildung an, hat zwei oder drei Partnerschaften – vielleicht sogar nicht einmal alle heterosexuell – und schließt erst in späteren Jahren die berühmte »Altersehe«. Oder er bleibt dann alleine und zieht mit einer Freundin (einem Freund) zusammen. All dies gehört zum »ganz normalen Chaos der Liebe«, ist aber den Köpfen und Herzen meist nicht so selbstverständlich wie das Bild vom »trauten Heim«.

Parallel zu dieser Entwicklung fort von der »Stufenfolge des Lebens« wird ein Leitbegriff populär, der sich auf die Innenwelt des Menschen bezieht: *Autonomie*, oder auch: *Individualisierung*. Mit diesem Schlagwort beschäftigen sich seit einigen Jahren zahllose Bücher, Zeitschriftenartikel, Ratgeber und Modelle der Psychopathologie.

Es entsteht eine neue Art von gesellschaftlichem Zwang: Jeder muß seine individuelle Eigenart verwirklichen, muß sich als jemand entwickeln, der (die) unabhängig von anderen zu leben bereit ist, sich nicht nur überall anpaßt und vom Überkommenen lebt.

Ehen werden sehr genau daraufhin untersucht, ob jeder auch sein »wahres Ich« darin verwirklicht. Eltern müssen überlegen, wieviel Eigenwelt sie ihren Kindern zugestehen, ob sie ihnen die richtige Balance von Abgrenzung und Beziehung ermöglichen. Die Lehren von den Ursprüngen psychischer Erkrankung sind voll von Hinweisen darauf, daß Neurosen durch ein Fehlen von Autonomieentwicklung entstehen.

Was aber ist diese vielbeschworene Autonomie? Bedeutet der Begriff, daß einer fähig und willens sein muß, sich ohne eine feste Beziehung durchs Leben zu schlagen? Wäre dann das Festhalten an der Ehe schon wieder eine beklagenswerte Fehlform des Lebens – der berüchtigten »Symbioseneigung« zuzurechnen, einer Neigung, das Klammerverhalten der Kleinkindzeit ewig nicht abzustreifen, also ein erwachsener Säugling zu bleiben?

Fragen, die natürlich nie eindeutig zu beantworten sind. Man hilft sich dann mit einem versöhnlichen »je nachdem ...«.

Moderne Menschen sind gefordert, Normen zu verinnerlichen, die ein sehr viel komplizierteres Gefüge haben als in traditionellen Gesellschaften; kompliziert deshalb, weil es keine Kriterien dafür gibt, wann sie als erreicht gelten, weil sie immer wieder in Frage gestellt werden können.

Wenn nämlich einer selbstgenügsam alleine lebt, ist er deshalb noch lange nicht als wirklich »autonom« zu betrachten. Es kann sich um eine Kümmerform handeln, um eine prinzipielle Beziehungsunfähigkeit, die sich im Alleinleben versteckt. Doch auch dies ist eine mögliche Deutung: Es könnte sich sogar um eine »Pseudoautonomie« handeln, die nur als Abwehr allzu drängender Wünsche nach Symbiose zu verstehen wäre. Auf der anderen Seite kann solch ein selbstgenügsam Alleinlebender auch wirklich eine innere Souveränität gewonnen haben, die beneidenswert ist.

Die genaue Nachzeichnung einzelner Schicksale, ihrer Alltäglichkeit, ihrer schönen und ihrer schweren Stunden: Das schien mir eine gute Möglichkeit, eine Schneise in diesen nie ganz zu entwirrenden Dschungel an Deutungsmöglichkeiten für das Leben der modernen Singles zu schlagen. Diese Nachzeichnungen sollten ein Licht werfen auf die innere Struktur dieser Lebensform, damit man ein wenig mehr Deutungshilfe hat, wenn man sich über die Singles ganz allgemein ein Bild machen will.

Sicherlich ist klar geworden, daß es »den« Single nicht gibt, daß es sehr unterschiedliche Formen von Lebenswirklichkeit bedeutet, wenn einer alleine lebt. Da Singles nicht mehr den überkommenen Normen einer relativ »unanstößigen« Lebensform, der Ehe, folgen, ist ihre persönliche Gestaltungskraft in besonderem Maße gefragt. Was als allgemeine gesellschaftliche Norm vage bleiben muß – die Forderung, einer möge autonom und in seiner Eigenständigkeit ganz individuell leben –, das wird nun dem einzelnen Single als Forderung persönlich aufgebürdet. Er muß in mühevoller täglicher Kleinarbeit zu erringen versuchen, was ihm ein gesellschaftliches Schicksal zugemutet hat: alleine zu leben und dabei seine kreativen Kräfte zu entfalten. Überspitzt versucht N. Copray* diese Forderung zu formulieren und zeigt schon in der Wahl der Worte an, daß es sich hier um ein unerfüllbares Ideal

* Copray, N. (Hg.), »Lieber allein? Im Sog der ›Single-Gesellschaft‹«, München 1991.

handelt: »Singles sind Symbole für eine jegliche Individualität übersteigende, zugleich auf sie bezogene und sie ermöglichende Liebe und Zuwendung. Nachdem alle Kraftquellen als erschöpflich erfahren wurden, kehrten die Individuen zu sich selbst ein, um das Selbst oder den kosmischen Zusammenhang als Quelle ihrer Individualität zu entdecken« (S. 113).

Natürlich ist nicht jeder dieser Forderung gleichermaßen gewachsen; so wie nicht jeder den Forderungen gewachsen ist, die man an eine moderne Partnerschaft stellt. Es gibt Klippen, Hürden, Abstürze. In den vorhergehenden Kapiteln ist davon oft die Rede gewesen.

Nachdem Singles als Pioniere der Moderne »entdeckt« wurden, droht ihnen das Schicksal der Mystifizierung und Idealisierung – eine Gegenbewegung gegen die frühere Verunglimpfung als »alte Jungfer« oder »Hagestolz«. Idealisierungen aber ereilt immer wieder das gleiche Schicksal: Man entdeckt schließlich, daß sie nicht zutreffen, und schlägt die umgekehrte Richtung ein. In diesem Buch aber sollte die »ganz normale« Lebensform von Singles beschrieben werden. Natürlich ist nicht jeder von ihnen ein Ausbund an Kreativität, eine Sonderform an Individualität und Originalität. Dennoch haben Singles die Chance zu einer andersartigen Erfüllung des »Individualitätsauftrages«, als Menschen in Partnerschaften sie haben. Und diese Chance ist es, die fast alle spüren, die viele von ihnen auch formuliert haben. Diese Chance könnte man als »Erwachsensein« bezeichnen, wie schon im 1. Kapitel angedeutet. Hier nun treffen sich Ende und Anfang des Buches. Der Single ist nicht nur im gesellschaftlichen Sinne einer, der eine Art »Pionier-Funktion« erfüllt. Dieses Schicksal ist ihm mehr oder weniger von außen »aufgedrückt«. Er kann darüber hinaus, vom Innerpsychischen her betrachtet, etwas leisten, was ebenfalls Anspruch auf die Definition »Pioniertat« hat: die Erfüllung des Auftrages der Moderne, autonom zu sein und Abhängigkeiten zu vermeiden – diesen Auftrag muß er auch im innerseelischen Bereich in besonderem Maße erfüllen.

Eva Jaeggi

Psychologie und Alltag
141 Seiten. Serie Piper 689

Diese Aufsatzsammlung zeigt die Brauchbarkeit psychologischen Denkens bei der Bewältigung alltäglicher Probleme. Überall, sei es im Privaten, aber auch im Verhältnis zur Arbeit erweist sich Psychologie als hilfreich, und das nicht als lebensfremde akademische Disziplin, sondern verbunden mit soziologischen und historischen Kategorien als praktische Wissenschaft vom Menschen.

Neugier als Beruf
Autobiographie einer Psychotherapeutin
200 Seiten. Serie Piper 1488

Eva Jaeggi / Walter Hollstein
Wenn Ehen älter werden
Liebe, Krise, Neubeginn
311 Seiten. Serie Piper 867

»Eva Jaeggi und Walter Hollstein haben ein Buch geschrieben, das vor allem Betroffene mit Gewinn lesen werden.« Frankfurter Allgemeine Zeitung

Eva Jaeggi · Robert Rohner · Peter M. Wiedemann
Gibt es auch Wahnsinn, hat es doch Methoden...
Eine Einführung in die Klinische Psychologie aus sozialwissenschaftlicher Sicht
374 Seiten. Geb.

Eine Einführung im besten Sinn ist diese kritische Darstellung der Klinischen Psychologie – jenes Zweiges der Psychologie, der sich mit dem gestörten, kranken Menschen beschäftigt. Über den Kreis der praktizierenden und forschenden Psychologen hinaus wendet sich das Buch an Ärzte und Sozialwissenschaftler ebenso wie an den Laien, der Orientierung im Dickicht der etwa 400 konkurrierenden Therapieformen sucht.

PIPER

SERIE PIPER

Paul Watzlawick

470

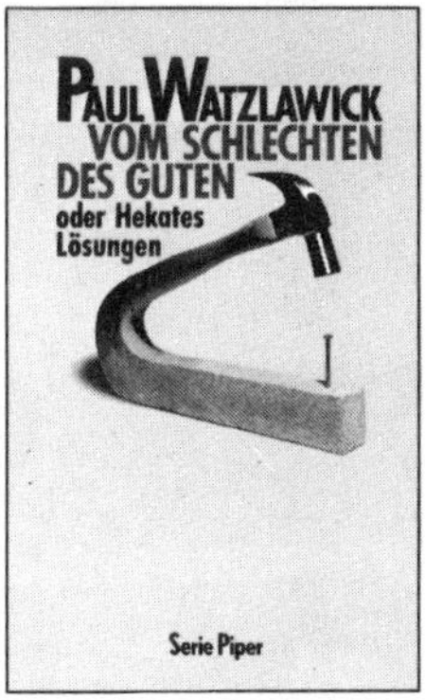

1304

174

742

373

1222